響きあう
異界

始源の混沌　神の深淵　声の秘義

浅見克彦

せりか書房

響きあう異界　目次

はじめに

「熊野詣」／馬琴『南総里見八犬伝』／錬金術思想／『鋼の錬金術師』／安部公房『他人の顔』

異界は人びとを魅了しつづけている。いや、いまも私たちは異界に囚われているかのようだ。少なくとも日本の文化状況を見ると、そう思わざるをえない。「ハリー・ポッター」や宮崎駿の作品群が人気を博している現実。それは、けっして夢見がちな子供の世界だけの現象ではない。その証拠に、ゲームやMP3に沈潜する若者たちも、魔術的世界やパラレルワールドをモチーフにした、数々のライトノベルに魅せられている。あるいは、ゴシック・ドールの世界や、ネットでの「魔術的」な恋愛にも、異界の魔は潜んでいるのではないだろうか。そして、パワースポットが脚光を浴びる風潮にさえ、ただの戯れ事とは言えない傾きがあるように思う。

異界の百花斉放。世界の成り立ちをしめす知が日に日に確かなものとなり、被造物を人工的に造りだすプログラムさえ現実的になっているというのに。なぜなのだろうか？　異界とは、人間の精神に避けがたくつきまとう何かなのか？　それは人間の存在そのものに根ざしているのかもしれない。では私たちの存在のどんな事情が、異界に吸いよせられることをうながすのか？　人間にとっての異界の意味を問うこと、それがこの書き物の主題である。

いかなる思考であれ、一挙に成り立つものなどない。まずは、思考の枠組みをわかりやすくするために、事柄の大まかな輪郭をなぞっておくのがよいだろう。異界という言葉で何をさし、どんなことを問おうとしているのかについて、少しく整理を試みておきたいのである。

思考の足場は、「あの世」ではなく「この世」でなければならない。異界は、人々が生を営む世界にとって異様な何かであり、その世界に対して異質な何かだと言っていい。つまり異界は、ある「通例」の経験世界との**関係において**存立し、つねに「**こちら**」の**世界の側から**発見され問われるものなのである。それは、「こちら」との関わりなしでは現象せず、それ自体として独立的に「在る」ものではないということだ。「通例」の経験世界に対する関係、これが異界の核心をなす。

異界は、理《ことわり》を異にすることどもが現象する場である。そこには、「通例」の経験世界を逸脱した、**異質な存在の仕方や異様な事象**が出現する。たとえば——霊地熊野。古より熊野は「黄泉の国（常世の国）」と深いつながりを有するとされてきた。『日本書紀』は、伊弉冉尊《イザナミノミコト》が熊野に葬られたと伝え、またその「一書に曰く」の国造りの伝承には、少名彦名命《スクナヒコナノミコト》が熊野から常世郷に赴いたとのくだりがある。熊野は古代から、死者の霊が向かうところとされてきたのである。五来重は、古代において熊野が「死者の霊のこもる国」(1)とされていたことを指摘し、その名は冥界を意味する「こもりの」の転訛だろうと推測している。そこは、「死者の国」とよびうる場なのだ。

けれども、性急に「死者の国」＝異界と言おうとしているのではない。異界とは、あくまで「通例」の経験世界との関係において問題化し、その世界に生きる者にとって現象するものにほかならない。死者の霊が「こもる」世界があったとしても、その世界が人々の生から隔絶され、「この世」からまったく断絶していたなら、それは異界として問題化しない。異界とは、「この世」を生きる人々がそれに「**触れる**」関係においてはじめて生起するのである。この点で重要なのは、平安中期に盛んとなった「熊野詣」だろう。

詣でる者たちは精進潔斎をおこない、数々の作法や慣習にしたがって熊野三山をめざした。それは、霊地の功徳にあずかるために「死者の国」に「触れる」試みだった。五来は、この難行の合間に起きる「雲取越の怪異」について次のように記している。

うすぐらい木下闇《このしたやみ》の道をむこうからすたすたとくる人がある。見ればそれは父母であったり、友人であったりするのだが、かれらは何もいわずにすれちがって、またすたすたと行ってしまう。あまりのおどろきに声もかけられずに、あとを見送りながらハッとおもう。あの人は去年死んだ人だ！(2)

この怪異が異界としての熊野の核心だというわけではない。そうではなく、そこに異界の成り立ちの基本がしめされていることに注目したいのである。すでに死んだ親が知己が、生きているかのように眼前に現われる。たしかにそこでは、異質な理にもとづく事態が「通例」の世界を生きる者に現象する。けれどもこの現象は、人が難行苦行をへて熊野に身を投げ入れ、「死者の魂」に「触れる」関わりのなかではじめて湧きあがる。異界というものを「通例」の経験世界との関係において問題にするなら、それは「異なもの」との接触の場としてとらえられる。

それは、異界の概念をめぐって一つのとらえなおしを要求することになる。人は、「熊野は一つの異界である」と語る。けれどもそれは、熊野の山野河海そのものが異界だということを意味してはいない。そのとき人が語っているのは、熊野には異質な理にもとづく存在が「こもって」

おり、それが異様な現象を生起させるということだろう。だから厳密には、異界とはこの異質な存在が「こちら」に現象してくる場であると言わなければならないはずだ。それは、「異なもの」と「こちら」の世界との接触の現象なのである。だがそうだとすれば、異界に必須のある条件が浮かびあがってくる。

異界は、何らかのつながりによって人々の経験世界と通じあう。どれほど理を異にするものであれ、「通例」の世界に現象するものである以上、それはこの経験世界とつながっている。「熊野詣」はたしかに「死者の国」への道行きだったが、言うまでもなくそれは、帰らぬ旅ではなかった。高野澄は、「熊野詣」の主旨は「疑似の死」を体験することにあったと言う。「熊野詣」とは、「死者の霊」がこもる場とつながるメディアだったのであり、異界とつうじあう体験にほかならなかった。

「隠国」であると万人がみとめる熊野に行く、つまり「疑似の死」を体験することで「良く死ぬ」経験を積んでおくわけだ。「疑似の死」の本場であるということ、それが熊野信仰の柱になっていた。(3)

熊野の山野河海を遠望するだけでは、異界はたち現われてはこない。難行苦行によって「あちら」の「異なもの」と「こちら」の経験世界とのつながりがしつらえられることで、はじめてそれは現象する。そのかぎりでは、異界とはこのつながりの場だと言うこともできる。だとすればそれは、「この世」とのあいだの断絶を前提した「あの世」ないしは「来世」とは異なるものだろう。伊弉諾尊《イザナギノミコト》によって「千引《ちびき》の石」で閉ざされてしまった「黄泉の国」は、少なくとも黄泉比良坂《よもつひらさか》が塞がれ「この世」から断絶されているかぎりは異界として現象しない。異界は、黄泉比良坂のような、こちらの生の世界とつうじあうつながりなしには問題化しないのである。

死によって赴く後戻りの許されない世界。それは他界ではあろうが、ここで問題としたい異界とは区別される。同じことは当然にも、現世に交替してやがて到来する世界、たとえば至福千年王国についてもあてはまる。「この世」から空間的・時間的に断絶したものであるかぎり、「彼岸の世界」は生の経験世界に「異常と異様」を生起させないのだ。もちろん、語の慣用において、こうした「別の世界」にも異界の名があたえられてきたのは事実である。けれども本書では、あえてこうした他界からは区別されたものとして異界をとらえたいと思う。それは、異界という現象が**「こちら」を生きる人間の存在のあり方とつながっていること**を問題にしたいからである。生の経験世界に住まう存在にとって異界がどんな意味をもつのか。このことを探求するには、異界というものをあくまで「この世」の経験世界との関係において問う必要がある。

異界が生の世界とのつながりの場として生起することを描いた物語に耳を傾けてみよう。房総半島のほぼ中程に位置する富山《とみさん》には、あの八犬伝の伏姫が籠ったと言われる洞穴がある。入口こそ新しい門やコンクリートの階段でしつらえられているが、問題の洞穴は幽玄の空気が漂う深い山林の奥に、断崖に張りつくようにある。もちろん、馬琴の『南総里見八犬伝』はフィクションであり、「伏姫の籠穴」との言い伝えは後世の人々の想像によるものだろう。実のところそれは、古代にまで遡る横穴墳墓か、行者の籠穴の類いだと思われる。だが、実際にそこを訪ねて深閑とした山の雰囲気に抱かれ、内房独特の湿気と沢が運ぶ爽やかな冷気に身をさらすと、伏姫の奇瑞の場とされるのも無理からぬことと思えてくる。そこには、物語が描きだす異界の匂いが、そこはかとなく漂っている。

伏姫が富山に籠ったのは、父里見義実の「戯言《たわごと》」に端を発して、飼い犬の八房と添い遂げることになったからである。八房は伏姫を背に乗せて、問題の洞に至る。姫はそこで、『法華経』八巻と写経のための紙を広げ、静かに読経の日々を送る。彼女にとってとりわけ重みをもったのは、「提婆達多品《だいばだったほん》」巻の五だった。婆竭羅《しゃかつら》龍王の八歳の娘が菩提心を発こし、この世ではじめて女人成仏を果たした物語。伏姫は、この龍女に自らを重ね、仏門への帰依をめざしたのである。そしてついにある日、八房とともに念願を成就せんと決意し、石机の前に座って誦経を始める。「今を限りと思へばや、音声《おんじょう》高く澄渡り、たえず又委《よどま》ずして、蓮の糸を引く如く、又出水の走るに似たり。峯の松風もこれを和し、谷の幽響《こだま》もこれに応ふ。」(4)

伏姫は、父と自身が蒙った因果を引きうけ、その禍いを払拭せんとして往生を念願した。その妙なる音声は、仏の功徳を引きよせ、それに一体化せんとする祈りの声である。そのとき、姫と八房を抱く洞穴は、「仏法《みのり》の功力」(5)の異様に満たされ、異質な力につうじる場と化する。異界とは、こうしたつながりの場としてたち現われるのである。

窟《いわや》は、しばしば異界へとつうじる独特な力の場とされてきた。五来重は、修験道の実修者が古代から窟に籠って禅行にいそしんできたことを紹介している。その背景には、三輪山が「神奈備《かむなび》の御室《みむろ》」（神の霊の籠れるところ）とされたように、山や巌石などに霊魂が宿るという理解があった。さらにまた、古代的な横穴墳墓の歴史も重ねられ、洞窟は霊魂と交流しうるところ、擬死再生の場として位置づけられてきた。ただしそれは、祖霊だけに関連づけられたわけではない。笠置山の龍穴が弥勒菩薩の浄土、兜率《とそつ》の内院につうじているとされたように、特別な聖性と神的な威力につうじる場ともされてきた。(6)

もちろん、窟という事物それ自体が異界へつながっているというわけではない。伏姫が一心に誦経と写経を繰り返したように、異様な力にひたすら帰依しようとする熱い行いによって、はじめて異界への通路は開く。窟とは、あくまで**行為の場**であることによって、異界へとつながるのである。異界への通路は、存在が別のものに「化する」位相において穿たれる。

物語には、「仏法の功力」ないしは神の霊力が「こちら」の存在に霊験をしめす事態も数多く見いだせる。その最たるものは、役行者《えんのぎょうじゃ》から賜った伏姫の数珠だろう。この数珠の八つの水晶には、それぞれ仁、義、礼、智、忠、信、孝、悌の文字が彫られていた。ところが、八房が姫に「懸想《けそう》」するようになるとその文字は跡形もなく消え、「如是畜生発菩提心」の文字が浮かぶ。そしてまた、姫が往生を決意する前には、再び八つの玉の文字は「仁義礼智忠信孝悌」に変化する。凡俗の事柄を超えた仏の功徳が、玉という「こちら」の物をつうじてしめされる。伏姫の数珠は、

「仏法の功力」の異界と「こちら」側の存在とをつなぐ接点にほかならない。

あるいは、伏姫懐妊の事情。姫は草刈童子から自分が身ごもっていることを告げられる。もちろん八房の情欲に身をまかせたことなどない姫は、「あな鳴呼《おか》しや」と言って受けつけない。すると童子は、それは「物類相感の玄妙」であって、「神遊《たましいかよ》ひ」(7)て宿因の果を孕んだのだと諭す。伏姫の身体は、神霊の妙なる力へのつながりと化したのである。そのつながりは、さらに別様にも連鎖してゆく。伏姫は、懐妊の疑いを晴らさんとして護身刀で腹をかき切った。けれども、孕まれたものはまた別の「形」へと乗り移り、いくつもの通路をしつらえてゆく。「一朶の白気閃き出、襟に掛させ給ひたる、彼水晶の珠数をつつみて、虚空に升《のぼ》ると見えし、珠数は忽地弗《たちまちふつ》と断離《ちぎ》れて、その一百は連ねしまゝに、地上へ戞《からり》と落とゞまり、空に遺れる八の珠は、粲然として光明をはなち、飛遶《めぐ》りて入紊《みだ》れて……」(8)かくて八つの霊玉は八犬士へと受け継がれ、物語を貫いて神霊の威力が顕われいでる仲立ちとなってゆく。

異界は「こちら」の経験世界とのつながりにおいて顕現する。いや、「凡俗」の世界を生きる者に対して現象するのは、このつながりだけである。そのかぎりでは、このつながりの場そのものを異界とよぶことさえできる。異界は、「異なもの」のみで構成されたどこかの閉じられた空間ととらえるべきではない。もちろん、数々の仏たちが集合する曼荼羅のような異界のイメージがあることは心得ている。けれども、「凡俗」を生きる存在にとっての異界の意味を問うてゆくかぎり、異界はその存在に対して現象する何かなのであり、したがって「こちら」の世界とのつながりの場に生起するものでしかありえない。実際、『南総里見八犬伝』がしめす数々の霊験の背後に、「仏法の功力」や神霊の妙なる力のみからなる圏域、閉じられた空間を見いだすことはできない。どこかに区切られて「在る」空間ではなく、つながりの場においてどこからともなく「現象する」事態。

だとすれば、実は「あちら」「向こう」といった空間的な比喩も正確ではない。異界をどこか特定の空間ととらえることはできないからだ。空間的な比喩は、「こちら」を生きる者に現象する事態が異質な理によっていること、言い換えれば「こちら」の理から隔たっていることを言わんとする次善の語りにすぎない。厳密に言えば、異界はあくまで「異なるもの」との接触の場としてとらえられなければならない。まず「異なるもの」の空間があり、それが何らかのつながりによって「こちら」の空間とつうじあうわけではないのだ。

異界は「異なるもの」とのつながりの場であるというのは、こうしたことを意味する。異界の核心をなすあの「隔たり」も、「異なるもの」の世界と「こちら」の世界との空間的な距離を意味するわけではない。そうではなく、むしろ「異なるもの」との接触において現象する理の「違い」こそが問題の「隔たり」なのであり、つながりの生起が同時に「隔たり」の現象なのである。異界とは、つねにすでにある空間として「こちら」から隔たっているのではない。それは、ある種の異化＝区別化が生起する「疎隔化」の場なのである。

では、異界は生の経験世界の内にあるということになるのだろうか。いや、それはいささか単純すぎる。たしかに「異なもの」の現象は、あくまで「こちら」の世界の内で生起する。けれどもそれは、「通例」の経験世界とは相容れない理にもとづくという意味で、たしかに「こちら」から隔たっている。「こちら」で現象するが、「こちら」から隔たっているもの。異界の所在については、まだ整理を要する問題が残されているようだ。項目を改めて、理解をまとめなおしておくことにしよう。

異界とは、潜みある「異なもの」の位相にほかならない。数珠に文字を浮かびあがらせた「仏法の功力」も、それ自体としては明確な形をもっておらず、「こちら」の世界の実在に仮託せずには現出しえない。それは、この「異常と異様」をとらえるのが、「こちら」の世界の目であるかぎり当然のことである。だから、異質な理にもとづく力は、どこか別の空間をなしているのではなく、「こちら」の世界の実在の陰に隠れ、その裏に張りつくように潜んでいると言うべきだろう。それは、「こちら」の世界に潜んでいるけれども、同時に秘められたものとして顕在的な経験世界から隔たっている。

　異界の「所在」については、ひとまずこう整理することができるだろう。「こちら」の世界の理を超えた「異なもの」の蠢きは、隠された異界をなすが、それは二世界論が想定するような、隔絶し閉じられた世界としてあるわけではない。「異なもの」の力は、「こちら」の世界のものどもに絡みつくように潜んでいるのであって、区切られた世界をなしてはいないのだ。その意味で、異界とは生の経験世界の**秘められた位相**だと言うべきだろう。

この点は、錬金術思想に一つの好例を見いだすことができる。錬金術とは、卑金属から金を錬成する怪しげな技術にとどまるものではない。それは、「一は全、全は一」という言葉に象徴されるように、ミクロコスモスとマクロコスモスの対応を想定する一つのコスモロジーだった。それは、世界のあらゆる存在の成り立ちを、原理的につかもうとする企てであり、神の永遠の真理を追究する思想的営みだったのである。たしかにそれはオカルト思想と見なされるけれども、周知のように「オカルト」とは「隠された」を意味し、めざすべき真実が秘められてあるという含意をもつ。潜みある真実。この異界の位相を、錬金術は想像的に探し求めたのである。

神がしつらえた世界の秩序を発見し、その創造の業をなぞって思いのままに物質を、そして人間さえも作出するための知、それが錬金術だったと言っていい。金属の錬成について言えば、それはあらゆる金属の成り立ちを究め、その相互変換の原理を発見しようとする試みだった。金がある別の物質の組み合わせから、しかるべき作業をへて生成されるということ、この秘儀が飽くことなく追究されたのである。この思考は、まず多様な物質に潜む共通の「元」を特定する形をとる。たとえば、錬金術師ジャービル・イブン・ハイヤーンは、金属はすべて本質的には水銀と硫黄からなると考え、パラケルススは、七つの金属が硫黄と水銀と塩の「三元」から生じると主張した。(9) とはいえ、錬金術思想は、こうした冶金学的な「理論」に終始するものではない。そこには、世界のあらゆる存在を構成する「元」を想像的に発見する思考も存在していたのである。

世界の全存在の根本をなす「元質」、それは「第一質料 prima materia」とも呼称されるものであり、古代から知られる「エーテル」やランベール博士の「テレスマ」、そしてパラケルススの「イリアステル」[10]がそれにあたる。かの『エメラルド板』に記されているように、錬金術思想は、「万物はこの唯一者より変容によりて生ぜしなり」[11]という流出論的な世界観をとったのだ。しかし、「エーテル」という語がしばしば**形なきもの、感覚的にとらえられないもの**をさすように、「第一質料」はあらゆる事物の形をとりうるが、それ自体は事物の形の根底に潜むとらえがたきものである。この形なき「元質」が、秘められた原理にしたがって諸々の事物を構成する。錬金術は、まさにこの潜みある「元質」の実相と、それが事物を構成する秩序の秘密を説き明かそうとした。

ただし、世界の存在を構成する真理には、もう一つの重要な領域があるとされた。「第一質料」にせよ「三元」にせよ、それらは受動的な質料にすぎない。世界の存在を生成してゆく活性は質料的な存在にではなく、神に淵源する霊魂の次元にあるとされたのである。たとえば、一六世紀イタリアの思想家デッラ・ポルタは、宇宙全域に充満する「世界霊魂」が上から力を注ぎこみ、下なる事物の存在を編みあげているとした[12]。質料的なものに活力を浸透させる触媒、「スピリトゥス」ないしは「プネウマ」の働きである。形なき潜在的な霊魂の次元。錬金術はこの潜みある異界を浮き彫りにするだけでなく、その秘められた真実を極めるために「宇宙のスピリトとの一体化を企てること」[13]であり、事物の存在の異界に踏み入る試みだったのだ。

錬金術思想が描きだした存在の真理は、生の経験世界からすればきわめて異様なものだった。それは、さまざまな次元に織りこまれた「対立物の一致」の思考にしめされている。この世界観は、根源的な「単一性」にささえられた宇宙の調和あるいは「万物の統一」という理解からくるものである。まったく正反対の性質を有する硫黄と水銀を合一させる技術[14]、あるいはその象徴体系に現われる「二者合一体」とヘルマフロディーテのイメージ[15]、そして何よりも宇宙における生と死の循環的調和。こうした「対立物の一致」は、「通例」の世界からすれば明らかに不可思議なことであり、それを可能にする秘儀というのはまったく異様なものでしかない。そこには間違いなく、秘められた「異なもの」を顕現させようとする異界がある。

錬金術思想が浮かびあがらせる異界は、形なき「第一質料」や「スピリトゥス」の次元であり、世界のあらゆる存在の奥に潜むとらえがたき位相である。そこでは、異界が生の経験世界の陰に隠れたものとして怪しく描きだされている。その潜みある位相は、それ自体としてはつかみうる形をもたないが、経験世界のすべての事物を貫いているとされる。つまりそれは、形ある存在としては、「こちら」の経験世界のものどもとして現象する。形なき根源の次元、経験世界の陰に秘められた異相。それは、「こちら」の世界とは別の空間としてあるわけではない。

この点は、ある物語の世界観と照らしあわせるとわかりやすい。若い人々から支持を集めたコミック『鋼の錬金術師』。その劇場版アニメに『シャンバラを往く者』という作品がある[16]。この作品では、「錬金術師」エドが錬金術を行使できない「現実世界」へと迷いこむ物語が展開されるのだが、そこには原作コミックにはない要素が見られる。それは、錬金術の力の源泉に関する設定である。「シャンバラ」(錬金術が駆使される世界)では、「錬金術師」は土から鋼鉄の壁を屹立させたり、どこからともなく逆巻く炎を噴出させたりできる。そこでは、錬金術思想がめざした物質の相互変換の術が、まるで魔法のように実現されるのだ。『シャンバラを往く者』は、この錬金術の力が「現実世界」の犠牲の上に成り立っていることを明かしている。錬金術師が実現する力は、「現実世界」の人間の命を糧としており、錬金術が行使されるごとに人々の命が奪われるというわけである。

ここで、実際に錬金術が駆使されている「シャンバラ」を、一つの異界と理解することは可能だろう。ただし物語は、その異界を「現実世界」から分立した空間として想定している。それは、生の経験世界の内に潜む密やかな「真理」ではなく、空間的に独立した別の世界の「現実」としてとらえられている。だから錬金術は、少なくとも「現実世界」を生きる人々にとって、自分たちの世界を構成する原理としてとらえられることはない。いや、「シャンバラ」から隔絶された「現実世界」を生きる人々は、少数の例外を除いて錬金術の世界を知らずに存在しているのだ。彼らは、自己の存在と世界を構成する密やかな「真実」から身をそらし、それとの関わりを遠のけて生きている。

生の経験世界に潜みある異界、それを「こちら」の世界から切り離し、閉じられた別の空間として想定するなら、その異界が「こちら」の自己のありように関わること、そしてそれが自己自身にとってもつ意味が問題化されなくなる。だからこそ異界を、「こちら」とは別のどこかに存在する空間としてとらえる思考は疑われるべきなのだ。『シャンバラを往く者』は、異界を自己の足下の位相としてとらえることの重要性を、裏返しのかたちでしめしている。もちろん、物語を俯瞰するオーディエンスは、「現実世界」の戦争で消えてゆく命が、「シャンバラ」の錬金術によって消費されているという「真実」を知っている。この「真実」の観点に立つなら、錬金術の位相が「現実世界」の奥底に潜んでいるということになる。けれどもそれは、すでに二つの世界のつながりを前提することにほかならない。「異なもの」とのつながりの現象、「現実世界」の裏に秘められた異界。

最後にもう一つ、錬金術思想から浮き彫りになる問題領域に言及しておこう。錬金術の原理は、世界の存在構成の原理であり、眼前にある事物がそのまま錬金術の「真実」の顕われである。だからそこには、異常さも異様さもない。もちろん、諸々の物質を組み合わせて現に金を生成しえたなら、そこには「異なもの」が顕現する。けれども、錬金術は一度としてこの「異常と異様」を現出させなかった(はずだ)。だからそこには、「異なもの」が現実に顕現するという事態はない。けれどもそれは、錬金術思想が潜みある「真実」を顕現させなかったということを意味しない。そう、錬金術のテクストそのものが、その顕現だとも言えるからである。想像的な論理と象徴的なイメージを駆使したテクスト(著作または映像)において、潜みある「異なもの」が現象するという事態。ここには、異界について考えるときに絶対に看過できない問題領域がある。

幻想/奇想小説、SF的な小説や映画。こうした想像的なテクストの内には、世界の構成や人間の存在に潜む「異なもの」に焦点をあてた表現がしばしば見られる。初めに触れたように、現代の表象文化にも注目すべきものは少なくない。それらは、潜みある「真実」を仮設的に想定し、それが顕現する異界をテクストとして構築しているのである。だから、異界について考えるときに、その理解に資する想像的テクストにも関心が向かうのは当然のことだろう。けれども、異界について探究する学問領域、たとえば民俗学や宗教学や文化人類学などは、こうした現代的な表象文化をまず扱わない。少数の例外を除いて、古典的な異界のテーマと現代文化に見られる異界の表象は、ほとんど隔絶されてしまっている。本書は、この分断の現状に抗して、二つの領域の邂逅をめざすものである。それは、論壇の「常識」からすれば異様なスタイルではあるだろう。しかし、「常識」は思考の跳躍に与するものにあらず。実は、現代の表象文化を射程におさめながら考えると、異界の概念や実相について、いくつかのとらえなおしが可能になる。現代の表象文化を意図的に取りあげるスタンスは、本書の探究にとって欠かせないものなのである。

けれども、ここではいまどきの異界表象に話を飛躍させるまでもない。熊野三山や富山の籠穴についてもそうであるように、異界がしばしば神話的な想像と絡みあいながら問題化することを確認すれば事足りる。異界の探究にとって、さまざまな想像的テクストが重要であることは間違いないのだ。しかし、一つの疑問が生じてくる。本書は、異界とは私たちにとって何なのか、つまり、それが私たちの存在にとってもつ客観的な意味を考えようとしている。だから、最終的に問われるのは、人間存在のリアリティーにほかならない。たんに想像的な「真実」の位相ではなく、異界の表象につうじている本当の真実が掘り起こされなければならないということだ。だとすれば、想像的でしかない表象に、重要な意味などあるのだろうか。

答えはもちろんイエスである。幻想的な彩りは少々希薄だけれど、『他人の顔』を例に考えてみよう。安部公房がこの物語で焦点としたのは、顔という現象に潜む人間の隠された位相だと言ってよい。爆発した「液体空気」をもろにかぶり、目と唇だけを残して顔面全体がケロイドになった「ぼく」。彼は、人前に出るとき、その「醜悪」な「蛭の塊り」を隠すために「顔」を包帯で覆うしかなかった。けれども、仕事や妻との関係がいきなり破綻したというわけではない。むしろ彼は、他人の前では平静を装い、覆面で日常をこなしていた。それは、自己に関するある常識をささえにできたからである。顔は、広く厚みのある人間性の「容器のほんの一部」にすぎない。たしかに顔が人間相互の「通路」であるとしても、大切なのは魂や心といった「ずっとふくらみのある人間関係[17]」なのだから、顔に執着するのは愚かなことだ、と。

それは、多くの人々が日常のなかで想定している人間像にほかならない。「ぼく」は自己に関するこの認識をささえとして、「顔」の悲劇をやりすごそうとした。けれども、この自己像は根底から揺らぐ。ある日彼は、若い女の同僚からクレーのデッサンを見せられる。そこには、目と口だけが割れ目になっている無表情な顔があった。彼は、その顔が描かれた画集を彼女の前でいきなり引き裂く。それは、目と口だけを出して、包帯でぐるぐる巻きになった自分の覆面状態そのものだったからだ。あるいはまた、妻の体を求めたときの、言葉では整理しがたいほどの破綻。彼は、人間が欠くことのできない何かを喪失したのだと実感する。「とつぜん、僕の顔に、ぽっかりと深い洞穴が口をあけた。その洞穴は、ぼくが体ごと入り込んでも、まだゆとりがありそうなほど深くえぐられていた。」[18]

常識的な自己像を裏切るようにして、日常では隠されていた人間存在の「真実」が浮かびあがる。顔とは、精神や思考といった人間性のたんなる「容器」ではなく、意外にも人間存在の一つの根幹をなしている。私たちは、自己の存在の内に潜むこの「異なもの」の位相に吸いよせられてゆく。それは、「ぼく」が仮面の顔を求めてゆく過程でも随所に現れる。人工器官の技師は、「人間の魂は、皮膚に宿っているのだ」という隠された「真理」を主張する。あるいは、皮膚の型を求めて街を彷徨ったときに遭遇した能面展での発見。顔を「空っぽの容器」にした能面には、あらゆる顔に妥当する基本原理がしめされていた。「自分がつくり出す顔ではなく、相手によってつくられる顔……そう、それが本当なのかもしれない」[19]。『他人の顔』は、顔が他者の存在に貫かれている現実、この自己に潜む「真実」を顕現させるテクストなのだ。

けれども、注意しなければならない。フィクションが顕現させる「真実」とは、そのまま鵜呑みにはできない想像的な「真実」である。そもそも「ぼく」の思考は、「液体空気」の爆発という仮設的事件を前提とした想像の産物であり、それが本当に人格の根幹を剥奪する体験かどうかは定かではない。ましてや、あの技術者のセリフは、物語のなかの仮想的論理にすぎない。フィクションが自己に潜む「異なもの」を顕現させるにしても、それはあくまで想像の「真実」にすぎず、生の現実世界での直接的な真実であるわけではない。だとすれば、フィクションによる異界の顕現にはどんな意味があるというのだろうか。問題の核心はここにある。

突きつけられる「真実」は、あくまで想像的なものだ。けれども読み手は、「真実」という体裁がある以上、それを反省的に自身の現実と照らしあわせようとする。そもそも、これは想像にすぎないと意識するためにも、この吟味は要求される。それはしばしば、自明視された常識を再吟味し、惰性化した自己認識をいったん疑ってみることを意味するだろう。その結果として、仮設的な物語世界の「真実」ではなく、自己の現実に潜む「真実」がたぐりよせられることはありうる。自己への反省的な吟味をうながし、潜みある真実を顕現させる機縁となること、ここにこそフィクションの威力がある。

『他人の顔』には、この威力をさらに高める仕掛けがしつらえられている。作品の妙は、顔という現象と真剣に渡りあおうとした、一人の男の激烈な葛藤の描写にある。顔など人間性のたんなる「容器の一部」だという通念と、顔の喪失で人格の欠如を実感するという体験。仮面によって新たな顔が人為的に造れるという確信と、顔によって屈託のない関係を固めている日常の権力への怯え。こうした意識の拮抗と矛盾がもたらす緊張が、読み手に自己吟味の構えを否が応でも迫ってゆくのだ。

この拮抗と矛盾は、「ぼく」が仮面の力を借りて妻の誘惑に乗りだすときにピークに達する。「ぼく」は、顔というものが実は他人によって作られているという認識を、さらに深化させていく。人間相互の「通路」である顔は、他人との「交通」の必要にもとづいて共通化され、万人に等しくあてはまる抽象的なものとして成り立っていると悟ったのである。

仮面の助けを借りなければならなかった顔の喪失という、僕の運命自体が、すこしも例外的なことではなく、むしろ現代人に共通した運命だったのではあるまいか。[20]

「ぼく」は、「おれ一人ではない」という呪詛が、社会という監獄に響きわたっているように思う。にもかかわらず、である。この「真実」は、ふたたび妻を再獲得しようとする妄執によって置き去りにされる。彼はこの「真実」を捨ておき、仮面がまさに顔の抽象化に依拠しているにもかかわらず、妻という特定の他者との具体的な関係において、自己の特個的な存在を確証する企てに猛進するのだ。「ぼく」は自らの発見した「真実」とはほぼ反対の関係と現実を、仮面の顔によって引きよせようとする。

拮抗し矛盾する理解と思考が、決着をみることなく緊張の渦をなしてゆく。物語のなかでさえ、「真実」について一つの結論が出されることはない。だから問題は、フィクションをつうじて読み手自身の本当の「真実」が顕現するということではない。そうではなく、この拮抗と矛盾がもたらす緊張に読み手を引き入れ、自身の真実は何なのかという思考に否応なく誘いこむところにこそ、ことの要点がある。その思考は、生の現実のなかで前提されてきた自己認識と自己像を再吟味させるだろう。その結果として、自己の内に潜みある現実の異界が問題化することも大いに考えられる。そこにはすでに、自己の隠された異界が浮かびあがりはじめている。

自己の隠れた「真実」を問うフィクションの意義は、ここにある。「こちら」の世界を生きる者に対して、現実の自己の内に潜む「異なもの」を感じとらせること。この書き物が重視するのは、異界がこうした自己認識や自己像の刷新をもたらす事態にほかならない。

問いの枠組みをしめす論述は、初めに記した問題関心に帰りついたようだ。異界は生の経験世界に住まう者にとってどんな意味をもつのか。この問題関心を重視するがゆえに、異界を焦点とする物語にも細やかな注意を向けてゆきたいのである。もちろん、この問題関心は表象文化とは別の領域でも追求されなければならない。すでに触れたように、神話や宗教思想やフォークロアに登場する数多くの異界についても、考えるべきことは少なくない。人々は、なぜこうした異界を倦むことなく想像し、それらに吸いよせられてきたのか。この点を考えることも、「こちら」の世界を生きる者にとっての異界の意味を探究することにつながる。さらには、想像的な物語ではなく、現実の生ける自己の精神や身体の内に潜む異界。この秘められた真実を、なぜ私たちは「非知」の暗闇へと隠してしまうのか。この点の探究も、異界が私たちの存在にとってどんな意味をもつかを明らかにすることとなるはずである。

最終的な問題は、存在の性に命じられるように異界を求め、異界との関わりを生きてゆく人間のありようを、反省的に吟味することにある。本書の眼目は、さまざまな異界の神秘についての謎解きにはない。そうではなく、つねに思考のベクトルは、異界に接しながら「こちら」の世界を生きる者のありように差し向けられている。異界というテーマをつうじて人間存在についての知を揺るがすこと、これがめざされるべきゴールなのだ。

第一章　立つことの陰に

とらえがたき「リューグー」

伊江島の伝説／久高島の信仰／海の混沌

生の世界に絡みつく龍の影

バビロニア神話「エヌマ・エリシュ」／エリアーデ『聖と俗』／ギブスンのエクリチュール／フロイト『精神分析入門』

形なきものへの「想い」

バタイユとエトナの火口／海猫沢めろん「アリスの心臓」／奈須きのこ『空の境界』

生成の異様

映画『２０１０年』／セール『生成』

いつものように、橋の平らな面は、足の押さえを寄せつけない無関心さの固まりだった。ところが突然、踏み足をかわすかのように足場が沈んだ。かと思うと、次に出した足は膨らむゴム毬に接したように、鈍く押し返された。

橋はうねった。揺れたのではない。目ではとらえられない不規則でぐちゃぐちゃな波となって、空間を複雑に伸び縮みさせた。龍の背に立つとは、このことなのかもしれない。橋の終わりへと早くたどりつきたいのだが、からだはばらばらな肉の踊りを繰り返すだけだ。

十数秒はもがいただろうか。やっと橋を抜けて、右に折れ曲がりながら上ってゆく、広い道に出た。しばらくして波のような揺れはおさまったが、地面はまだ右へ左へと動いている。一分ほどだろうか、右手をガードレールに添えながら、呆然としていた（と思う）。

我に返って、心の内の他者の視線を取り戻すと、いそいそと家に向かって歩きだした。ところが、である。ゆるやかに右へ曲がる坂を登り終えると、橋の上のあの波を、今度は地面に感じはじめた。押しと引きは小さいが、たしかにあのうねりのようなものが感じられた。

けれど、電線の揺れはすでにおさまっている。細かな余震なのだろうか。立ち止まり、少し足を広げて立ってみる。すると、不思議にもあのうねりは遠のいてゆく。思い違いかな、と自分に言いきかせ、歩きはじめた。ふわ、ふわ、すーっ。やっぱり、小さなうねりがぶりかえす。

そのとき、はっと気づかされた。これは、あの橋のうねりの残響じゃないだろうか。いや、恐れからくる幻のように、からだの感覚があのうねりを再現しているのかもしれない。もちろん、はじめての揺らぎの不安に動かされて、意識がからだの感覚に集中していることもあるだろう。けれども、やっぱり「いつもの」感じをはみだす何かがからだに渦巻いている。

からだは、平衡感覚を保とうと、つねに水平と垂直を探し求めている。橋の上での平面と方向の揺らぎのなかで、からだは波打つ周囲の空間を水平と垂直の準拠点にしようとして、うねりつづける座標軸を生みだしたのだろう。こうして、うねる世界に適応した正常の構えが生まれようとしたとすれば、揺れがおさまり、固さと静止を取り戻した物の世界に触れるとき、新たな座標軸は逆にうねりを感じずにはいられないのではないか。

よくよく考え直してみれば、歩くとき、立ちあがるとき、踵を返すとき、人のからだはうねっている。動作する身体は、つねにすでに、うねりのなかでの座標軸に依拠しているのだ。だからあのとき、スクウェアな座標軸がうねる座標軸に転形したというわけではない。いつものうねりの座標軸が、もっと複雑な揺らぎに対応した座標軸へと転形しようとしたことで、身体と地面の関わりにいつもとは違う感じが生じたのだ。

からだの感覚は、つねにうねる世界の座標軸に依拠している。けれども意識は、からだが円滑に生みだす常態を、ゼロの水平線として、あるいはまっすぐな軸として想定し、うねりの海を不在のものとして扱ってしまう。直立の秩序を求める存在は、その求めの構えそのものによって、すぐ足下にひかえている、うねりと揺らぎを忘却するのだ。

うねりと揺らぎは、私たちのよって立つ根源にほかならない。にもかかわらず、直立の忘却に陥った意識は、それを無きものとして暗闇に追いやる。そして、立ちつづける構えの隠れた間隙からわずかにこぼれでるとき、立つ者にとってそれは、とらえがたい混沌として迫ってくる。

あの橋の荒ぶる波は、からだが住まう根源の蓋を開き、立つことの裏に潜む混沌が溢れくるさまだったのだろう。やはり、足場を失った者の下には、闇の龍が蠢いていたのだ。

とらえがたき「リューグー」――「非空間」としての異界

沖縄本島の本部港からフェリーで三〇分。西北の沖に浮かぶ伊江島に、「ニャーティヤーガマ」とよばれる洞窟がある。洞窟といっても、縦長のトンネルではない。

島の南西の海岸に見える、こんもりとした岩壁。この岩塊の底面を抉りとるようにして、「ニャーティヤーガマ」は広がっている。岩場の急な坂道を下りて見えてくる空洞は、驚くほど大きい。日中でも、向かって右（北）奥へといくつにも分岐している洞穴は、暗がりのグラデイションでしかない。だが、大きな空洞の左（東南）には、やわらかな明るみの差しこむ洞門が口を開けている。そして、その明るみのさきに、ちらちらと揺れる海の光がつづく。この、遥かなる海の世界につうずる洞穴を、島の人々は「リューグー」への門と見なしてきた。

この洞窟は、「ニャーティヤー三月」という儀礼の祭場となる。それは本来、神女のみでおこなわれてきた祭りで、近年では子孫繁栄と大漁・海上安全を祈願するものになっている。かつては、男女交合の秘儀があったとも伝えられている。けれども、本来それは、海神に祈りを捧げることで、島の繁栄を願う祭祀だった。祭りの由来譚には、このことがはっきりとしめされている。宮城真治は『古代の沖縄』で、ある掟神《うっちがみ》の女性が語った話を記録している。

昔、「にれえ」の神が、二人の者から戦をしかけられた。事態を案じた「にれえ」の神は、伊江の神に二〇人のノロ（高位の神女）を送ってほしいと頼んできた。伊江の神はノロを送ってもよいと考えたが、どうやったら「にれえ」に行きつけるかがわからなかった。すると「にれえ」の使いは、ノロたちが蔓の冠やヤブ蘭の冠をかぶって船に乗れば、潮を押し分けて海底の「にれえ」に着くことができると告げた。こうして「にれえ」にたどり着いたノロたちは、弓遊びで敵の力を失わせ、「にれえ」の神から子孫繁昌、五穀豊穣、航海安全、魚介豊産の約束をいただいた。「ニャーティヤー三月」は、海神に対してこの約束を忘れずにいていただくためにするものなのだ。(1)

話に登場する「にれえ」とは、琉球で広く語られる、あのニライカナイの「ニライ」である。それは、往々にして、遥か遠くにある幸福と豊穣の理想郷、そして人々の魂の故郷のようなものとされる。けれども、この由来譚の「にれえ」は、海の遥か底にある神の世界と観念されている。それは、ある種の龍宮にほかならない。観光パンフレットには登場しないかもしれないが、琉球弧の各所には、ニライカナイを遠い海の底に求める神話や民話が残されている。つまり、伊江の人々は、「にれえ」を琉球の文化世界で語られる海神の住まうところ、「リューグー」ととらえていたのである。

由来譚は、この洞窟《ガマ》の意味をはっきりとしめしている。そこは、「リューグー」の海神と意思を交わしあうことができ、その異界へとつうじている門なのだ。ぼんやりと明かりが差しこむあの洞門は、「リューグー」へと開かれた島世界の穿孔だったのである。異界はこの世界に穴を穿つ。

しかし、「ニャーティヤー」の「ティヤー」は「ティラ」の転訛である。仲松弥秀は、この語はしばしば「人骨を神として祀ってある洞穴」[2]をさすと言う。それは、祖先の骨を安置して拝む葬所であったことを想像させるのだ。外間守善は、このことを踏まえて、このガマがある系統の先祖たちの生活の拠点だった場所であり、のちに聖なる墓所となり、死の世界と交信する場とされたのではないかと推測している。[3]そうだとすれば、「ニャーティヤーガマ」は、死者の魂が他界へと向かう出口であり、その魂の世界へとつうじる門でもある、ということになろう。

いずれの観念においても、洞窟《ガマ》は、遥か海の底に存在する異界への門として、ある種の聖性をおびているように見える。異界の「在ること」が根拠となって、そこにつうじるガマでの儀礼や祈りが自ずと展開されるように思えるということだ。だとすれば、たとえ想像上のものであれ、その空間的位置の確かさはとても重要なことだろう。「リューグー」、あるいは死者の魂の住処が、どこに、どのような空間として「在る」かが、異界の観念の欠かせない要素となるわけだ。

けれども、欠けるところにこそ真実への糸口がある。島の女性の由来譚には、この空間の「どこに」と「どんな」が見当たらない。もちろん、祭りの由来にとってそれは重要ではないだろう。とはいえ、蔓やヤブ蘭の冠をかぶれば自ずと「にれえ」にたどり着くという語りは、いかにも空間的な存在の確かさを軽んじている。あるいは、「にれえ」が死者の魂の住まう他界だという観念も、かりにガマが太古の墓所であった事実を基層とし、そこから死者の魂が旅立つという前提にもとづいているのならば、根拠と帰結の関係は逆さまではないかとも思えてくる。

異界はしばしばおぼろげである。そして、想像の作為を隠してもいる。異界の観念は、意外にも空間的な存在を第一義とするようでいて、むしろそれとは別の次元を核心としているのではないか。まずは、異界をめぐる一つ目の問いの所在だけを登録しておくことにしたい。

実は、琉球弧に広く分布する「ニライカナイ」の観念も、かの地では遥か東に、だがこの地では遠い西方にというふうに、空間的位置にあまり頓着していないように見える。けれどもこれは、多くの文化世界であることだから、それだけでことを云々するのはひかえた方がいい。ただし、「リューグー」のとらえがたさの背景には、これとは少し違う事情もあるように思う。

沖縄本島の南東の端、知念岬の東の沖合には、古くから漁撈中心の生活を営んできた久高島がある。この島の漁撈にまつわる祭祀は、二人の「ソールイガナシー」（棹取り神）によって統括されてきた。現在は、その継承の糸は途切れてしまったが、元来は島の男たちが年齢順にその役を担ってきた。この「ソールイガナシー」は、少なくとも祭祀のさいには、人でありながら神であると見なされる。「ソールイガナシー」は、「タティマンヌワカグラー」という龍宮神としてたち現われるのである。

久高の人々は、この神を二頭の白馬としてイメージし、島の北の森、ハベールムイに滞在すると考えてきた。すぐさま、海の神なのに馬、そしてまた龍宮に由来する神でありながら森にいる、という不思議に気づくだろう。けれども、久高島の「リューグー」に関わる信仰はかなり複雑で、その全体に空間的整理をほどこすことはとても難しい。

久高島の祭祀に関する比嘉康雄の詳細な報告を踏まえると、この神の性格が概ね理解できる。たとえば、旧暦三月の麦の収穫儀礼や、旧暦の四月と九月の「ハンザナシー」（ニライカナイから神が来訪する祭り）の祝詞《ムチメー》や神歌には、「タティマンヌワカグラー　ターキ干瀬《ビシ》　ユアラ干瀬　干瀬の主」[4]という詩句がある。この龍宮神は、漁場の支配者ととらえられており、だからさまざまな祭りで、この海の主に対して海の幸を請う祝詞が唱えられるのである。

「タティマンヌワカグラー」は、漁場の支配者という意味において、「リューグー」の神なのだろう。この神を、海底のある場所に住まう存在と考えるのは、いささかお門違いかもしれない。そもそも、海の幸は、さまざまな祝詞で「リューグーヌスティスク」と言われる。つまり、この文脈では、海という自然的な存在が「リューグー」として名指されていると見るべきだろう。「リューグー」は海でありながら神でもある。

けれども、久高島の祈りのなかには、これとは少し意味合いの違う「リューグー」も登場する。旧暦一月、二月の吉日に行なわれる「ヒータチ」は、大漁の祈願を主旨としている。この祭りの歌で、大漁の願いが聞かれるのは当然だが、同時にまた、海に生きる男たち（ウミンチュ）の安全も祈願されている。「北に行く　北に行く　久高人が行くところ　絹のように静かにさせてください」[5]という神謡《ティルル》の背景には、深く果てしない海への恐れが垣間見える。

あるいは、同じく大漁を祈願する「三月綱」の日に、特定の家族がとり行なう祭祀にも、「リューグー」の別の顔が垣間見える。これは、海で死んだ者の魂を鎮めるために家族が行なう儀式で、「リューグーマッティ」とよばれる。琉球の各所には、海で死んだ者の魂《マブイ》はあの世に行けずに彷徨うという考えが浸透している。また、その彷徨える魂は身内に災難をもたらすので、それを避けるためにも祈りが捧げられなければならないとされている。

では、海で死んだ者の魂を彷徨わせるものは何か。まさしくそれは、「リューグー」にほかならない。この儀礼で唱えられる祝詞には次のようなくだりがある。「この家の遭難者よ、海で浮遊する魂よ、あなたの子々孫々が港・海の神に対して御願をするから、ここの子々孫々を同じ目に遭わせないでください。餅や魚、酒も供えてリューグーに対してお願いしますれば、この家の子々孫々の行く海は、荒波も鎮めて下さい。」(6)

実は、この祈りはすべての海に向けられているわけではない。久高島では、日常の追込み漁の場とされてきた遠浅の海（イノー）と、その外に果てしなく広がる大海とは質的に区別される。大潮のときに顔を出す岩礁の向こうはフカとよばれ、一種の異界ととらえられてきた。つまりそれは、ひとたび荒れればウミンチュを一呑みにする、恐ろしい世界なのである。この恐ろしき力を顕わすもの、それがあの祝詞の「リューグー」である。ただし、海で死んだ者の魂を彷徨わせる「リューグー」は、自然的存在以上の何かとして畏怖されている。フカは、人の力のおよびえない異界であるがゆえに、魂のしかるべき道行きを受けつけず、その秩序からはずれた攪乱をもたらすのだろう。それは、人間界の秩序を受け入れない、異質な深淵なのだ。

この「リューグーマッティ」とほぼ同趣旨の儀礼は、琉球弧に広く存在してきた。たとえば、宮城文は、八重山の「竜宮祭《リュングマチリ》」を紹介している。これは、海で死んだ者が出たときに、「その道の人」に依頼して海辺でなされるもので、身内に「年まわりのさわり」がないよう「竜宮の神様」に祈願する儀礼である。(7)また、野口武徳は、久米島の鳥島地区で、「海で行方不明になった者を祀る」「竜宮祭」がおこなわれてきたことを報告している。ただし、こちらでは、海で死んだ者は「竜宮の神になる」とされてきた。(8)さらには、沖縄の各所の「海焼香」という儀礼にも、「リューグーマッティ」とつうずるところがある。「リューグー」の異様な深淵は、「わたつみ」に囲繞された生を営む者たちにとって、避けることのできない異界だと言ってよい。

翻って久高島にも、同様の祭祀がいくつかある。たとえば、「ハンザナシー」の初日に儀礼が終わったあと、ティンユタとよばれる一種の霊能者が特定の家族のためにとり行なう、「トゥムティラーヌ拝」(9)がそれだ。これも、「リューグーマッティ」と同じく海難者の魂鎮めだが、ティンユタが口寄せで死者の思いを伝える点が異なる。

さらには、「ティンジウガン」という儀礼もある。これも、彷徨える死者の魂があの世へたどりつくように願うものだが、自殺や早死になど、怨みの残る不自然な死に方をした者の魂についても祈願するという点が違っている。この儀礼では、魂をあの世にたどりつかせる「七つ橋」が用意され、死霊を宥めさとす祝詞がティンユタによって唱えられる。そして注目すべきことに、この祝詞でも、「リューグー」への願いが唱えられるのである。[10] この「リューグー」は、魚が棲み、近隣の島への「道」となる、ただの自然的な海ではない。それは、人の命を呑みこむ恐るべき威力ととらえられている。そして、**人知と人力を超えたとらえがたきもの**であるがゆえに、海難者と不自然死を遂げた者の魂を吸いよせる闇とも見なされている。

とらえがたく計りがたい闇。それを、空間的な場として了解することは拒まれる。たしかに、あの漁撈の世界での「リューグー」は、自然的存在としての海に重ねられているのだから、それを空間的なものとして理解することも可能だろう。けれども、この恐るべき闇としての「リューグー」は、どこに、どのような場として、という理解を受けつけない。それは、海難者と不自然死を遂げた者たちの魂を彷徨わせる**非空間的な威力**として、どこにでも自然的存在にまとわりつくように、あるいはどことは言えぬ隙間の向こうから、琉球の人々に迫ってくるものなのだ。

思うにこの異界は、あの「にれえ」のように、どこか遠くに「ある」ものではなく、人々と人知を超えたものとの「間」、目に見えぬ境界で「湧きあがる」ものではないだろうか。漁撈の世界と命を呑みこむ海の深淵。**この界面において、己れの生と魂を翻弄する猛威に接しながら、人が畏れと祈りの緊張の場に立つときに、異界としての「リューグー」がたち現われる。**

境界に「湧きあがる」異界。この異様な緊張と熱を生む場は、沖縄の地に多様な形で展がっている。たとえば、奥武島。奥武（オウまたはオオ）の名は、那覇の奥武山《おうのやま》公園という駅にも残っているが、この地もかつては漫湖とよばれる河口の干潟に囲まれた島だった。この名の島は、沖縄ではあちこちに散在しており、けっしてめずらしいものではない。

現在、本島では玉城、糸満、那覇、泡瀬、羽地、安部にこの名をもつ島があり、津堅島、久米島、慶良間島でも隣接する小島がこの名でよばれている。仲松弥秀が言うように、この名でよばれてきた島の多くは風葬地ないしは葬所だった無人島で、死者が赴く聖地とされてきたと推察される。[11] つまり奥武は、死者が赴く聖なる場に冠せられた名称だと考えられる。

地先の島という地勢は、他界へとつうずる聖なる境界の輪郭を鮮明に浮かびあがらせる。それは、海によって隔てられた形ある島であり、水平線の彼方のニライカナイとは異なる霊地と看做される。つまり奥武島は、死者の赴く霊地としてこの世の俗的領域から隔てられると同時に、あの世のニライカナイとも区別された境域、一つの聖なる「あわい」とされてきたのである。

実際、いくつかの奥武島（玉城、久米島）には御嶽が存在した。[12] 俗的な世界から隔てられた奥武の島は、まさに境域であることにおいて聖性を刻印されてきたのだろう。その一方で、死者の赴く他界は、たんなる畏敬の対象ではなく、恐れられ遠のけられる世界でもある。奥武の島の聖性とは、M・ダグラスの言う両義性[13]をおびていたのであり、そこに向けられる祈りには恐れが交錯していたと思われる。この両義性は、奥武の島が畏怖すべき来訪神の出現する場とされてきたことにも窺える。この神は、『球陽』が「必ず奥《ワウ》において出現す」と記し、『中山世鑑』にも「ワウニ出現シ」と記載されている「荒神」にほかならない。[14] そして、玉城の奥武島では実際に来訪神を祀る儀礼が行なわれてきた可能性が高い。実際、この島の南の磯には、海から噴出したような逆円錐形の岩があり、「竜宮神」とよばれている。そして、その岩を見おろす崖の上には、あたかも荒びくる神への畏怖を思わせるように、遥かな海に向いた拝所がしつらえられている。奥武の島は、恐ろしき荒神を迎える境域としても両義性をそなえているのである。

奥武は、死の世界、「荒神」の恐るべき威力に接する場として、崇敬と恐れの絡みあう緊張に満ちた畏怖の念を喚起する。その独特の強度をおびた聖性は、境界であることに由来すると言っていい。空間的広がりというよりは一つの境界。それは、界面に「湧きあがる」異界なのだ。たしかに、墓所も島も物理的には一つの広がりであり、非空間というわけではない。けれども奥武をめぐる信仰は、**生と死の、あるいは人間世界と神の世界との、緊張に満ちた拮抗が異界を「立ちのぼらせる」**ことを、雄弁に物語っている。それは、遥か遠くに想像される空間世界ではない。そうではなく、とらえがたい異様な威力と接するときに、生きる者の裏にまとわりつくものであり、生の世界に忍びわくものなのである。

生の世界に絡みつく龍の影――混沌の異界

洋の東西を跨いで、混沌の世界の表象にはしばしばドラゴンや龍が登場する。多くの神話において、とらえがたいものである始源の混沌が、龍という形で表象されているのである。

スサノオが対峙した八岐大蛇は、始源の混沌からは隔たっているように思えるが、たとえばバビロニア神話、「エヌマ・エリシュ」の創世のくだりに登場するティアマトなどは、まさに始源の混沌の表象と言うべきものだろう。[15] ティアマトは水からなる存在で、大海に七つの頭をもった蛇体をくねらせるドラゴンとされている。肝心なのは、このティアマトが創世神マルドゥクに敗れ、体を切断されて天地、山河へと化成したというエピソードだろう。ティアマトは、相方のアプスーとともに、形なき混沌の水に重ねあわされ、万物に先立つ始源の存在と見なされている。

中国の創世神話の盤古も、ほぼ同様の表象だと言えるだろう。袁珂の『中国古代神話』[16]によれば、天地がいまだならざりしころ、宇宙の有様は大きな卵のごとき暗い混沌の固まりだった。この卵のなかで盤古が育まれて眠っていた。彼がふと目を覚ましたとき、息苦しい暗黒に憤り、どこからともなく大斧を掴んで混沌を切り裂いた。すると、ガラガラという大音響とともに、卵の固まりは割れ、軽く澄んだところが上昇して天となり、重く濁ったところは沈下して地となった。盤古は自らの形状を変容させ、伸長を繰り返して、ずっと天と地の間で両者をささえていた、と言う。

盤古は、その死に際しても、世界の存在を形づくった。口から吹きだした息は風と雲に、声は轟々たる雷鳴となり、眼は太陽と月に、そして手足と体は名山に変わり、血は河川となったのだ。さまざまな異説では、盤古は龍頭蛇身だったとされている。

こうした龍またはドラゴンを混沌の水の象徴と理解した古典に、M・エリアーデの『聖と俗』がある。エリアーデは、世界の創設をカオスとコスモスの対立においてとらえた。宗教的人間は、自らが休らうことのできる聖なるコスモスを打ち立てようとする。けれども、そのためには、全方位に広がる「未知不定の」、「混沌の空間」[17]を「聖別」し、コスモスの聖性で征服してゆかねばならない。人間世界の意味と秩序が通用しないこの「外」の領域は、ここでも創世以前の「カオスの水」の領域、あるいは形なき「あやかしの larverhaft」世界として表象されている。これこそが、龍ないしはドラゴンが象徴する始源の混沌にほかならない。

龍は海の怪物、太初の蛇の形象であり、宇宙の水、闇、夜および死――ようするに形なき潜在者、いまだ何の〈形態〉もなしていない一切を象徴する。コスモス（宇宙）が出現するためには、この龍が神によって征服され、ずたずたに切断されねばならなかった。マルドゥクは、海の怪物ティアマトの身体から世界を作ったのだ。(18)

エリアーデが、この混沌を「ある種の獣（蛇、鰐等）や、闇をしめす表意文字によって象徴される死者の世界(19)」としているのは興味深い。明らかに彼は、あの海難者の魂を彷徨わせる「リューグー」と重なるものをそこに見いだしている。おそらくエリアーデにとっては、あのとらえがたく計りがたい混沌の海も、龍のうねりとして理解されるに違いないのだ。

ところで、いまだ形あるものが存在しない混沌は、矛盾なしには表象することはできない。形なきものを「想う」形。龍という形象化をほどこされてはいるが、ティアマトの本義は形なき混沌にあり、いまだ存在をなさぬ暗闇にある。だから当然にも、あの「リューグー」と同じく形ある空間ではないし、曰く言いがたい何かでしかない。ただし、エリアーデはこの混沌を、神話的な世界観の脈絡のなかで、創世の始源に位置づけている。そのかぎりでは、つねに生の世界の陰に潜み、つねに忍びわいてくる「リューグー」とは別物のようにも見える。けれどもそれは、異界の非空間性を顕わにしてはいる。

問題は、混沌が神話的に形象化されることに由来する。龍またはドラゴンとして表象される混沌の水は、世界以前のもの、聖なるコスモスの創設に先行して過去に「在った」ものとして、時間的に限定された「存在」として形象化される。こうしてカオスは、現在のコスモス、あるいは一つの文化秩序として構築された生の世界のなかに「在る」ことはできなくなる。コスモスの創設を語る神話は、混沌の異界をコスモスが立ちあがる前のものとして、世界から閉めだす。

「アプスーの門」（バビロン）や「テホームの口」（エルサレム）は、そのことを具現する形だと言えよう。それは、カオスの水につうじる洞門を、建物や岩で永遠に塞ぐ形象なのだから。塞いだ下には混沌の空間が「在る」などと考えてはいけない。混沌の異界につうじる門は、あくまで神話の始源を具現するための象徴的なモノなのだ。要点は、それらを塞ぐことで創設され展開された精神的コスモスには、その異界との関わりがなく、その存在の場はないというところにある。永遠に塞がれた穿孔は、形なきものが無に帰したことを表わす形なのである。

それは、何を意味するだろうか。混沌の異界は、世界が「立つこと」の前にあったもの、「われらの空間」がいまだない状況として表象されている。つまりそれは、**ある文化的秩序に貫かれた世界にとっては、場をもたない何か、一つの「非空間」でしかありえないのだ。**神話の「想い」

のなかで「過去」としてのみ表象されるという事実は、このことを鮮やかにしめしている。だがまた、このことによって混沌の異界は、現在の生の世界にはありえないもの、非在とされてしまう。それは、生の世界にいまも潜在し、そこに生きる者に忍びよる、異界の本当の非空間性に目をつむるのである。

エリアーデは、「宗教的人間」の祭祀が、神々による混沌の制圧を再現することを強調する。たしかにそれは、祭りの「劇」の内で神話にたち返り、その「想い」において異界を召喚するものだとは言える。けれども、「われわれはマルドゥクがティアマトの身体から世界を形成したことを記憶している」(20)という語りでは、混沌の異界は既定の過去、記憶の秩序の内におさめられてしまう。創世の過去を「上演」する劇は、現在のカオスを隠蔽する。混沌の異界は、「われらの世界」を脅かす恐るべき威力を骨抜きにされ、むしろ「聖なる秩序」の正当性と完結性を予定した、かりそめの異界と化す。井筒俊彦も言うように、それは、神話的時間の経緯においてコスモスに対比されるだけのものであり、「特にコスモスに敵対する無秩序ではない。」(21)

文化的な秩序の世界は、非空間的な異界を無化する「想い」に閉じこもる。だが、コスモスを脅かす混沌は、世界が「立つこと」によって生きる場から消去されはしない。

そもそも、コスモスが「立つこと」を祭りが繰り返し再現しなければならないのは、少なくともカオスの脅威がつねに問題となるからではないのか。エリアーデは、カオスを年ごとに再現することがコスモスの再生、生命力の再獲得につながると説明する。けれども、彼がカオスへの帰入の象徴として数えあげた、「火」「死者の魂の帰来」「社会的階級の混合」「性愛の自由」「乱痴気騒ぎ」といった要素は、たんなる「劇的」再現ではなく、コスモスにつねにすでに潜む混沌の表象ではないだろうか。祭りで反復的にカオスの制圧が「上演」されなければならないのは、**コスモスの文化秩序を脅かす裂開、隙間、蠢き、力線が、その「立つこと」の陰に不気味に潜んでいるからなのだ。**混沌の異界の真の非空間性は、ここに隠然と確認されるのである。

混沌の水の世界へとつうずる穿孔の封鎖。そこにエリアーデは、異界に対する「聖なる世界」の制圧と勝利を見てとった。けれども、そのテロスとロゴスに反する真実を、彼は同じテクストの内で吐露している。彼は、コスモスは、聖体示現の場を中心として、「聖なる空間」を「外」のカオスへと遠心的に浸透させることで成り立つとしていた。コスモスの創建とは、聖なる中心を軸として、「外」のカオスに侵されない「内」なる世界の形成なのだ。けれどもこの中心軸の創設の核心は、アルンタ族の神話が語る「聖柱」に見られるように、天上界へと上昇する「地平の突破 Durchbrechung」にあり、そのための「裂け目 Bruch」の創出にほかならなかった。

聖体示現が地平の突破をもたらしたところでは、同時に上（神界）あるいは下（下界、死者の世界）へ向かう〈入口〉が成立している。三つの宇宙平面――地、天および下界――はたがいに交流する。既述の通りこの交流はしばしば天地をささえ、結びつけ、かつ下方の世界（下界）に基礎を置く世界の柱 axis mundi という形象によって表現される。[22]

注意されたい。「地平の突破」は、「下方の世界（下界）」に対しても想定されている。「裂け目」は、あの穿孔の閉鎖というテロスとロゴスに反して、下方の混沌と死の世界へ向けても開かれる。このエリアーデの矛盾は、彼の過誤ではなく誠実さをしめしていると言うべきだろう。「宗教的人間」が打ち立てる文化的秩序に対抗し、それを脅かす混沌は、つねにすでにある。コスモスは、永遠にカオスを制圧しつづける構えであり、その戦いを混沌に仕掛けることをつねに問題化せずにはいられないということだ。だから、混沌の下界につうじる「裂け目」はやはり消去されない。神話の語りと穿孔の閉鎖の表象がいかに「裂け目」を隠そうとしても、**世界が「立つこと」の裏には、混沌の下界がぴったりと背中あわせに張りついており、その暗闇につうじる「裂け目」がつねにすでにつきまとっている。**

しかし、この「裂け目」、下界への入口は、カオスの世界からの出口ともなる。だからコスモスは、つねにカオスの流入にさらされ、ときとして攪乱を余儀なくされる危険を、その影として引きずる。いや、実のところコスモスは、神話が語るように世界一般、事物一般の創設ではありえない。世界が「立つこと」は、どこでも、誰にとっても、ある特定の目的と価値を志向し、その実現の前に立ちふさがる外部の脅威を鎮めることでしかないだろう。そして、その外部は、**ある特定の**価値と秩序を「立てる」ことによって出現する暗闇であり、混沌なのではないだろうか。

干潟の泥は人にとっては攪乱の場でしかないが、ムツゴロウやワラスボにとっては「立つこと」

の足場、あるいは生の価値の座標を提供する世界だろう。類推はしばしば事柄を鮮明にする。もう少し問題をクリアーにするために、ウィリアム・ギブスンのリリックに目を向けてみよう。それは意外にも、ここで問題にしたいことの要点を浮き彫りにしてくれるはずである。

　やつらはニューデリーで爆猟犬 slamhound を仕掛けてきた。こちらのフェロモンと髪の色に標的を定めているやつだ。そいつは、チャンドニ・チョウク Chandni Chauk とかいう通りで追いついてきて、茶色の脚と輪タク pedicab の混雑を縫い、ターナーのレンタルＢＭＷめがけて突進してきた。そいつの中核は一キログラム分の再結晶ヘクソーゲンと薄片ＴＮＴ（Its core was a kilogram of recrystallized hexogene and flaked TNT。）[23]

『カウント・ゼロ』の冒頭を飾る、このギブスンの音と文字のメロディーは、ある感性が「立てた」ものである。けれども、言葉の価値を概念的な意味に痩せ細らせる秩序を求める者にとっては、それはほとんど混沌だろう。混沌とは、ある価値と秩序を「立てる」意識が、その価値と秩序を脅かす異質でとらえがたいものを、恐れながら拒むときにたち現われるのだ。だとすれば、問わなければならない。混沌の異界とは、「立つこと」につねに直面せざるをえない外部であるだけではなく、ある価値と秩序を「立てる」意識が、自ら避けがたく抱えこむ影ではないか、と。
アーシュラ・ル＝グウィンは、『夜の言葉』という書物に、「アメリカ人はなぜ龍がこわいか」

という書き物をおさめている。そこで彼女は、龍を恐れ嫌悪する文化的空気は、「ファンタジーのみならず、フィクション全般に対して否定的」な土壌と関係していると言う。アメリカの男性的な文化は、想像力を抑圧し、それを「子どもじみた、益のない、そしておそらくは罪なこととして拒絶する」(24)というわけだ。こうした批評が、現在もどれだけ妥当かはわからない。けれども、そこに鋭利な主張があることは間違いない。龍を忌避する文化的態度、そこには、自らが当然視する価値と秩序を脅かすものへの恐怖があるのだ。

なぜならば、言うまでもなくファンタジーは真実だからです。……彼らは、ファンタジーの内なる真実が、自らを鞭うって日々生きる人生の、すべてのまやかし、偽り、無駄な些事のことごとくに挑戦し、これを脅かしてくることを知っているのです。(25)

龍が蠢く暗闇に包まれた夜。その混沌は、ある価値と秩序を「立てること」の背後につきまとう、暗き影にほかならない。それは、世界を「立てること」と表裏一体のものであり、誕生の縁を忘れて引き離されている双生児なのだ。この構図は、社会というマクロな場面だけではなく、自己というミクロな秩序にも同様に当てはまる。

新味には欠けるけれども、自己に関するフロイトの理解はこの構図の例解として恰好のものだろう。フロイトは、大人の性的欲望の体制は、幼児期の欲望のあり方を自己の奥底に押しこめることによって成り立つと言う。口唇欲動、肛門欲動といった「幼児性欲」が支配的な段階では、「個々の部分欲動がそれぞれの器官快感を求めて独立して活動している」[26]。けれどもそれは、社会と文明の秩序からの教育にうながされながら、性器中心の支配体制に服従するように抑圧され、無意識として沈みこまされるというわけだ。「幼児性欲」が意識にのぼらない自己の暗部へと押しやられるのは、性器中心の支配体制という秩序の形成と表裏一体の現象だと言っていい。

もちろん、「部分欲動」の交錯状態を形なき混沌ととらえるのは不正確だろう。少なくとも一つひとつの欲動は、たとえ部分的で独立していても、それぞれに欲望の目標はあると考えるべきだからだ。けれども、全体としてばらばらな活動を展開しているかぎりでは、その「支離滅裂」な状態は混沌に近いと言ってもいいだろう。ここでの要点は、秩序を「立てること」とそれを脅かす混沌が、背中合わせになっている構図なのだから。

この構図がもっと鮮明なのは、「強迫ノイローゼ」に関するフロイトのロジックだろう。ここでも抑圧が決定的である。「強迫ノイローゼ」は、性的欲動の満足が抑圧されるという事態を下地としている。そして、この抑圧の背景にあるのは、道徳的ないしは知的に発達した自我にほかならない。自己の保存と安定、あるいは秩序を求めていく「自我欲動」が、執拗な性的欲動を拒否するということだ。この「葛藤」のなかで、自己が特定の症状を代理的な満足として追求してゆくところに、「強迫ノイローゼ」が発現する[27]、というわけである。

性的欲動の自由を恐ろしき闇として拒否するのは、自己保存と秩序を旨とする「自我欲動」にほかならない。自己支配の秩序を「立てること」、この自我の体制が性的欲動の蠢きをとらえがたい混沌として押しのけようとするのだ。たしかに、症状の出現は、その抑圧と支配が全うされずにアンビヴァレントな状態が求められていることをしめしてはいる。けれども、かりにとんでもなく粘着的で、放埒な性的欲望が浮かびあがってくるにしても、多くの場合それは、幼児性欲ほどには混沌としてはいない。にもかかわらず、それが恐ろしき暗闇のごとく突き放されるのは、ひとえに支配的に「立とうとする」自我の構えがあるからなのだ。

混沌の異界は、大地や海の遥か奥底から湧きあがってくるものではない。それは、文化と社会を生きる者が「立て」ようとする秩序の裏側に、つねにすでに潜みあり、どこからともなく突然に、世界の隙間から滲みだして、裂開を押しひらく影なのだ。だとすればそれは、神話の世界やカタストロフィの現場だけではなく、**精神の「立つ」ところ、自我が形をなそうとするところに、あまねく潜んでいる**。にもかかわらず、それを空間的な領域としてとらえるならば、エリアーデにおいてそうであったように、本当の根源は包み隠されてしまう。

異界を空間的な概念から解放する思考。それは、どんな形をとることになるのだろうか。この書き物の一つの狙いは、この問いの探究にある。

形なきものへの「想い」——未成の表象の向こう

境も形もない水の総和、ぬらぬらと粘着する不定形な卵、そして距離も方向もない漆黒の暗闇。

神話であれ、ＳＦであれ、混沌の異界が「想い」浮かべられるとき、そこにはつねに一つの欺瞞がつきまとう。混沌の世界を徹底して形なきものとするのなら、延長、つまり空間的な広がりというこの世の枠組みは通用しなくなるはずだ。そしてまた、それが正真正銘「未知不定の」ものであるならば、意味の言葉ではそれを表わすことができないことになる。

「想い」は、混沌を名指し、言い表す。また、描きだし、対象化する。それは、表象不能なものを表象しようとする自己矛盾の徒労なのだろうか。ここでは、必ずしもそうではない証を求めてみようと思う。ひょっとしてそれは、不可能だからこそ希求される、ロマンチックな夢にすぎないのだろうか。いや、それも違う。混沌の表象への求めが、「いま／ここ」にある秩序を破壊する革命の願望だと言うのは、少し驕りすぎかもしれない。けれども、表象化の求めが、秩序の陰に潜む「異なもの」の予兆に引きよせられること、また「それ以上の」真実への欲望であるとは言えそうに思うのだ。

Ｇ・バタイユは、一九三九年九月の手帳メモに、混沌の異界に触れた体験を記している。[28] そこにつづられているのは、前夜に彼の身に起きたことだ。彼は、真の意味でかけがえのない女、ロールの墓に足を運ぶ。夜はすべてを呑み尽くすほどに黒く深かった。どこまでも同じ暗さのつづく夜のなかで、彼は道を失いながら、ロールとともにエトナの火口に立ったときの記憶に迷いこむ。

エトナをめざした二人は、夜明け近くにやっと火口にたどりつく。けれども、巨大な火口を前にしたロールは、その光景から逃れようと走りだした。彼女を、そして間違いなくバタイユをも襲った恐怖は、「底なしの深淵」に関わるものである。「それは、私たちが呼吸しているこの星の、大きく口を開いた傷 blessure、裂開 fêlure への傾きを前にした、分裂の時だった。」

この恐怖の記憶に囚われながら、バタイユはかろうじてロールの墓にたどりつく。すると彼は、両の腕に苦痛をおぼえ、自分が二つに分かれてロールを抱きしめているような奇妙な感覚に襲われる。「手で自分の体を探ると、彼女に触れ、彼女を吸いこむような気がした。」彼は、時空を超えてエトナの「底なしの深淵」に吸いよせられながら、「突然二人の人間のあいだの壁が崩れ去り、一つになるような」体験をしたのである。

彼の体験が、「異なもの」との接触であったことは間違いない。けれども、それが何であったのかと問うとき、語りうることは少ない。バタイユは、大きく口を開けた地球の「裂開」について語る。たしかに、エトナの火口が、どこまでもつづく地底の暗闇であるかぎり、それは文字通りの「底なしの深淵」ではある。しかし問題の恐れは、深く大きな火口に立ったときに感じる身の危険に由来するものではないだろう。ロールを恐慌に陥れたエトナの裂開は、物理的な状景を突き抜けた次元で、精神の「分裂」をもちきたらすものだった。

ロールの感覚と「想い」がどういうものであったのかを、バタイユは記していない。けれどもそこに、地底の奈落、暗黒の地獄というイメージが関わっていることは容易に推測できる。底の見えない真っ暗な火口の空洞。それは、死の世界の表象として、人を恐怖に陥れる。

ギリシャ神話によれば、エトナの火口の下には、テュポンの苦悶と憤激が押さえこまれている。オリンポスの神々の支配を阻止しようとしたテュポンは、最後にはゼウスに追いつめられ、エトナの地下深く閉じこめられた。テュポンが、そこから抜けだそうとするたびに、彼のもがきが噴火をもたらすという話は有名である。さらに、エンペドクレスの伝説も、この火口に恐ろしきイメージを付与している。「すべては一である」と宣し、自然との合一と再生の循環を説いた哲学者は、あの深き奈落に自ら身を投げて死んだとされる。[29] 火口の熱をも凌駕する、思想の沸騰のなかで彼が自死を遂げた場所は、生と死の壁を揺るがす異様なムードをたたえているのだ。

こうしたイメージは、エトナの火口を死の世界の表象にする。死の異界は、眼前の形ある何かによって、代理的に「想い」浮かべられるのだ。けれどもそこで、問題の異界そのものの内実が積極的にしめされることはない。むしろ**それ自体は、形あるものとしてしめせないからこそ、火口の奈落という代理的な記号が呼びよせられる**。表象は、つねにすでに隔たりを抱えこんでいる。

実際、バタイユの語りには、この異界のとらえがたさが色濃く滲みでている。決定的なのは、彼が「事物の恐るべき不安定性」に巻きこまれたと記していることだ。あの火口のつかみがたく、計り知れない暗黒の奈落は、私たちが「立つこと」の背後にある不確かさと同時に、世界の成り立ちの根底に潜むとらえがたき闇を予感させたのだろう。だから火口の奈落は、たしかにある異界を代理的に指示してはいる。けれども、そこで表象が暗示する異界の内実は、「不安定性」や不確かさ、そして計り知れぬ暗黒でしかない。つまり、その表象がなしうるのは、人が生きている世界の「いま／ここ」が成り立た「ない」ということ、その秩序の「欠如」というネガティヴな意味作用でしかない。自己と世界を存立させる秩序を「打ち消す」かのような虚無の闇。この否定的にしかたち現われないものは、あの形なき混沌の異界につうじている。

では、ロールの墓の前で生起したことはどうなのか。己れの体が二つに分かれてロールを抱いているような感覚、「彼女を吸いこむような」印象。この「二人の人間のあいだの壁が崩れ去り、一つになるような」体験は、まさに「事物の恐るべき不安定性」の最たるものである。人間同士を隔てる境界が切り崩され、他から分立した私の個体的存在が溶けてゆく恐怖。問題はやはり、**自己の存立が「打ち消され」ていくことであり、自己を軸とした世界の秩序が崩れる感じ**なのだ。たしかにそれは、『宗教の理論』が描きだした「連続性[30]」の世界だと言うこともできるだろう。けれども、バタイユが存在の「連続性」において問うたことも、死んだ人間が環境に溶けかえることではなく、個体が独立性を「打ち消される」こと、つまり個体的な意識にとっての「死」だったのである。

そのとき、エトナの火口にはたしかに混沌の異界が湧きあがったのだろう。けれども、その異界の何たるかは、底なしの奈落という表象によっては浮かびあがらない。それは、深淵の感覚的なとらえがたさと計り知れなさによって、形なき混沌の異界を指示し、呼びよせるのみである。いかに恐ろしきものであろうと、形ある龍は、形なき混沌をとらえさせはしない。**混沌の異界の表象は、むしろその内実のとらえがたさのみを暗示する。**それは、積極的な内実を表わしえない、実質を欠いた表象なのだ。そこでは、表象不可能性こそが表象されている。

混沌の異界は、いかなる表象からもこぼれ落ちる。このことを自覚しつつ、それでも始源の混沌、あるいは根源の深淵を表象化しようとするとき、端的な「欠如」の表現が手繰りよせられる。

あえていまどきの、二つのテクストを取りあげよう。神話でもなく、上代の物語でもなく、そして古典的なSFでもなく、この国のポップな書き物で、混沌の異界の表象が探究されていることに、興味をそそられるからだ。一方は、奈須きのこの『空の境界』。他方は、海猫沢めろんの「アリスの心臓」。いずれも、混沌の異界の表象として、少々異様な「欠如」をテクストに組み入れている。まずは、「ゼロ年代」的な軽さを前面に出す後者に目を向けることにしよう。

根源の深淵に直接触れているのは、「世界」を観測する二人の神学者が、森のなかに穴を発見するくだりである。その「世界」とは、膨大な情報からなる概念多面体の「宇宙」。そこに「何か」が、「宇宙」の空間を激しく揺さぶりながら落下し、巨大な穴が穿たれる。筋はちゃめちゃだが、この底なしの穿孔は、「世界」を創造する根源的な「何か」の表象だと言っていい。

神学者の一人リュカは、世界を創造した神様に会いたいと願っていた。この大きな穴に対面したとき、彼は待ち望んでいた創造主の出現を期待する。もう一方の神学者クラウスは、リュカの願望を自己のために神を求める蒙昧だと諭すが、とにかく事態を確かめに穴の底に降りてゆく。そこで二人が見たもの、それは「何か」の動く影だった。「何か」は「この世界に、まだこの身は存在を許されていないのか――」[31]とつぶやく。けれども、その声は神学者たちには聞こえない。

テクストは、もう一つのストーリーをパラレルに絡ませる。特殊な知覚をもつ少年、野角計は、多重宇宙を研究する施設に転入してくる。彼は、音から色々なイメージを受けとる特殊な知覚をもっていた。その能力を活かして、多重宇宙の探索を進める生体コンピューターのメンテに携わるというわけである。突然呼びだされた少年は、不安定になったコンピューターの「世界」を修復するよう頼まれる。彼がなかを覗くと、無数の概念多面体が犇めきあう無限の「世界」が展がっていた。よく見ると、大きな真っ黒な穴があいている。そして、チカチカと光る二つの数式……。そう、それは巨大の穴の底で「何か」を見る、リュカとクラウスの光だ。かくて、二つのパラレル・ストーリーは邂逅する。二人の神学者は、コンピューターの「世界」に住まう、モニタリングＡＩだったのだ。けれども少年は、二人の光をさして気に留めることもなく、問題の穴を塞ごうとする。と、そのとき「私は誰だ」という声を聞く。神学者には聞こえなかった声が、野角計には聞こえてくる。ただし、姿はないし、その声も音とは違う何かではあるけれど。

テクストの進展のなかで、この声としての存在は、超奇妙な多次元多面体だと明かされる。多次元多面体である以上、「世界」に穴を穿った存在は、野角少年にとっても、形なくとらえがたい。いやそれは、「世界」全体を観測しうるＡＩ神学者たちにとっても、影でしかないのだ。にもかかわらずテクストは、その存在を指示しようとする。かくて、≣という「欠如」の表象がよびよせられる。[32] その存在はネガティヴにしかしめされていない。文字のなかの非文字が、概念の不在のみをしめす。

䷀は、無数の多面体的情報が蠢く「世界」で、形をもちえていない。けれどもそれは、形なき存在である神が、あらゆる存在を創造するとされるように、「世界」のあり方に縛られない上位性によってこそ、無からの創造をなすことができる、とも言える。クラウスが、「神の名を知ることだけは叶わぬ[33]」と語るのは、このことをさしている。リュカが待望するように、䷀は、言葉と概念の世界に縛られずに、「言葉のない物語」を紡ぎだすのだろう。この「世界」の次元を超えているがゆえに、それは「不可能を可能にする[34]」創造主なのだ。神は存在を超えて「在る」。

けれども、少年だけは、この形なくとらえがたい「何か」と相まみえる。テクストの構成には微妙な隙間があるけれども、とにかく少年は、「おまえがこの穴か?」とその正体を問う。けれども、䷀は自分が何なのかわからない。そのとき少年は、その「何か」には概念がないのだと気づく。「世界」の次元を超えた存在なのだから、「世界」の内で意味づけられないのはむしろ当然だろう。「概念が……まだないのか?」と再度尋ねる少年に、䷀は「概念? それは何だ」と逆に問いかえす。そのとき、少年は䷀を知っているような感覚にとらえられ、すぐさまその不可思議な感覚の根をつかもうと、「世界」をすみずみまで踏査する。すると、無数の可能的事象に混じって、たった一つだけ宿命的な事象があった。「野角計は必ず䷀と出会う。」䷀は、そのことを察知して言葉を発する。「――それが……あちきの名前なのか……?[35]」

世界を創造する根源、それは、創りだされる世界を超えた次元のものである以上、その世界の意味と理解からすれば、とらえがたく形なきものでしかない。それを表象しようとするとき、唯一可能なのは、意味と理解の「欠如」を端的に形にすることなのだ。テクストは、創造の根源なるものが、表象不可能であることを表象させている。概念と理解に先行する、シニフィアンの跳躍。ただし、ラストで、「あちき」が浴衣を着た女の子として出現するのは、いらぬご愛嬌かもしれない。少年自身の概念を注ぎこむというストーリーがあるとはいえ、表象不可能なものに「アリス」という名前をあたえ、人間の形までもたせてしまっているからだ。「アリス」は、「ほんとの神様じゃなくなってしまいましたので」(36)とつぶやくが、それは創造の根源とのつながりが切断されたことを意味するだろう。

創造の根源とは、人知において形にすることはできない。『空の境界』は、この根源を「欠如」として描きだす点でより徹底している。しかも、そこには、複雑な綾までそえられている。

存在の奥に超破壊的な男の人格を秘めた少女、両儀式。ある種の二重人格者だった式は、彼女にまとわりつく黒桐幹也を殺す一歩手前で踏みとどまり、猛スピードで走ってきた車に飛びこむ。そのときから、殺人狂の別人格は闇へと消え去るが、式は二年間昏睡をつづける。長きの眠りから目覚めたとき、彼女の視界にはとんでもないものが湧きあがった。いや、彼女の目がすさまじいものを見るようになった、と言うべきだろう。目覚めたことに驚いて看護婦が駆けよってきたとき、その首に一筋の線が走ったのだ。さらに、この「凶々しくも静謐な線」によって、看護婦の体が崩れていく幻視が展開する。そう、式は生きるものから「死」が吹きだす裂け目を見るようになっていた。彼女は、そのことに気づいたとき、両の目を自らの手で押し潰そうとした。

アニメ版『空の境界』の「伽藍の洞」は、式が見るこの「死」を鮮烈に描きだしている。事物、そして人の体から、裂けるように吹きだす鋭利な「何か」。ときにくすんだ藍色の陰影をたたえる暗い赤の線。まさに、赤い亀裂が走るとしか言いようのない映像は、それが生き血ではなく「死」の影であり、潜みあるものが浮きあがるという幻視の様相を、ヴィヴィッドに感じさせる。そしてまた、「死」の異界は死者のための場所として彼方にあるのではなく、人間の存在に影のようにつきまとうものであることを、感覚的につかませる。

式が見る「死」は、「カタチのない概念」と言うべきものだ。この見えないはずのものが見えるようになったのは、彼女が昏睡のなかで「死」に触れる時間に延々浸されていたことと関係がある。奈須きのこのテクストは、この形なきものをきわめて論理的に描いている。

果てはなかった。いや、はじめから墜ちてなどいなかったのかもしれない。／ここには、何もないから。／光がないんじゃなくて、闇さえもない。何もないから、何も見えない。墜ちていくという意味さえない。／無という言葉さえ、おそらくはありえまい。(37)

「闇さえもない」という思考は深い。光がありえない以上、それに対するネガとしての「闇」もないというだけではない。それは、「在る」ということを超えるものである以上、「闇」の存在さえも許さないのだ。そしてテクストは、この形なきものに「欠如」の表象をあたえる。「形容さえ無意味な『　』[38]。表わすことができないという「否定」の冠をともなう端的な「欠如」。それは、死者の世界の空間的想像や場所的幻想とは縁もゆかりもない、表象不可能なものである。

アニメ版『空の境界』は、このグラフィカルな「欠如」の表象をめぐって、苦心を強いられている。『　』は、音声言語の代理ではなく、あくまで空白を図像的にしめすだけの記号だ。だから、音の表象であるセリフやナレイションでは形にしようがない。いたしかたなくアニメは、『　』の織りこまれたセリフを伏せるか、それに「カラ」や「コンゲン」といった音声記号をあてがって、言語的な意味のほころびを繕っている。もちろん、やむをえないことだけれども、視覚的な「欠如」を意味の秩序に吸収してしまう表現は、形なくとらえがたい異界を人間知性の覆いの下に埋もれさせてしまう。「欠如」を言語で覆い尽くそうとする人間的な意味世界。この「欠如」の表象は、こうした秩序の陰に、裂け目を走らせて湧きあがる異界のあることを思わせる記号でもあるのだ。

ところで、式の「直死の魔眼」[39]は、あのクラッシュのただの偶然として降ってわいたわけではない。両儀家は、超常的な能力をそなえた人間を密かに生みだそうとしてきた家柄で、式は無数のプロの完璧なプログラム[40]を束ねた存在として生みだされた。だから式は、「カラの人形」だともされている。けれども重要なのは、この汎用的な超常的能力の基盤が、『　』とのつながりにあるとされている点だろう。式は、「『　』に繋がったまま生まれ落ちた無色の魂[41]」なのである。

それは、人間の、あるいは世界の起源とも言いうるものであり、そこにつながる式は、すべての人格の完璧なプログラムをそなえている、ということだろう。形なくとらえがたい『　』は、たんに「死」の虚無なのではなく、人間の、そして世界の存立の根源ともされている。そして、生まれながらにこの根源とつながっていたからこそ、式は、あるきっかけで「死」が見えるようになった、ということなのだ。『空の境界』が記す「欠如」の表象は、創造の根源の記号でもある。無の表象には、幾筋もの非在の綾が絡みついている。

　この綾は、台密の僧の経歴をもつ魔術師、荒耶宗蓮と戦うストーリーのなかで、さらに密度を高めてゆく。『　』について多くを語るのは、人形の術を駆使する魔術師、蒼崎橙子である。「直死の魔眼」を潰そうとした式を思いとどまらせた彼女は、自分自身と寸分違わぬ人形を生みだした、超ド級の才能のもち主だ。実は、彼女と荒耶は、ロンドンの魔術学院で研鑽をともにした間柄で、たがいに対照的な道筋を通して『　』に到達することをめざした。蒼崎は「完璧なヒトの雛形を通して」、荒耶は魂、つまり「『有る』が『無い』ものを通して[42]」。

　二人が追い求めたものとは、人間存在の真理だとされている。「あらゆる現象が流れだしている」「根源の渦」。これこそが、魔術師たちの求めるゴールであり、式がその特殊な能力ゆえに触れることのできる『　』なのだ。蒼崎の口からは、「アカシックレコード」という言葉も聞かれる。けれどもこれは、厳密に言えば「根源の渦」そのものではない。なぜなら真の根源は、記録化できるものではなく、どうやってもとらえられないがゆえに、「初めから無いもの」だからだ。

　「アカシックレコード」とは、神智学協会の創設者、ブラヴァツキー夫人が著わした『シークレット・ドクトリン』に淵源する考えであり、少々乱暴に言えば、あらゆる人間のありようを記録したものであって、すべての人間の存在の仕方が「流出」してくる神的な起源にほかならない。しかし、ある有限な記録が根源的な原因とされるかぎりでは、それは魔術師たちが追い求める「根源の渦」からは隔たっている。あらゆる人間の根源とは、真実には有限性を知らぬ「すべて」の源のはずであって、記録として限定しうるようなものではないからだ。

この点で、「根源の渦」について明かす蒼崎の語りは、論理的に相当深い。

原因を知れば終わりもおのずとはじき出される。有り体にいえば〝究極の知識〟か。は、究極なんて基準を作って結局有限なものにしているから、この呼び方も正しくはないのだがね……[43]。

むしろそれは、道教や陰陽道で登場するところの「巴紋」、いわゆる太極図が想定する始源に近い。死を無数に蒐集してきた荒耶は、蒼崎との死闘を前に、彼女に己れの企てを明かす。「私は死途を可能なまで大きく腑分けし、結果それが六十四種であると迫った。……いずれ八卦より四象へと単純化させ、両儀へと至るために」[44]。両儀とは、「巴紋」が表わす二元の相克のことであり、式という存在は、この根本的な二元性を体現しているのだ。だから荒耶は式を捕え、太極を具現する自らの建築物に彼女を埋めこんだ。「根源への道」である式の肉体をつうじて、両儀から『　』へと遡るために。太極の二元が根源なのではない。その背後にあって、いかなる分岐も限定も許さない、大元こそが魔術師の到達しようとする「根源の渦」にほかならない。

それは、あの始源の混沌とほぼ同義だと言っていいだろう。実際、蒼崎は「混沌である『　』」と語る。『空の境界』は、始源の混沌を、徹底して形のないとらえがたきものとして指示している。そのテクストは、緻密な綾を駆使しながら、それがどうやっても表象しえない「何か」であることをしめす表象なのだ。**表象しえない混沌の異界、その表象不可能性を浮き彫りにする否定的な表象。**『　』という空のエクリチュールは、このことを凝縮したかたちで語りだしている。

たしかに、「アリスの心臓」と同様に、「根源の渦」への道は、両儀式という存在に人格化されてはいる。そのかぎりでは、ここにも、形なきものに形象をあたえる、矛盾のテクストを見ることもできる。けれど、少なくとも二重人格者であった式は、「根源の渦」に触れることができ、それにつうじる体であるにすぎない。つまり、その存在は媒体であって、根源そのものではないのだ。テクストは、彼女に始源の混沌を人格化させてはいない。それはあくまで、「欠如」の表象でしか指示しえない「何か」とされていると言うべきだろう。

物語のクライマックスで、荒耶を嘲笑う蒼崎の言葉には、このことが滲みでている。荒耶は式を、己れそのものとも言える構築物の内の「密閉空間」に押しこめた。そこは、「メビウス・リング」にも似た、無限概念につながる「密閉世界」であり、形として「ありえない」がゆえに出口のない空間だと言う。けれども蒼崎は、そのとらえがたき無限の世界を、式が容易に食いやぶると言い放つ。「アレは私たちのような概念に生きる者と相克する。……殺せるはずのないモノ、カタチのない概念さえも殺してしまう、究極の虚無こそがアレの本性だ。[45]」

式は、静謐と死の気配を引き連れながら、荒耶の前に現われた。そのとき彼は、蒼崎の言葉の余韻のなかで、ことの消息を悟る。いかに閉じた無限空間とはいえ、無限なるものが有限との対立においてしか存在しえない以上、そこにはやはり形なき「果て」があるのだ、と。真の根源とつながる式は、そんな形なき「果て」の成り立ちを見通し、ありえない「密閉空間」を断ち切ったのだ。テクストには、小さなほころびもある。けれども、式がつうじている『　』が、いかなる存在をも切り崩す「虚無」の力であるということだけは、明確に描きだされている。

ところが、である。奈須きのこは、作品のエピローグに、この表象不可能性に抗するかのようなエピソードを用意した。相克しあうあの二重の人格、式と織の「間《あいだ》」、この「空の境界」をまた別の着物姿の少女として顕現させたのだ。

数年ぶりの大雪の日に彼女に再会した幹也は、眼前の「間」の存在を何とよべばいいのだろうと悩む。その戸惑う仕草に心惹かれながら、彼女は「両儀式」が自分の名だと告げる。二重の人格のいずれでもなく、その全体をささえるものとして、彼女は「両儀式」なのだろう。だから少女はこうも言う。「式と織は、結局『両儀式』という大元の性格の中で行われる人格交換。それらを全て司っているのは『両儀式』よ。……太極をかたどるもの、円という輪郭がわたしなの。[46]」

それは、二つの人格を一つの存在につなぎとめつつ、それら全体をささえる原基のようなものだろう。それなしには存在の生成はないが、それ自体は存在でないもの。そう、式が「根源の渦」

につながる道であったのに対して、彼女は『　』そのものの現われなのである。

少女の自己確認は、少しだけ飛躍を孕みながらつづいていく。『　』は、人間という形の根源ではあるとしても、そこから生まれた人間の形の内にはありえないものだ。にもかかわらず両儀家は、その非在の闇に沈みこむべきものを呼び起こした。もちろんそれは、万能の人間、あらゆるプロのプログラムを体現しうる人間を生みだすためだった。こうして起源である『　』が『両儀式』としてある人間の存在に伏在することになった、というわけである。

少女は、『　』から「直接流れ出た[47]」存在であり、ある意味では「根源の渦」だとも言える。「根源の渦。すべての原因が渦巻いている場所、全てが用意されていて、だから何もない場所。それがわたしの正体。ただ繋がっているだけだけれど、わたしはソレの一部だもの。[48]」テクストは、この『　』を少女として具現させている！　たしかにそこには、苦しいギミックがある。けれども、「欠如」の表象を脱臼させるエクリチュールは、混沌の異界に関する問いの構えなおしを成し遂げている点では、十分に価値がある。ある意味で「根源の渦」そのものである少女は、「わたしは知性が作り出した人格じゃなくて、肉体そのものの人格なの[49]」と明かしたのだ。

『空の境界』は、その最後の締めくくりにおいて、肉体に混沌の異界を見いだす。**考えることのできない存在、知性としては虚無でしかない肉体が、「様々な知性を統括する無意識下での知性[50]」として、人間という存在の根源をなしている**ことの再認。この点に、テクストは終結の足場を求めている。それは、魔術と神秘の想像を膨らます小説にとっては、少し大人しい着地に見えるかもしれない。けれども、この「根源の渦」としての肉体が、知性的存在にとって、何もない「間」、空っぽの虚無であることに定かな注意を向けるテクストは、私たちにはとらえがたい足下の異界をさししめしている。そしてまた、私たちが混沌の異界をつねにすでに予感し、しかもそこに引きよせられずにはいない所以をも、それは暗示的に語りだしているのだ。

生成の異様――始源のノワーズ

始源の混沌。それが表象不可能なのは、意味と秩序の光をあてる意識が抱えこむ、世界の影だからだ。「いま／ここ」の意味と秩序を内面化した意識が、どこまで、そしてどのように遡行しても、始源はあらかじめ逃げ去っている。真実には、異界とは意識の陰に潜みあるものなのである。だから、意識の意味と秩序がその構えを変えれば、異界はその現われ方を変えるし、フェイド・アウトしてゆくことにもなる。言うまでもないが、歴史学や考古学の知見を踏まえた意識にとっては、「アプスーの門」のさきに混沌はなく、地質学や磁気学の発見は盤古の混沌を夢想の世界に追いやる。世界の、そして物事の成り立ちが解明されれば、始源は「形あるもの」「とらえられるもの」となり、想定された混沌とその異界は純然たる想念として片付けられる。「いま／ここ」の意味と秩序からの「逆算」ではなく、存在が生成する事態にそくして、始源の事実を記述する構えが求められれば、混沌の内実も捕捉され、始源には生成の現実が見いだされるのだ。

けれども、物事の生成が、すべて科学によって、あるいは人間知によって説き明かされたわけではない。宇宙の生成はもとより、生命や人間の誕生は、少なくとも重要な点でいまだ「とらえがたきもの」でありつづけている。これはいささか素人談義に傾きそうだから、話題を変えて、人間という意識存在の生成を焦点とすることにしよう。

意識存在の始源は、自己意識となった精神に対しては、つねにすでに隠されている。子宮の内で人間以前のものとしてあった「精神」、言語獲得以前の狂騒とも万華鏡とも言うべき世界の現象、社会的な価値と倫理を内面化する以前のある種の獣性、そして何より反省的自己意識という稀有な現象に先立つ自己の不定形な渦。もちろん、こうした始源の内実が、科学と哲学によって捕捉される可能性はある。けれども、こうした始源の混沌の内実が、科学と哲学という客観的認識の場面でとらえられたとしても、「いま／ここ」を生きる意識にとって、それが「形なくとらえがたいもの」であることをやめてしまうわけではない。

乳児が、混沌とも言うべき世界を分節化し、人間個体と諸々の個物を知覚できるようになるプロセスが、科学的知見によって明らかにされたとしよう。その場合でも、その乳児が自身の知覚生成の始源をとらえられるわけではない。いや、成人した個人が、最先端の脳神経科学や心理学の知見をえたとしても、そのつどの知覚の成り立ちは、自覚的に掌握されていないばかりか、意識化されることとさえない。かりに事後的に自身の知覚の始源を、科学に依拠してとらえたとしても、そうして自己理解を語る意識は、そこで語っている言語の成り立ちを意識の陰に追いやっている。「いま／ここ」に生成する自己の意識は、つねにすでに意識の外部、非意識の足場を忘却する構えによって成り立っている。自己は、つねに忘却された異界を背負って生きているのだ。

そのつどの「いま／ここ」を生きる意識にとっては、始源の混沌は永久に「形のないとらえがたきもの」でありつづける。意識が「立つこと」の陰には、やはり表象不可能な混沌が潜みある。だからこそ人は、科学と人間の自己認識が未曾有の発展を遂げた現代文化のなかでも、自己自身の内に意識を超えるもの、理解と掌握を拒むものが潜む予感によって、自己の異界へと誘われるのだろう。この世界の多くの領域に、科学的理性の光があてられればあてられるほど、意識存在の内に潜む異界は、ますますその暗闇を際だたせることになるのである。

意識の働きがそのつど成り立つごとに、己れ自身が、形なき混沌から計り知れない摂理にうながされながら、むくむくと湧きあがるのは言いようもなくおぞましい。それは、胚となり、想像を絶する生命の歴史を跡づけながら、胎内で精神らしきものが生じる場面にだけあてはまることではない。「いま／ここ」で視界の右上方を横切る鳥の存在を知覚するときにも、あの始源は密やかに存在を貫く。意識存在は、そのつどの「いま／ここ」において、つねにどこでも、生成の始源を反復しているとも言えるのだ。わけのわからぬ混沌からの自己の生起。それは、あの『モロー博士の島』[51]の「獣人」たちの創造以上に、おぞましくはないだろうか。

自己の足下に潜む生成の異界——。ひどい近眼にもかかわらず野球に明け暮れていた頃、私は堀の低木の葉陰に淡い浅葱色の粘液が見えることに気づいた。目を凝らすと、それは茶色の殻のようなものから、いまも溢れでている最中であることがわかる。変な植物かなと思いながらにじりよって見た直後、私は無様な恰好で飛びのいた。その粘液のように見えたものは、犇めきあうカマキリの幼虫の塊だったのだ。その蠢きのとらえがたさと異様な力強さは、思いだすたびに寒気がする。それは、「形なくとらえがたいもの」から、無数の存在が湧きあがることのように見えた。わけのわからないものからの存在の生成。そこには、存在のよってきたる、えも言えぬ異界があった。

そこにあるのは、存在が生成するという場面でのとらえがたさであって、神話やコスモロジーが想定する始源の混沌とは少し違うものだろう。それは、存在の形さえなく、秩序が皆無であるような虚無ではなく、わけのわからないものの蠢きのなかから秩序が生まれいづる様相なのだから。深き暗黒の静寂ではなく、生成のざわめきの異様こそが、この異界を特徴づける。

ある映像を見たとき、私は直観的にあの粘液につうじるものを感じとった。それは、アーサー・クラークの原作を映画化した、『２０１０年』[52]のクライマックスである。原作は、『２００１年宇宙の旅』の続編で、ボーマンの「失踪」後、放置されていたディスカバリー号を回収するために、フロイド博士がソ連の調査隊と協力しながら任務を遂行するストーリーになっている。

映画は、ほぼ原作の筋立てを追いながら、木星系で起きる、いくつかの不可思議な事態を描きだしていく。そしてクライマックスへの転調がなされた直後に、驚くべき事態が起きる。巨大な木星の表面に、黒点のようなものが形成され、じわりじわりと拡大していたのだ。ＨＡＬ9000の警告にうながされてフロイド博士がその黒点らしきものをスコープで拡大して見た瞬間、問題のえも言えぬ映像が目に入ってくる。妖しい色を発する木星の表面は、黒いものに浸食されて変色していく。いや、真っ暗な虚空の深淵に吸いこまれていくように見える。表面が呑みこまれていく暗闇は、深淵という言葉から連想する深さや奥行きさえなく、空白の場所という空間的延長さえ感じさせないほどの、純然たる虚無のようだった。

これだけなら、それは存在と秩序が混沌へと崩れ落ちてゆくイメージととらえられるだろう。けれども、作品は少しだけ映像のフェイクをしつらえつつ、この黒点が純然たる虚無ではなく、とらえがたくわけのわからない「無数の細かい点」(53)の増殖であったことを明かす。そこに見えたのは、一面を被い尽くす色ではなく、ある微細で均等な立方体の集まりが、犇めきあう無数の黒い虫のように膨らんでいく様子だった。クルーたちはＨＡＬの分析に助けられながら、モノリスのすさまじい「分裂増殖」(54)という事実に至りつく。そしてその蠢きは、ほどなく木星を呑み尽くし、満月の五〇倍もの光をとどける「ルシファー」を誕生させたのである。

そう、それは崩壊でも消去でもなく、とらえがたい「多」の混沌が何かを生成する場だったのだ。原作は、その正体を無数のモノリスと明かしているし、映像は最終的にあの均整のとれたモノリスの形を映しだしている。だから、明らかとなった事実からすれば、それはわけのわからない混沌とは言えないだろう。けれども、とらえがたい無数の小点の蠢きとして現われたかぎりでは、それはあの浅葱色の蠢きと同じように、生成の異界を描きだしていたと言ってもいい。焦点に位置するのは、**わけのわからない「多」のとらえがたい蠢き**にほかならない。

あの独特のテクストを紡ぎだすミシェル・セールは、この異界のイメージを、やや気ままなトーンで織りあげている。彼は、生成の混沌を、「多」のざわめきのダンスとして描きだす。

あるがままの多。これは要素や境界による限定をうけない集合である。局部的にはそれは一をなしていないし、総体的にはそれは加算されてもいない。……それはおそらくいくぶん粘着質のものである。霞のかかった湖、白い平原、基調の響き、群れのざわめき、時間。(55)

セールは、この「多」をあらゆる存在の足場ととらえ、その「基調音 bruit de fond」をざわめきの「ノワーズ」に見いだした。「多。水の、海の。内と外との知覚の一斉射撃 rafales。(56)」そこに絶え間なく溢れる「雑音、基調の響き、そのがやがやいう騒音」。ある種の「激怒狂乱 fureur」でもあるこの「ノワーズ」こそ、存在の基調であり、存在の源となる揺らぎだというわけだ。そして、このざわめきの揺籃のうちで、存在の生成が密かに用意されている。

耳を澄ませ Ecoute。あえぎの物音のなかで生まれるもの、平原の空白に住まうあえぎのただなかから生まれるものは、信号であるにちがいない。……生まれるもの、魂、炎、鈴、空白から生まれるもの、それは踊り、小人の踊り、そよ風の微笑みのなかでひたひたと寄せる波の音のような微細な小人の踊り。(57)

それは、生成のイメージである。存在が生起する過程の事実を分析的に明かすものではなく、とらえがたきもの、つねに逃げ去るものを、思想の想像によって透かし見る、ぎりぎりの表象にほかならない。だから、生成の場は自己の存在をも揺動へと投げ入れる。「多」と言い、「ノワーズ」と言うにしても、生成が個々に特定されえないものどもの「激怒狂乱」でしかない以上、それは自己の意識を圧倒し、切り崩し、主体の存立を危うくする脅威である。

私は多の下に投げだされている。雑音の波の下に圧しつぶされ、私は知覚の難破者である。私は空間に呑みこまれ、そのざわめきのなかに溺れている。多はいつでも私を奪っている。私は気が遠くなり、死の際に立たされた主体である。(58)

セールのイメージは、生成の場の異相を想わせる。それは自己にとって、やはり意味と方向と感覚（sens）が押し流される狂騒でしかない。それは、あのいかなる存在もない混沌とは違うけれども、自己の存立を崩し去るある種の混沌であると言えよう。それは、無の混沌ではなく、「多」からの生成の混沌なのだ。だとすれば、生成の異界は、むしろ「なる」ことの異様ととらえなおされるべきだろう。無からの有の生起ではなく、狂乱の「多」が「限定」と「志向」と「形態」を「なしてゆく」こと。そこに人は、計りがたい生成の謎と力を想わずにはいられない。

その生成の異界は、自己の存在そのものの前提でもある。個物の知覚が成り立つ以前の狂乱、言語のサンスの秩序をもたない「多」の蠢き、自己意識の生起に先立つ「ノワーズ」の交わり。もっともつかみがたく、もっとも意識から隔たった生成の異界は、たしかに己れの存在の陰にある。いま蠢いている文化のなかでも、自己の精神の異界に熱い「想い」が集中する理由はそこにある。己れのつかみがたき空洞を埋めようとする、もどかしくも切迫した求め。

私の幻聴、聴覚における並外れた、緊張に満ちた、常時のざわめきは、おそらく私に向かって、私の抜け殻、私がそこからきて、これからもどるところの抜け殻のことを告げているのだ。(59)

混沌の異界は代理的イメージによって「想われる」。そのときに、聴覚的な場と、音のメタファが自ずと発動するのは意味深長だ。いや、それはたんなるレトリックの問題ではない。音は、あるいは声は、事実としても自己の存在を貫く異界としてある。そこでは、「ノワーズ」が響くだけでなく、身体の「ミュジーク」が存在を振動させている。

第二章 「なること」の磁場

補陀落渡海の異相
『台記』『吾妻鏡』の渡海／『華厳経』の「補怛洛迦山」／『法燈円明国師之縁起』──修行による変容／『蹉跎山縁起』『平家物語』──足摺岬からの渡海

生死の二分法の彼方
『平家物語』──維盛入水／貞慶『観音講式』／『補陀落院観音寺縁起』──日秀の帰還

神と合一する存在
バタイユ『エロティシズム』／聖テレジア『霊魂の城』／「アントワープのハーデウィヒ」

「超人」の奈落
ニーチェ『ツァラトゥストラ』／『権力への意志』

自死による「超人」の成就
ニーチェの『ツァラトゥストラ』執筆構想／ヘルダーリン『エンペドクレスの死』

小学校の夏休み。私は収集心を膨れあがらせた。甲虫類、そして蝶とトンボの採集。とにかく、採集しては並べるのが好きだった。たまらない臭いのする「毒」の注射も私を魅了していた。

そのころ、ある光景を見てショッキングな想念にとらえられたことがある。原っぱから砂利道に出るところで蟻たちが列をなし、口に何かをくわえて運んでいた。細長い餌を引きずるやつ、茶色い小物体をくわえているやつ。それから、顎を上げながら、丸いものを運んでいるやつ。

すると、この顎を駆使している蟻が、丸い何かを落とした。そのときだ。推論でもなく、連想でもなく、私の頭にある想念が湧きあがった。あの米粒みたいな丸のなかにも一つの宇宙があって、たくさんの存在が犇めいているんじゃないか——。すぐさまイメージは、私の頭の後ろへとトラックバックし、逆方向に際限なく膨張していった。地球の遥か彼方から、この宇宙を米粒のように見ている存在がいる！　なぜだかそれは、とんでもなく恐ろしかった。

おそらく、小さな蟻よりもさらに小さいものへの注視が、私の意識を目眩のような状態に誘いこんだのだろう。私が見入る小さな丸のように、この宇宙さえも想像を絶する大きな存在から見おろされる粒なのかもしれない。この無限の大小の落差、そして自分と世界の卑小さの予感が、あの恐怖の内実なのだろう。

大学に入って、この想念が蘇ったことがある。一人前を気取って哲学の本を読みはじめたころだった。『パンセ』に、そっくりな論理を見つけたのである。そこには、一匹のダニのうちの、小さな身体のそのまた一部分の「しずく」にも、「広大無辺なもの」[1]を見いだせる、と書かれていた。パスカルはまた、その事実に思い至った人間は、茫然自失するしかないとも論じていた。自分の想像はべつに特別じゃなかったんだ、とがっかりした記憶がある。そのテクストは、人間など世界のなかでは「ごく微細な先端」にすぎないと説諭していたのだから。パスカルも同じように、無限の内に「呑みこまれている」人間の卑小さを語っていたのだ。

けれども、パスカルは恐れを抱いてはいなかった。彼はすでに、人間の卑小さと無限（神）との不動の関係を深く自覚していたからだ。そんな達観などありえない小学生には、あの想像はあまりに恐ろしかった。ありふれた日常として、私が思わず蟻を踏みつぶすのと同様に、あるとき突然にあの巨大な存在の足が動き、宇宙が一瞬にして無に帰することを想像する恐怖。音さえなく、壊滅のプロセスもなしに消えることへの怯え。

けれども、驚愕すべきことは別のところにもある。問題の恐怖は、想像を絶する大小の落差からくる。それは、人間と蟻以下の存在のあいだにも、まったく同じようにあてはまる。巨大な存在が世界を潰すのと同じように、自分自身も微小世界を突然に無化しうる。その秩序も経緯もおかまいなしに、ある存在を音もなく一瞬にして無に帰しうるということ。この生の現実を自ら体現する者は、世界の存在にとんでもない暴走と跳躍をしかける、小さな種を胚胎している。

己れの存在が自分を取り囲む世界に対して、理不尽なほど強力なものに膨張してゆく可能性は、恐ろしいことに皆無ではない。その可能性を追求する存在は、極小のものに対してだけでなく、文化と社会に対しても暴走と破壊をなしうるだろう。けれどもこの「威力への意志」が、文化と社会の縛りを振りほどいて膨張するとき、人間は、周囲の存在をなぎたおし、超越する者に「なる」だろう。そこには、「なること」の異様な場が出現しているはずだ。

ただし、かりにそれが可能だとしても、超越する者の背後にも、やはりあの巨大な足がひかえている。暴力的な超越の根が圧倒的な大小の落差にある以上、それは、想像を超えた大きな存在によって突然に消滅させられる可能性と背中合わせのものでしかない。いや、むしろ世界を超越する存在に「なること」の異相は、こうした理不尽な存在の落差に対する恐怖と反発を背景にしているのかもしれない。「威力への意志」を追求する者は、とらえがたき力を頭上に仰ぎながら、自己に暴走と破壊を課する。だからこそ、超越的存在と「なること」の場は、超越者自身の内に潜む自己保存の求めとのあいだに、烈しい緊張と軋轢を生みだすのだ。

この緊張と軋轢の熱で己れの存在を焦がすとき、その周囲には「なること」の炎が立ちのぼる。その火の粉が飛びちる場は、間違いなく一つの異界である。「なること」の異界。それは、世界の圧倒的な巨大さと深さに対峙しつつ、人が無際限な威力を追求する場にたち現れる、一つの異相なのである。

補陀落渡海の異相——存在変容の場

日本には、異界をめざした特異な行動の事実が伝えられている。遥か彼方の観音の浄土、補陀落《ふだらく》に一葉の舟で至ろうとした補陀落渡海の試みにほかならない。たとえば、藤原頼長の『台記』には、覚宗という修験者が語った那智の僧の物語がある。

　彼は現身《うつしみ》のままで補陀落世界に渡りたいと思い、小舟の上に千手観音を造って梶をもたせ、補陀落山に向かって祈ること三年間におよんだということです。その那智僧が風をおこす祈禱を七日間おこなうと北風が吹き出し、彼はよろこんで舟に乗り込み、南方に向かって出舟しました。……その後七日間、北風は止むことがありませんでした。北風を受けて一僧は無事に潮に乗り、補陀落渡海の願は叶えられたのであろうと思います。[2]

また『吾妻鏡』には、智定坊という僧による渡海の驚くべき実情が見える。智定坊とは、頼朝に大鹿を射るよう命じられたが弓をはずし、逐電した下河辺六郎行秀である。その後彼は、修行に打ちこんだすえに、補陀落渡海を志したわけである。『吾妻鏡』は、「智定坊が屋形の中に入った後は外からことごとく釘で打ちつけ、一扉とてなかった」[3]と伝える。

　それは、たしかに異様な試みである。いかに信仰の徒とはいえ、小舟で大洋を流されるなら、死の淵を臨むことになると自覚していただろう。にもかかわらず、渡海者たちは海の遥か彼方へ向かった。けれども問題は、この願望の強さだけではない。それ以上に不可解なのは、実はめざすべき観音の浄土がどこにあり、どうやったらそこに至りつくかが詳らかでないことだ。まるで、異界の空間的位置は問題でないかのように。補陀落は、一種独特の境位において求められ、めざされたのではないだろうか。まずは、この独特な境位を見定めることから始めてみよう。

補陀落とは、『華厳経』が説く「補怛洛迦山」に淵源する。「善知識」を歴訪する善財童子は、インドの南へ向かい、観音菩薩の地「補怛洛迦」（梵語 Potalaka の音写）に至る。そこは、海上に浮かぶ山で、樹林が鬱蒼として豊かな泉が湧出するところだった。[4] 歓喜に踊る善財童子に観音菩薩は語る。「意を専らにして甚深の妙法を希求し、常に諸物を見て大歓喜を生じ、智慧清浄なることなお虚空の如く、既に自ら明了にして復《ま》た他の為に説き、如来の智慧巧妙に安住せり。[5]」

補陀落の所在は、インドの南方海上とされている。そのかぎりでは、補陀落はさして不可思議な境位にあるようには思えない。しかし、である。この国には、もう一つの補陀落の存在が知られるようになる。中世に至り、『華厳経』にもとづく古代からの知見にくわえて、中国の補陀落の存在が伝えられたのだ。

たとえば、『北条九代記』には、「補陀洛山」に漂着した「慧蕚《えがく》法師」の物語が見える。斉衡二（八五五）年に橘大后の命により入唐した彼は、思いがけず観世音菩薩の像をえて帰朝しようとしたとき、船が風に流されて「補陀洛山」に至りつく。杭州湾の沖に実在する、舟山列島の普陀山である。慧蕚は潮を待ち、再び船出しようとするが、船は動こうとしない。しかし、観音像を取りあげその地におろすと、船は軽やかに動きだした。けれども慧蕚は、その観音像を置き去りにすることを悲しんで、その地で誦経に励み寺を構えた、という物語である。[6] それは、問題の島が観音像の帰着すべき地であり、観音菩薩の聖地だということを語りだしている。

すると、補陀落渡海の試みの周辺では、二つの観音の聖地が意識されていたことになる。では、中世の渡海者たちがめざしたのは、『華厳経』が語る「浄土」なのか、それとも舟山列島の「現実の地」なのか。この点を考えるとき、一つのテクストのある不思議に目を向けないわけにはいかない。『北条九代記』は、智定坊のすさまじい船出を伝える記述の「付《つけたり》」として、何と慧萼の物語を並べているのである。しかも、その一節には、「智定坊は重て南海を渡りて、この山にや行ひけん」(7)との文言が見える。

智定坊は熊野の那智から舟を出したとされている。すでに知られた中国の島ならば、むしろ中国への舟が出る土地（例えば博多）から渡海を試みるのが理屈だろう。他方でまた、慧萼は風に流されて、「心ならずも」普陀山に漂着している。つまりその地は、間違いなく俗世の島にほかならない。それを、『華厳経』の記す「補怛洛迦山」と同一視するのはいかにも無理があると言うべきだろう。そして、金剛宝石に座す観音菩薩を無量の菩薩が囲堯する世界に、一介の僧が寺院を建立するというのも、理解に苦しむことである。

おそらく問題の「付」は、言い伝えの確認によって真実性を増強するものであり、だから観音の聖地の所在には関心を向けなかったのだろう。それは、補陀落の所在への関心を欠いたまま、その真実性を確証しようとしている。あたかも、慧萼と智定坊がこの世の空間の次元を超えて、同じ「補陀落」に到達したかのように。

補陀落をめぐる語りには、本質的な曖昧さと両義性が潜んでいる。この異界にいたる途が詳らかでなく、その存在が「この世」の内にあるのか外にあるのか定かでないということだ。この点で、神野富一が紹介する事実は興味深い。それは、法燈国師覚心という僧が普陀山に詣でたことを伝える『紀州由良鷲峰開山法燈円明国師之縁起』の記述である。そこには、覚心が参詣した「補陀落山」は「那智より渡る処に非ず」(8)と記されているというのだ。これは、中世の那智で語られた理解であり、渡海者もこの知識を共有しえたと考えてよいだろう。そもそも、当時の日本の仏教界には南インドの補陀落山と舟山列島の普陀山の知識が広まっていたはずだ。にもかかわらず、渡海を物語る数々の資料は、一様にその所在と道行きについて口を閉ざしている。あたかも補陀落という異界が、この世の事柄とは別の異相にあるかのように。

補陀落についての語りにつきまとう曖昧さと両義性は、それが異相の存在として求められていたことによる。いきなり「この世」ではない他界、あるいは「あの世」の存在だと言いたいのではない。ひとまず確認したいのは、「この世」の現実とは異なる位相において、信じられめざされたということである。あの智定坊の舟のすさまじいしつらえを想起されたい。釘で打ちかためられた暗い空間のなかで、ひたすら補陀落に至りつくことを願う行動には、現実の物理的空間の配置やこの世の時間的な制約を慮る様子が見えない。たしかに、『吾妻鏡』は、彼が三〇日分くらいの食物と燈油を用意したと記しているが、それは目的地までの距離とルートを一切考慮しないものである以上、けっして現実的な算段ではなかった。渡海者たちは、端的に海と風のなかへと己れの身を投げ入れたのであり、道行きを慮ることはけっしてなかったのだ。

その理由は、あの『台記』の物語にしめされている。那智の僧が、自ら造った千手観音の像に梶をもたせたというくだりである。補陀落への跳躍力とそのベクトルは、観音菩薩のみの知るところであり、だから渡海者が道行きを案じても意味はなかったのだ。神野富一が論ずるように、「渡海は自力ではなく、観音の導きによってこそ成就すると考えられていた」(9)。たしかにそれは、この世の体を海と風に投げ放つ現実の行いではあった。けれども、観音の導きがことを決する**その行為**は、すでにして人間世界の空間と時間にはおさまりきらない、一つの異相への跳躍に見えてくる。

それは、一言でいえば観音の妙なる力とのつながりにほかならない。「こちら」の世界にとって「異なもの」との**結**《ゆい》の相において、補陀落への導きは引きよせられる。ただし、その結の異相は、求めれば湧きあがるというものではない。観音は「一切衆生」を救う仏であるとはいえ、そのつながりの異相へと跳躍するには、渡海者が信仰と祈りによってその存在を変容させることが求められた。恵心僧都が歌にしたように、補陀落は「凡類たやすくよぢがたし」(10)とされたのである。

法燈国師覚心について語る例の『縁起』には、那智からの渡海で「行体の法則、船中の支度」が伝承されていたことが記されている(11)。また、『台記』が伝える那智の僧は、三年間観音に「祈請」したとされ(12)、かの智定坊も渡海におよぶ以前に熊野山で法華経を読誦する修行にいそしんだという(13)。松田修が言うように、渡海にさいしては「乗船前の苦行修行が必須の条件」(14)だったのである。このことを端的にしめす伝承を踏まえるために、舞台を那智から四国の岬へと移すことにしよう。実は、補陀落渡海は熊野だけに特有の事実ではなく、この地でも熱く追求されていた。

足摺岬の金剛福寺に伝わる『蹉跎山縁起』には、賀登上人という者が渡海を願って「難行苦行、積功塁徳」していたが、一人の弟子が先に渡海してしまい、「嗟嘆」のあまり「五体投地」して号泣したと記されている。渡海者は観音への祈りに純化し、清浄なる透明性をえなければならなかったのだ。ただし、この上人については、別の物語もある。貞慶の『観音講式』では、賀登上人は長保三（一〇〇一）年の八月に、弟子一人を伴って室戸の津から舟を出し、南へと向かったとされる。[15] けれども、ここで問題なのは細部の事実の揺れではない。肝心なのは、上人をめぐる伝承のうちに、渡海者が己れの**存在の変容**に傾注していた事実が見いだされることである。

良観続編『地蔵菩薩霊験記』では、賀登上人の渡海までの経緯がやや詳らかにされている。上人は、室戸の津にある寺に籠った。そして、「補陀落山」に至ることを、観音にひたすら懇請する。一月や二月のことではない。この長きにわたる存在の純化ののちに、「感ありて」観音の示現を度々経験し、ついに彼は弟子とともに「虚舟《うつほふね》」に乗り、波の彼方をめざした。そのとき舟は、「飛ぶが如くに」去って行ったと言う。[16] この飛躍の様は、観音菩薩との異相の結をしめしてあまりあるが、さらに関心をそそるのは、観音が彼の精神に対して示現したという事実だろう。補陀落へ至りつけるか否かを決するのは、舟の道行きではないし風のよしあしでもない。**事柄の核心は、己れの精神を観音との結によって貫き、その異相に自身を溶かしこんでゆく、存在の変容にある。**

事柄の消息は、同じく足摺岬から渡海したとされる、理一上人の物語にも窺える。それを伝えるのは、長門本『平家物語』の「足摺明神の事」である。「補陀落山」を拝することを願った理一上人は、千日の行法をやり遂げ、弟子のりけんを伴って船出した。ところが、向かい風にあって元の渚に吹き返され、観音の世界へ向けた跳躍に失敗する。彼はそのとき、逆風が吹いたのは行法が不足していたからだと悟る。そこで、ふたたび百日の行法を重ね、今度は白帆を立てた「うつほ舟」に独りで乗りこみ、波の彼方をめざした。そして、舟は順風にしたがい、遥か彼方へと消えていったのである。それを目にした弟子のりけんは、補陀落に至る機会を逃したことを悔やんで地面に倒れ伏し、足摺をして泣き悲しんだとされている。[17] 足摺の由来譚となっているこの物語も、祈りと修行による存在の変容こそが、事柄の核心であることをしめしている。

補陀落渡海の要諦は、特定の地にどう至りつくかという点にあるのではない。むしろ、その異界を統べる観音菩薩と結ばれた存在に「なること」にこそ、ことの核心がある。松田修が言うように、渡海者たちは「出船前に、すでに補陀落びとであるのかもしれない」[18]。それほどに、この異界への跳躍は、出立までの渡海者の行にかかっているのだ。「補陀落びと」となれば、観音の妙なる力がしかるべき風と潮をもたらしてくれる。だとすれば、渡海者たちの試みの内実は、「行くこと」というよりは「なること」であるように思えてくる。**異界への跳躍は海の道にではなく、出立の地にこそあるのだ。**かつて益田勝実は、渡海の事実を伝える物語の語り口についてこう書いた。「語られるのは結果ではない。行為そのものなのである。[19]」語りを継承する者たちにとっても、事柄の核心は、やはり出立の地での「なること」にあったのだろう。

生死の二分法の彼方――この世の規矩を超えること

実は、補陀落渡海の物語には、矛盾とも言うべきある不可解な言説が織りこまれている。それは、あの『台記』の物語に見える、「現身」のまま「補陀落」に至ろうとしたというくだりである。同様の願望は、『発心集』が伝える妻子もちの「入道」の物語にも確認できる。[20]「なること」に専心した渡海者たちは、「この世」の身のままに、観音の世界に迎え入れられることを欲したのである。そこには、「この世」と「あの世」、生と死の分水嶺をめぐる惑乱があるように見える。問題は、補陀落とは「この世」の内か外かという、あの両義性につうじている。

誤解のないように言い添えておこう。那智には、渡海に関する別の理解も伝えられている。『平家物語』に見える平維盛《これもり》の「入水往生」である。維盛は、越中倶利伽羅峠の戦いで惨敗し、屋島に潜んだのち小舟で紀伊に向かう。そして、熊野三山を拝したあと、浜宮に詣でて小舟で地先の島に向かう。そこは、補陀落渡海者たちが額札をしたためた山成島にほかならない。維盛はここで、自らの名と享年、そして入水の事実を松の皮に書きつけ、沖へと漕ぎだしていったのである。[21]この「入水往生」について、『源平盛衰記』は、観音菩薩が勢至菩薩とともに「入水往生人」を「浄土の世界に引接《いんじょう》[22]」すると語っている。

これは間違いなく、「往生」した者が「あの世」の浄土に迎えられるという話である。そしてまた、一六世紀の那智で建造された「渡海船」は、「入定室」になっていることからして、[23]後代の渡海は「入水往生」の性格を深めていったと考えていい。神野富一は、その背景に浄土教の広まりがあったと論じている。極楽浄土に生まれなおすことを希求する人々の熱のなかで、補陀落渡海は一つの「異相往生」として位置づけられたということだろう。こうした意識においては、「この世」と「あの世」、生と死の分水嶺に重大な惑乱はない。ところが、『台記』の僧や『発心集』の「入道」はこれとは対照的に、「生まれなおし」を求めてはいなかった。彼らは、「現身のまま」生きながらにして観音の浄土に跳躍せんとしたのである。

「現身のまま」至るのであれば、それは「この世」を辞した後の「あの世」の話ではありえない。では、彼らはあくまで「この世」の経験世界の内のある空間をめざしていたのだろうか。いや、この理解も納得できるものではない。なぜなら、観音の聖地は「こちら」の経験世界から隔たったものとして求められたのだから。「この世」における身のありようのまま、「この世」の経験世界とは異なる世界へと至ろうとする背理。けれどもそこに、渡海者たちの混乱したファナティスムのみを見るのは当たらない。むしろこの生と死の境界の惑乱には、たんなる錯誤として切り捨ててはならない意味が潜んでいるように思う。それは、渡海者たちに求められる存在の境位、あの「なること」の一つの帰結なのである。

補陀落渡海の核心は、観音の妙なる力と結ばれた存在と「なること」にあった。決定的なのは、補陀落へといかに渡るかではなく、この観音の威力との結を確保することである。けれども、**それを可能にするための行は、「この世」の「現身」によって遂行され、問題のつながりは「この世」の存在に体現されなければならない。**つまり渡海者たちは、「この世」の内において、生の経験世界から深く隔たった観音の威力を引きよせ、「この世」の存在を超えた境位に立とうとしたのである。そのかぎりでは、補陀落渡海は本質的に「この世」と「あの世」の境界をかき乱す暴挙だったと言えよう。そして、この攪乱の延長線上にあの言説が語りだされる。己れは「現身」に観音との結が体現されることを求める。もしそれが果たされるなら、己れの身はすでにして観音の世界の一部であり、「現身のまま」そこに迎えられるに違いない、と。

背理に見えた言説は、観音の威力とつながるために、「この世」と「あの世」の境界をかき乱す事態にもとづいている。その背景には、あの「なること」の境位がある。「この世」の「現身」においてすでにして「あの世」の存在と「なること」。それが、あの惑乱をしめす渡海者たちの事情なのだ。だとすれば、補陀落渡海を「この世」と「あの世」の区別を軸にして理解すること自体に無理があるとも言えよう。少なくとも、死によって隔てられた「この世」と「あの世」の二分法は、補陀落渡海の企てをとらえるのにふさわしい枠組みではない。たしかに、観音の聖なる威力と生の経験世界のあいだには深き隔たりがある。だがそれは、死によって隔絶された二世界の関係ではない。それはむしろ、理を異にする位相、あえていえば「こちら」と「あちら」として区別するしかないものなのである。

「現身のまま」渡海を企てた者たちの暴挙は、「こちら」の世界の理における生と死の区別立てを超える境位にあった。生の経験世界の理を踏まえるなら、観音の世界は死と成仏の彼方に期待するしかない。にもかかわらず彼らは、「現身」においてその世界との結を体現し、生きながら観音の世界に迎えられることを企てたのだから。その「なること」の場は、**生と死を隔絶させる「こちら」の理を超える異相**なのである。死の淵を臨むことを顧みず、扉を釘で打ちつけた一葉の舟で海に身を投げ放つ企てをささえていたのは、まさにこの境位にほかならない。

こうした異相は、貞慶の『観音講式』にも窺うことができる。貞慶は、春日大神を厚く信仰したことでも知られるが、「観音にこそ二世を願うべし」とも説いた人であり、明らかに死後の「補陀落往生」を希求していたと言ってよい。にもかかわらず彼は、「現身」のまま補陀落をめざした賀登上人の物語を顕揚してもいる。[24] あたかも、「往生」か「現身」での渡海かは二の次の問題だ、と言うかのように。彼もまた、真に観音と結ばれた者は、「この世」と「あの世」、そして生と死といった問題次元を超えると考えたのではないだろうか。貞慶は、弥勒菩薩の兜率天《とそってん》への往生を説いたくだりでこう語る。「いまだこの身を改めずして、恣《ほしいまま》にその境を見ることの奇特、何れの徳かこれにしかん。現身のなかになおかくの如し。況や来生の値遇《ちぐ》をや。[25]」それはたしかに、補陀落への道行きに優先する、「なること」の真価を明かす語りなのである。

観音との結に貫かれた者は、生死の規矩を超える。「こちら」の規矩からすれば、一葉の舟で大洋の波に身を投げることは、恐るべき必死の業でしかない。にもかかわらず、あの渡海者たちは、決然と、しかし穏やかに、それをやり遂げる。それは、己れの身の処し方によって、「こちら」の存在の規矩を超えたことを証だてる試みでもあった。そしてまた、あの観音の示現や飛ぶがごとき舟の異様も、渡海者がこの世の存在の規矩を超えていることの表象であるに違いない。「こちら」と「あちら」、そして生と死の境界の惑乱は、たんにファナティックな意識の発露なのではない。むしろそれは、観音との結に貫かれた存在と「なること」の当然の帰結であり、「こちら」の世界の理解から深く隔たった異相への跳躍のしからしめるところだった。

「こちら」の世界の内にありながら、「こちら」の存在の規矩を超えたものと「なること」の場。それは、生の経験世界から深く隔てられた「異なもの」が現象する異界だと言ってよい。渡海をめぐる異界の焦点は、遥か彼方の土地にはない。何よりもそれは、出立に至る「なること」の跳躍においてたち現われ、「こちら」の規矩を超える境位によってリアルなものとなるのだ。補陀落の異界の本旨は、生の経験世界の内に忍びわく、この「隔たり」の異相にこそある。

異界は、那智、足摺、あるいは室戸や那珂湊の「なること」の場にあった。実は、このことに気づかせる物語が、あの法燈国師の『縁起』のなかに見える。それは、『那智浜宮補陀落行処記』から引用された覚心の渡海の消息である。覚心は、夢のなかで千手千眼に現身による補陀落渡海の真偽を尋ねる。すると千手千眼はこう答えた。「汝、功徳無量也。願望成就して来るべし。但し、熊野那智山滝本と浜宮、即ち補陀落世界なり。」覚心は夢に後押しされて「補陀落」をめざした。ところが、である。七日七夜のあとに、何と那智に戻ってしまった。彼は執拗にも、七度も渡海を試みたが、果たして結果は同じだった。そして、あの千手千眼の言葉の真実を悟る。[26]この物語は、たしかに那智を補陀落の真の「東門」[27]として世に知らしめようとする意図にもとづいてはいるだろう。けれどもそれは、語り手たちの意図を超えて、観音との結をたぐりよせる「なること」

の磁場こそが、ことを決すると明かしているように見える。

最後に、ダメ押しのエピソードを書き留めておきたい。一六世紀初頭に上野で生まれ、のちに高野山で修行を積んだあと、補陀落渡海を試みた僧がいた。その名を日秀という。彼が波と風に身を投げたのは那智であったと記す資料もあるが、真偽は定かではない。けれども、ここで論じたいのはそのことではない。驚くなかれ、彼は渡海船に押しこまれて延々南へ流され、琉球東岸に位置する金武の富花に漂着した。(28)金武の人々の伝承によれば、そのとき舟は半壊の体で、板をかぶせた細長い空間に、俯せのまま動かない日秀を発見したとのことである。(29)

彼は、金武の地に補陀落を感得したとされる。幽玄な富登嶽、眼前に広がる大湖。それは、彼が想像した補陀落の景観に近似していたのだろう。そして、「金峰山三所権現」を祀り、幾度か験力を発揮した日秀は、土地の人々から「神人《かみんちゅ》」と崇められるようになった。(30)それを耳にした中山王は、彼を那覇へ招聘し、臨海寺（沖寺）に入寺することを命ずる。そこをひとまずの拠点としつつ、日秀はあの波上権現の中興の祖として活躍することになる。

だが、琉球での長きの活躍の後、日秀は「其の身を夫の国に終ふることを欲せず」(31)、自ら補陀落と観じた世界を離れ、薩摩へと身を移した。それは、観音の聖地に至らんとした者の行動としては不可解ではないだろうか。実際、日秀が建立した補陀落観音寺の『縁起』には、金武を安住の地とする彼の決意が厳かにつづられている。「誠に補陀落山たることを知る。又何所に行き、之を求めんや。錫を留めて安住せん。幸なるかな、此の地霊なり。(32)」琉球を離れ薩摩へと渡った日秀は、この思いを若気の至りとして捨て去ったのだろうか。いや、それはありえない。彼は、薩摩に渡ったのち坊津の一乗院に奉納した釈迦如来の心柱に、「本願日秀上人、補陀落より来りて之を作る」[33]と書きつけている。観音の聖地から遠ざかりながら、しかも「補陀落びと」を名乗るという不可思議。これはどう解したらいいのだろうか。

たしかに、補陀落渡海の企てを観音の聖地への到達を軸にとらえようとすると、日秀の琉球からの退去は一つの不思議でしかない。けれども、補陀落渡海の核心をあの「なること」の異相に見るときには、一見矛盾したように見える彼の行動に一つの理があることが浮かびあがる。日秀は、ことの結果から見れば、必ずしも観音の聖地への到達そのものではなく、「なること」の達成にことの本旨を自覚したのではないか、ということだ。彼は渡海の暴挙そのものによって、生と死の境界をかき乱す存在変容を証だてた。そしてそのことによって、「こちら」から深く隔った観音世界と結ばれた存在に「なってしまった」のである。この「なること」の達成こそが眼目だとすれば、真に補陀落を感得した琉球から離れたとしても、彼の思考にさしたる変転を見る必要はない。この存在変容を果たした者は、つねに観音の聖なる威力と結ばれてある。その意味では「補陀落」の異界は彼とともにあり、彼を背後からささえていたと言ってもよい。だからこそ日秀は、一乗院の釈迦如来にあの言葉を書きつけたのである。

あの銘は、彼のこの境位を堂々と宣したものにほかならない。日秀は、「なること」の試練と賭けに身を投げ、ついにかちえた観音の異相との結の境位によって、自らを「補陀落びと」と宣したのだろう。日秀の冒険は、異界なるものの本義が、至りつくべき彼方の世界にではなく、それをめざし求める者の存在のありように潜んでいることを、雄弁に物語っている。「なること」の磁場、それこそが「異なもの」の現象する異界なのである。

神と合一する存在――人間を超えること

補陀落渡海の「なること」の磁場は、遥かなる補陀落とは別に、すでにして一つの異界を湧きあがらせる。だが、「なること」の内実はいまだ詳らかではない。たしかに、生死というこの世の規矩を超えることは推察されたけれども、その存在変容の実相は神秘のベールに包まれている。観音の世界との結を引きよせることが、どのような存在と「なること」だったかについて、当事者の実存の声を聴くことはできないのだ。彼らは、海の混沌へと飛翔したまま、還らないのだから。そして、稀有な「帰還者」である日秀も、この事情を語りだしてはいない。

換話求題。「なること」の磁場を、実存の声として伝える語りに耳を傾けてみよう。カトリシズムが人々の精神に形をあたえていた西欧の中世。その静謐な熱と力を感じさせる信仰の世界に、「なること」の一つの原型を見ることができる。神との、あるいはキリストとの合一を念願し、実存の破裂としてそれを体験した女たちの語りに、あの異界の闇がしめされているのだ。

G・バタイユの『エロティシズム』の締めくくりには、「神秘主義と肉欲」と題された論文が収載されている。その冒頭に、神との合一を魂の次元で語った女への言及がある。一六世紀に信仰の苦難を生き抜いた「アヴィラの聖テレジア」の逸話である。周知のことだが、彼女の体験はベルニーニの彫刻「聖テレジアの恍惚」に形象化されている。無防備な体勢で斜面に身を横たえ、意外にも空虚な表情を浮かべる女の傍らには、しなやかな腕でいまにも槍を突き刺そうとする天使がいる。彼女が受けた「神秘的恩寵」の焦点に位置するのは、この槍である。彼女の存在は、この槍で貫かれた。その瞬間の実存の破裂を語る彼女の言葉を聴きとってみよう。

その槍の先端には火の切先が光っているように見えた。私には、天使がその槍を何度も私の心臓に突き刺し、私の内臓も一緒に引きだして、私の全身を神の大きな愛の火で包んでいるように見えた。その苦痛はあまりに激しかったので、私は呻き声をあげてしまったが、しかしこの過度の痛みは甘美であって、私はこの痛みから解かれたいとは思わなかった。……このとき魂と神とのあいだに交わされたのは愛撫なのであり、その愛撫はあまりに甘美であった。(34)

実は聖テレジアは、この合一の前に一つの予兆を体験している。数年前から一つの声によって魂を揺さぶられていたのだ。「怖がってはいけない、娘よ。われである。」そしてある日、「このことを悲しんではならない、私は生きた本をお前に与えよう」と語りかけられる。「生きた本」とは、生身の姿で現われる神の真理にほかならない。一五五九年の聖ペトロの祝日に、その時はやってきた。祈りを捧げていた彼女は、傍らで主キリストが見守っているのを感じとったのだ。(35)

それは、魂に語りかける声が、「彼」であったことを確信させるに十分な出来事だった。

彼女は、神との神秘的な交わりを「神との一致」と表現する。あるいは、その合一を求める女性信徒を「花嫁」、その魂を導く者を「花婿」に譬え、合一の達成を「婚姻」[36]ともよんでいる。彼女が希求したことは、神の「花嫁」に「なること」だったとも言えよう。けれども、この大それた願望は、中世の神秘主義諸派にしばしば見られるものであり、聖テレジアに特有のものではない。たとえば、すでに一二世紀前半に台頭したシトー派も、同様の「愛」の神秘主義を説いていた。[37]その理論的指導者である、クレルヴォーのベルナルドゥスは、信徒を神の「花嫁」、キリストを「恋人」とよんだ。ただしこのレトリックは、旧約聖書の『雅歌』にも一つの原型があり、「婚姻の神秘主義[38]」という言説形態それ自体は、さほど特異なものではなかったと言うべきだろう。

むしろ、「なること」の核心は、言葉の体裁の奥に潜む存在変容の内実にこそある。聖テレジアは天使の槍によって、繰り返し胸を突き刺され、内臓を抉りとられる情景を感得した。ひとまずは、このメタファに関心を向けるべきだろう。もちろんそれは、魂の次元で神と合一せんとする自己の情景にほかならない。けれども、その情景が、魂のどんな変容を表わしているのかを知るには、彼女の主著とも言える『霊魂の城』の語りを踏まえる必要がある。

聖テレジアは、「花婿」が「花嫁」の霊魂に強い憧れを燃え立たせる段階を経過すると、突然に神からの語りかけが聞こえてくると言う。そして、いよいよ神との合一へと至る変容が生起することになる。「いと高き御者」は、この合一を求める者が長きにわたって深く苦しんできたことに慈悲をたむけ、霊魂の奥底にとどく一つの矢を放つ。そしてこの矢が霊魂を貫くとき、赤々と燃える火花が炸裂したかと思うと、「霊魂全体がまるで不死鳥のように燃えあがり、新たにされ」る。こうして霊魂が「清められ」てはじめて、神と霊魂との合一は果たされてゆく。[39]

火をたたえた槍で刺し貫かれるあの体験は、この霊魂の更新と清浄化を意味すると考えてよい。では、肝心の合一そのものは、どのような体験だったのだろうか。ところが聖テレジアは、合一を経験した存在にも、この稀有な存在変容は説明しえないと断ずる。合一は独特の「知的直観」であって、「この世に生きる者がそれを説明できるほど深く理解することは相応しくない」[40]というわけだ。神秘的なテオパシー（神人合一）の言説は、まさに秘儀的でなければならないということだろう。けれども、この存在変容の核心は、かろうじて語りだされている。聖テレジアは、神との合一にはいくつかの「アロバミエント」（喜悦に浸ること）がともなうとしながら、「神は霊魂を完全にご自分のほうに奪い去り、霊魂をご自分のもの」にすると明かしている。つまりそれは、「花嫁」の自己が少なくとも霊魂の次元において神の存在に溶けこまされ、失われることにほかならない。もちろんこの強奪には、「激しい恐怖」[41]と苦痛がともなうのだけれども。

聖テレジアが語るテオパシーとは、精神的な自己の喪失、自我の融解にほかならない。ただしそれは、気絶して意識を失うことではない。合一を感じる「知的直観」は働いているのだし、その記憶も保持されるのだから。しかし、そこに一種のエクスターゼ（脱自）があることは間違いない。神が霊魂を奪い去ろうとするとき、「花嫁」の呼吸は止まり言葉を発することはできなくなるとされている。(42) もちろん、本当に重要なのは、こうした肉体や感官の変化ではない。自己の肉体的な区切りを離れて一種の「脱魂」へと至る事態こそが、存在変容の核なのである。

それは、本当に精神が肉体から飛びだしてしまうかのように思われますが、他方その人が死んでいないことも明らかなのです。一瞬のあいだ、少なくとも本人は、精神が身体の内にあるのかないのか分かりません。霊魂は、私たちの生きている世界とはまるで違う別の世界に自分がそのまま運ばれたように思います。(43)

「なること」の実状は、自己の個体的分立を揺り動かし、神的存在の全体性へと吸いこまれることにあるのだろう。バタイユが、彼女の語りから鋭敏に嗅ぎとったものもそれだった。彼は、聖テレジアが体験した transverbération（刺し貫く振動）を「死なずに死ぬこと」ととらえ、オルガスムに通底する「小さな死」だとしている。(44) もちろん彼が問題にしているのは、生物学的な死ではない。神との合一への求めには、「足場を踏み外し転覆する chavirer」欲望がある。そして、それは「自己自身の死 la mort à soi-même」(45) と呼称されるべき、自己の存立の瓦解なのである。個体としての持続と自立的な存在の構えが切り崩されること――。バタイユはそこに、存在の「連続性」へと滑り落ちてゆく真のエロティシズムを見た。

もはや、いかなる点においても相違がなくなるのだ。主体は距離をおくことができなくなり、宇宙と自分自身の区別のつかない無際限の存在のなかに埋没してゆく。そして感覚しうる時間の流れにも属さなくなる。主体は永遠化した瞬間のなかに吸いこまれてゆくのだ。[46]

それは聖テレジアが、神はあちこちから浸透し自己を「死のうちにお沈めになる」[47]と語った事態とつうじあっている。ただし、この神的な世界は、個体的な分立を生きる存在にとっては、理解を超えた「異なもの」だろう。だからこそそれは、語りえないものだったのだ。いや、それだけではない。個体性の瓦解に直面した自己は、とらえがたきものと「なること」に、すさまじい不安と恐怖を抱くに違いない。それは、バタイユが語気を強めるところでもある。「恐怖こそがまさに〈性的なもの〉を根底から作りあげているのではないだろうか。そして〈神秘家〉と〈性的なもの〉の関係は、双方の領域に等しく属している深淵の abyssal 特性に、あの不安をそそる暗闇にもとづいているのではないだろうか。[48]」

聖テレジアが体験した「なること」とは、**神的な「連続性」**の深淵に溶け入ることだったのではないか。バタイユの思想の跳躍は、ここにある。けれども、聖テレジア自身はこのことについて多くを語らない。神との合一を求め、暗黒の奈落の淵でつま先立ちをする存在に何が起きるのか――。このことをさらに掘り下げるには、別のエクスターゼに触れなければならない。

暗き時代にも真実の光はある。神秘のテオパシーを遡り、その声を求めて一三世紀のアントワープにまで跳躍してみよう。そこには、バタイユのいうエロティシズムとキリスト教神秘主義の接点に立って、神との合一の奥義を説いた女性を見いだすことができる。まさに当時の「愛の神秘主義」の文脈のなかで、キリストとの合一を幻視した、ハーデウィヒその人である。

「アントワープのハーデウィヒ」[49]と呼称されるこの信仰者は、ベギン beguin（仏語は béguin 蘭語は begijn）とよばれた敬虔な女性信徒たちの指導者だった。ベギンとは、一二世紀末以来「ロウ・カントリーズ」（ベネルクス諸国）に広まった、女たちの信仰のコミュニティにほかならない。清貧と陶酔的な祈り、そして聖体拝領を重視する宗教運動が熱をおびるなかで、修道院に信仰の場を見いだせない女たちが、教会の近くで共同生活を営んだのである。彼女らはラテン語で mulieres religiosae（敬虔な女たち）ともよばれたが、庶民にはベギンという名が浸透していた。[50]

ハーデウィヒは、ゆるやかに連携するいくつかの組織を導いていたと推測される。[51]彼女には伝記もなく、生没年を特定できる資料もない。だが、その著作からは、彼女がラテン語とフランス語につうじ、宮廷恋愛詩や天文学や音楽理論に触れる機会のあった人物であることが窺える。[52]おそらく彼女は、上層の階級の出身だったに違いない。[53]

まずは、キリストとの合一を語る彼女の言葉をストレートに聴きとることにしよう。彼女の一生は、「神秘的」な愛（ミンネ minne）の思想に刺し貫かれていた。神（キリスト）[54]との合一による愛の成就を、一貫して熱く希求したのである。そして実際に、その合一をえも言えぬ恍惚のなかで幻視した。彼女は、ある精霊降臨祭の日に、神と一つになりたがいを満たしあおうとする熱望に襲われる。そのとき、祭壇から鷹が出現し、「合一をえたいなら、用意せよ！」と告げる。

彼は、人間の姿をしていて、とても美しく、光輝に満ちた顔をしていた。そして、まるでまったく別の素性の者のように、気取りのない様子で私に近づいてきた。すると慣習にしたがって、聖餐でするように私に物の形で彼自身をあたえた。さらには、杯で彼を飲ませた。……それから、彼自身がこちらに近づき、その腕で私をしっかりととらえ、抱きよせた。私は体のすみずみで彼の体を感じ、私の心と人間性が欲していた最高の至福に浸った。……けれども、そのあとしばらくすると、美しい男の姿は見えなくなっていた。彼は、完全に無となり、消え去った。それと同時に、私の外で認識し知覚できないように融解していたのだ。もはや、彼を私の内で区別できなくなっていた。そのとき、私たちは差異のない一つのものになったように感じられた。……私は、愛する者の内で消滅した状態に陥り、彼の内に完全に溶けきって、もはや私自身として残っているものは何もなかった。[55]

まず驚かされるのは、身体的な快楽をあからさまに吐露する言葉だろう。「体のすみずみで彼の体を感じ、私の心と人間性が欲していた最高の至福に浸った。」一見したところでは肉欲を肯定するようなこの言説は、たしかにハーデウィヒの語りを彩る特徴ではある。おそらくそれは、ベギンの登場の背景に、当時のキリスト教が抱えていた「女性問題 Frauenfrage」があったことと関係がある。当時、教会が女性を受け入れることはなく、結婚せずに信仰に人生を捧げようとする女たちがいても、別の場を求めていくしかなかった。そうしたなか、一一世紀には多くの女たちが説教師と流浪するという事態も生じていた[56]。こうした事情から、ベギンの集団は、制度的な場をあたえられない敬虔な女たちの受け皿になっていたと考えられる。そして彼女たちは、結婚という現世の幸福を捨て、病者の世話などの労働に勤しみつつ[57]、貧しくも威厳ある祈りの生をおくっていた。この禁欲的で清浄な祈りのなかにあって、観念と言葉の世界に昇華された身体的悦びの想像は、一種独特の屈折したエロスを成立させていたはずである。

　叙情的な観念のエロスは、「婚姻の神秘主義」を継承する言説にも見ることができる。彼女も、信徒を「花嫁」、キリストや神を「聖なる花婿」と喩えるレトリックを採用しているのである。それは、『雅歌』ばかりでなく、宮廷恋愛詩のスタイルにも一つの源を見いだすことができる。また同時期には、ナザレトのベアトレイスがいる。すでに彼女は、ミンネという概念を軸としながら、気高き愛 **fin'amour** の力をトゥルバドールふうに語りだしていたのである[58]。ハーデウィヒがこうした言説の影響圏内にいたことは間違いない[59]。たとえば、彼女の「連句詩集 ***Poems In Stanzas***」に見える「彷徨う騎士」と題された詩句では、「勇敢で豪腕な騎士」が「愛の鎖に縛られて身を捧ぐ」と謳われ、「愛する魂が愛に抱かれた愛」を見いだすことがめざされている[60]。

　けれども、こうした信仰の形態は、現世の肉体的欲望の代替物にすぎないものではない。たしかに、女性信徒のあいだに、そうした屈折した欲望のエコノミーが存在したであろうことは推測できる。けれども、ハーデウィヒその人の思想をこうした次元に解消することは、絶対にできない。C・ウォルフスキールが言うように、ハーデウィヒの著作では「倫理的な理想が美的な理想の形態に覆われている」[61]のであって、その思想的内容を宮廷恋愛詩の形式によって判断するのは早計だろう。それは「愛がもつ純粋さと無私の性格」[62]を強調するものにすぎないのだ。

むしろ、ハーデウィヒが一心に希求した愛が、この世の人間的な愛の意識とは異なる次元にあることに注目する必要がある。それは、彼女があの幻視において「彼の内に完全に溶けきって」自己が消失したと語っていることに関わる。そう、ハーデウィヒが追い求めた「愛 minne」の概念には、独特の内容と奥行きが秘められているのである。何よりもまず、それが多義的であることを踏まえる必要があるだろう。一方でそれは、神ないしキリストを意味する言葉として用いられる。[63]だが他方で、神と一つになることを願望する人間の愛 minne をも意味する。そして、次のようにも言われる。「甘美なミンネ Minne が私を驚嘆させるのはその甘美な性質がすべての存在を征服しているからである。[64]」ミンネの核心は、この重層的概念構成にあると言っていい。[65]

おそらく、もっとも根本的なのは、最後の位相だろう。ハーデウィヒは、神が人間に Minne をたむけ、人間も神への minne に燃え立つという関係全体に浸透し、そのダイナミズムを包摂するものとして Minne を位置づけている。[66] B・マッギンがいうように、「Minne は、創造された宇宙に浸透している神聖な力なのである。[67]」この根源的総体性、宇宙に遍在する動性としての大文字の Minne は、プロティノスの「ヌース」[68]のように、自らそれ自体に関わることで宇宙を産出してゆく形而上学的な根拠に近いと言えよう。「あなた、Minneを純粋にminneで愛することができたなら！　ああ、Minneはminneを理由として、私がminneになり、Minneをあまねく Minneとして知ることを許すのだ！」(69)

ハーデウィヒが語る「愛」は、この世における個体同士の結合とはほぼ異次元のものである。それは、あくまで宇宙の根源のごときMinneの「連続性」と動性へと還元、純化されてゆくことであって、この世に生きる個体的存在を規矩としてはとらえようがない。だからそこに、「通常の人間的現象」としての個体同士の愛を見ようとするのはナンセンスでしかない。J・G・ミルハーヴェンは、ハーデウィヒが語るキリストとの身体的な合一には、悦びの相互的享受を軸とする「対等性」と「善良な相互性」(70)があると言う。けれども、ハーデウィヒが体験したMinneの次元は、形而上的な一者の遍在的つながりにほかならない。それは、人格的に分け隔てられた個体や、人格として現われた神／キリストといった存在が主導する世界ではなく、それらを超えるMinneの結が支配する世界なのである。

ハーデウィヒは、神の生は「甘美な自己享受」であり、Minneは「自足的に成就している」(71)と明言している。P・モマーズも言う通り、「彼女が体験したMinneとは、Minneがそれ自身を根拠に存在し、それ自身にとどまるという現実なのである。」この冷徹な愛の宇宙では、「神の堅固な他者性はほぼ非人格的にしめされ、超越は、変わることなき所与として現われる。(72)」キリストとの合一は、**人格的な存在を超えた**このMinneの「連続性」へと溶けこむことなのだった。

すでに議論は、バタイユが聖テレジアの語りに嗅ぎとったテーマに分け入っている。Minneの超越的な結に溶けこむこと、それは個体的な分立を生きる存在を融解させ、理解を絶する連続性へと個体の存在を「開く」ことだとされている。「私は私のものではない。Minneは私の精神の内実を呑みこんだ。[73]」彼女の幻視は、バタイユの言う自己の「開かれ ouverture」の体験だった。「彼の内に完全に溶けきって」、自己が消失したというエクスタシーの奥義はここにある。彼女が求めたどりついたMinneとは、この世を生きる個体の存在を受けつけない、暗闇の深淵にほかならない。「魂とは、神がその深みからその自由へと移りゆく道であり、神とは、魂がその自由、神の最奥の深みへと移りゆく道なのである。そしてこの最奥の深みは、魂の深淵によってしか触れることはできない。[74]」

ところで、Minneの深淵に溶けこんでゆくとは、どのような事態なのだろうか。あるいは、そのときに経験される個体の消失とはどういうものなのだろうか。ハーデウィヒはすでに一九歳のときに体験していた幻視について、次のように語っている。

私は精神の力を失い、我を忘れて、神の内に見たすべてのものも見失った。そして、あらゆるすべを失い、Minneの本性に抱かれて成就にいたった。私はその間、呑みこまれてすべを失い、彼と一つになり合一を成就したこと以外に、いかなる知識、光景、精神的理解ももちあわせていなかった。[75]

ことの核心は、感覚のオルガスムにあるのではない。たしかに、合一の「成就 ghebruken」という語には、「悦びの獲得」という含意がある。[76] けれどもハーデウィヒは、身体的な悦びの場面から突然に、認識も感覚も溶けきった異次元に投げだされている。「そこには、実在の主体と実在の客体を媒介するいかなる観念も言葉もありはしない。この接触は、ある人格がもつ感覚や精神の能力のレヴェルではなく……**神自身の**「触れあい」を魂自体に感じさせる、魂の「根底」で起こるのだ。[77]」自己は、個体性が融解してゆく忘我に達しただけでなく、知覚の次元での**存在の区別立てがない混沌の世界**に触れる。それはまさにあの、根源の「異界」にほかならない。

こうした Minne の奥義を、ハーデウィヒは「底なしの深淵 afgront」[78] とよんだ。「底が知れない」とは、奥が見通せないという喩えによって、問題の混沌につかみがたい隔たりがあることを表わしている。端的に言ってそれは、**個体として生きようとする人間の世界の意味や現実では計り知ることのできない、根源の暗闇**なのである。Minne の異界へと溶けこむこと、それは、個体的存在を解体して人間的な意味の世界を放擲し、根源の渦に融合することにほかならない。あるクリスマスの夜に彼女が体験した幻視は、「底なしの深淵」の恐ろしき暗さを端的に物語っている。

私はとても深く、広大で、限りなく暗い渦が逆巻くのを見た。この深淵のなかには、すべてが含まれてあり、たがいに犇めき圧縮されてあった。すべてを暗黒が照らしだし、貫いていた。この底なしの深淵は、誰にもとらえられない深さをもっていた。私は、それがどのように形づくられているかを説明しようとは思わない。なぜなら……それは語りえないものであり、言葉にできないものだからだ。(79)

「連続性」の異界に触れる者の実情は、聖テレジアよりもより細やかに語られている。バタイユが嗅ぎとった「なること」のエロスは、むしろハーデウィヒにこそ見いだされるべきだろう。たしかにハーデウィヒは、「底なしの深淵」は「言葉にできないものだ」と記している。けれども、すべてが「犇めき圧縮されてある」渦の描写は、それがなぜとらえがたいかを語りだしてはいる。そして、彼女のたどりついた真理が、すべてを孕む龍の混沌であることも。

ただし厳密に言えば、自己の消失という語りには一つの誇張がある。聖テレジアが自己として「脱魂」の体験を記憶したように、ハーデウィヒもキリストとの合一を成就したことだけは、たしかに自覚していたのである。そこには、存在の破裂へと至りかねない、矛盾すれすれの葛藤がある。けれどもそれは、人間が個体的なこの身において存在し、自己としての意識を生きてゆくことをやめない以上、避けられないことなのだろう。

神との合一を希求する存在は、実は Minne の「連続性」にそっくり溶けこむことはできない。むしろ「なること」の実相は、「底なしの深淵」に引きよせられつつ、同時に個体的存在の牽引力からも逃れられない、引き裂かれるような体験にあるのだろう。そこには、バタイユがエロテイシズムをめぐって抉りだした、主体性の矛盾と同じ構図がある。とらえがたい深淵の縁でつま先立ちになり、自己が混沌の「虚無」に帰する危険に震えながら、しかしすべてを孕む暗黒に引きよせられずにはいない、愛する者の緊張と相克の熱。バタイユは、そこにこそ「聖なる」異界を見たのだ。

　実は、ベギンたちの信仰の根本には、個体的に分立した自己の求めが潜んでいた。彼女たちは**生の世界のその身のまま**、キリストと愛の合一を果たすことを熱く求めていたのである。その背景には、当時女たちのあいだに広まっていた聖体拝領への渇望がある。この時期、女性には聖餐式のパンとワインに触れることが禁じられていた。[80]だから女たちは、男たちが独占する聖餐の栄光を尻目に、別の恩恵をたぐりよせようとした。キリストの肉体との合一がそれである。正式のコミュニオンとは別のかたちでたがいに食べ、味わいあうこと——。この秘儀的聖体拝領が、聖餐式の「代わり」として熱く求められたのである。ベギンたちは、個体的に区切られた人間性の世界のただなかで、**肉体のイメージ**を介してキリストと一つになろうとした。ハーデウィヒの思想は、このように肉体として区切られた個体的存在が、**形ある存在の交わりと融合の想念**を沸騰させる空気のなかで語りだされていたのである。

　ハーデウィヒは、個体的な自己を想定しつつ、神との合一の至福にあずかろうとする願望を斥けなかった。実際、彼女の思想も、人間の姿をとった神的存在との融合を一つの跳躍点としていた。彼女は、あくまで「この世において神の人間性 humanity とともに生きるべきである」と語り、「人間性の真理も神性 Divinity の真理もある単一の成就の内にある」[81]と宣言している。だから彼女の思想は、人間性としてのキリストと、個体としての自己との合一から、人間的世界を超えた「底なしの深淵」が開示されるという複雑な構図をとっている。けれども、こうした生きる個体の求めにあくまで依拠しようとしたがゆえに、彼女の思想は、バタイユが強調する緊張と相克の構図を浮き彫りにしえたとも言えるのである。

「この世」の意識と身体に縛られながら、人間性を超えた「底なしの深淵」に溶けこむことを希求する矛盾。それは、「連続性」へと吸いよせられる個体が避けがたく抱えこむ、根本的な葛藤にほかならない。ハーデウィヒのディスクールは、この拮抗による緊張が、主体を自己放棄的なエクスタシーへと走らせることを、熱く語りだしている。彼女の体験の凄みは、この極限の緊張のなかで自己の存在を前に投げだすこと pro-jet にあったのではないだろうか。ここでも「なること」の異界は、客観的な神的存在のありよう（「連続性」の深淵）ではなく、それとの交わりを追求する**主体の鬼気迫る存在のありよう**から、匂い立つように放射されるのである。

「超人」の奈落——知と死の間隙

「なること」の異界は、経験世界から隔たった「異なもの」と一つになり、人間存在を超えようとする者の周囲に湧きあがる。そこには、明らかに「超人」のテーマがある。補陀落渡海やテオパシーには、あの『ツァラトゥストラはかく語りき』と響きあうものがあるのだ。

ただし、ニーチェの「超人」の思想は、あくまで「俗界の irdisch」生を問いただすものであり、「超地上的な überirdisch」存在とのつながりをめざすものではなかった。だから、補陀落渡海やテオパシーとはかなり趣を異にしている。にもかかわらず、ニーチェの「超人」論をここで扱おうとするのは、そこに「超人」の不可能という重要な問題が潜んでいるからである。

実は、ツァラトゥストラが説く「超人」とは、人間が「自己を超えでる何ものかを創造」してゆくことだった。ニーチェは、人間のあるべき姿を「深淵 Abgrunde の上にかかる一本の綱」[82]に喩えている。「別の岸」へと向かう「一個の橋」であるかぎりで、人間は偉大だとされているのだ。問題は、深淵に落ちる危険を冒しながら「自己超克」に挑む、「過渡」の企てであり、その意味で「人間を超えること」なのである。そして実は、ツァラトゥストラでさえ「別の岸」に到達し終えた「超人」ではない。

ツァラトゥストラは、「超人」が誕生する「大いなる正午」を待望する。けれどもそれは、「超人」への途の「真ん中で」[83]、「初めて高等な人間たちが主人になる」[84]ことでしかない。だからそこでも、「超人」の完成がなされるわけではない。そして終幕――。そこには、重く厳しい課題にたち向かおうとするツァラトゥストラの姿しかしめされていない。「超人」の企ては、最後まで完遂されない。それは、いかなる形をとるにせよ、ある決定的な困難を抱えこまざるをえないのである。

実は、『ツァラトゥストラはかく語りき』の第四部には、実現されなかった別の構想があった。一八八三年に記されたいくつかの計画には、彼が「自由意思による死」へと至る終幕がしめされている。たとえば夏の遺稿に記されたメモには、「第四幕」の粗筋として、「船。火山の場面、ツァラトゥストラは子供たちに囲まれて死んでいく。葬儀[85]」とある。専門家のあいだでは常識に属することだけれども、この構想は、エトナの火口に身を投げたとされるエンペドクレスの伝説を下敷きにしている。[86]ぱっくりと口を開けたエトナの黒き深淵。「超人」の企ては、この計り知れない暗闇に呑みこまれる結末につうじている。それは、人間存在を超えようとする者が直面せざるをえない、根本的な困難を暗示している。では、その困難とはどんなものなのだろうか。「なること」の異界をめぐって最後に考えておきたいのは、このことである。

ニーチェのテロスは、生の躍動と増強にある。この「生の哲学」を体現する存在をめざすこと、それが「超人」の思想の土台をなす。人間が「超克されるべきところの何ものかである[87]」とされるのも、現実の人間が、生を衰退させ弱化させているからである。では、なぜ人々は生の衰弱へと迷いこんでしまったのか。ツァラトゥストラは、人間たちが生の苛烈な現実に苦痛と悪のみを見いだし、そこでの躍動と増強を放棄していると言う。生の現実を軽蔑し、そこから逃避することをうながす価値観こそが、元凶なのである。

こうした価値観の最たるものは、「無私」と「利他」を美徳とする「没我的[88]」な考えだろう。それは、「我欲」にもとづく「利己的」な行いを、低劣で厭うべきものと見なす。[89]しかし、生の躍動と増強は、個々の人間の強い意欲なしにはありえない。[90]いや、生の存続ですら、自己愛にもとづく「利己的」な「我欲」を基本条件としている。だから、「無私」と「利他」を美徳とする者は、生の現実を厭わしく思い、苦しみでしかない生に倦み疲れることになる。この価値を徹底して求めつづけたさきに待っているのは、意欲の喪失、無気力、そして生からの逃避である。[91]

「隣人愛」「同情」「平和」といった価値も、ほぼ同じことに行きつく。「利己的」な「我欲」が生の基本条件であるなら、人々の敵対と争いが生ずるのは避けがたい。[92]いや、ツァラトゥストラは、この闘争こそが人間の生を高みへと向かわせるとさえ断言する。[93]ところが、この闘いに苦痛と悲惨を見る人間たちは、「隣人愛」「同情」「平和」という価値を掲げ、生の闘争を拒む態度をとる。ところが、これらの価値は生の必然によって日々裏切られざるをえない。ここでも人間は、苦痛と悲惨でしかない生に背を向け、疲労と憔悴のうちに「茫然自失する」[94]ことになる。

こうした価値観が人間を「生きながらにして死んでいる存在」にしてしまうのは、動かしがたい生の現実に背馳する理想を掲げ、[95]生を軽蔑するからである。問題がもっとも鮮明なのは、精神と魂を清浄で高貴なものとして賞揚し、身体とその欲望を罪深く汚らわしいとする価値観だろう。天上的なものを尊ぶ思考は、身体とその欲望を卑しきものとして抑圧する。だがそれは当然にも、生の基本条件である「我欲」を窒息させ、その躍動と増強の基盤を骨抜きにしてしまう。そして、狂信的にこの価値を実践した者は、生に背を向けながら「病んで死滅してゆく[96]」。

これに対してツァラトゥストラは、「力強い魂には高尚な身体がつきもの」だと言い、「健康な身体の声に耳を傾けよ[97]」と教える。ただしそれは、生理的基盤を重視するだけの語りではない。彼は、人間の思想や感情の背後には、身体の「大いなる理性」がひかえていると言う。この隠れた「大いなる」自己こそが、精神に命じて感情や意欲を生みだす「強大な命令者」だとされるのである。だから、生における創造を命じるのは身体であり、まさに身体こそが精神の跳躍を生む根源ということになる。だとすれば、身体を軽蔑する価値観は、精神の跳躍を封じこめ、生における創造さえも停頓させてしまうと言わなければならない。「きみたちの自己は没落することを意欲する。……きみたちはもはや自分を超えて創造することができないからだ。[98]」

背景にあるのは、キリスト教的道徳である。それは、厳格な思想の形をとればとるほど、天上的なものの霊性と永遠性にのみ価値を見いだし、生をひたすら忍従すべき苦ととらえる。ニーチェは、それを「背後世界論」と名づけた。それは、人間が彼岸へと妄想的に投射した世界を真実のものと信じ、そこでの救済に人間の意味を還元してしまう思考なのである。この世界観が徹底して追求されるかぎり、創造をもたらす身体の求めは放擲され、天上的な霊性を基準とした諸価値が絶対的なものとして固定されてしまう。「あらゆる価値はすでに創造された。……もはや〈われ欲す〉が存在してはならない！[99]」この思考を突きつめたときに残るのは、「この世」に対する諦めと、生への断念でしかない。「さあ、世界をしてあるがままに任せよ！　それに逆らって、指一本だに挙げるなかれ！……それによって、いずれ人々はこの世を断念するだろう。[100]」

この現状に対して、ツァラトゥストラは「超人」を説く。生を衰弱へと導く諸々の価値を破壊し、「自分を超えて」新たな諸価値を創造せよ、と。出発点となるのは、生の真実の肯定である。生の真実から身をそらすことなく、「生を信じ」、「飛び迷った徳を身体と生へと連れ戻し」「大地の意味について話す」身体に耳を傾けること。それは、生を窒息させる諸価値に対して「神聖な否認を行なうこと」[101]を可能にする。「自我を健全にして神聖なもの、我欲を至福のものと宣言し」、「まずもって意欲しうる者たちであれ！」「きみたちの敵を探し求め」、「戦争の生を生きよ！」[102]

存在に滲みついた諸価値を振り捨て、それまで悪または邪とされてきた生き方を新たな諸価値として体現すること、それが「超人」の第一歩とされている。だがそれはまだ、真に「人間を超えること」ではない。たしかにこの「自己超克」は、権威から攻撃されて自分を焼き尽くし、灰になる道を歩むことかもしれない。けれども、新たな価値の創造という「無謀」は、現に人間の歴史が一度ならず経験してきたことであり、打ち立てられた新たな価値も、人間的なものとして受け入れられてきたのである。新たな価値の創造だけでは、人間を超えることにはならない。だから、ここではまだ、「超人」の根本的な困難は浮かびあがってこない。問題の困難は、価値の創造をめざす者が、生に関する知を徹底しようとするときにはじめて頭をもたげてくる。

ツァラトゥストラは、生の躍動と増強をうながす諸価値の創造をめざす。だから、価値を創造する人間自身の力を生の現実に発見し、それを賞揚する。「まずもって人間が、自己を保存するために、諸事物のなかへもろもろの価値を置き入れたのだ……評価するとは創造することである。それを聞け、きみら創造者たちよ！」[103]ここで言う「評価」とは、善悪の問題である。善悪の「評価」をなすこと、それが価値創造であり、生の跳躍の源泉だというわけだ。しかし、この分析的な知は、一つの背理に行きつくのではないだろうか。俎上にのぼせられるべきは、あの生を衰弱させる諸価値への批判である。

ツァラトゥストラは、天上的なものを尊びながら生を衰弱させる諸価値を、全否定していた。けれども、いま確認した見地から、これらの諸価値をとらえなおすとどうなるか。虚構にしがみつき、生を衰弱させるものだとはいえ、それらもとにかく価値である以上は一つの「評価」にほかならず、創造の力を証だてるものである。ならばツァラトゥストラは、そこにも価値創造の「宝」を認めなければならない。ここでの理解は、生を衰弱させる諸価値を否定する自らの主張と衝突する。「超人」の橋を行く者の前には、一つの陥穽が口を開けている。

価値創造に関するツァラトゥストラの知は、全称命題の形をとった普遍的事実の指摘である。それは、どんな生のありようにも妥当するものとされるがゆえに、生を衰弱させる諸価値の基盤にも創造の力を確認することになる。**生の現実に関する普遍的な知の探求が、自己遡及的に生の現状への批判を揺るがす**のである。この知の自己遡及的な帰結は、ニーチェ自身がはっきりと確認している。注意を向けるべきは、身体の根源性に関するあの議論である。ツァラトゥストラは、「身体のなかに住む」自己こそが「みずからのために、尊重することと軽蔑することを創造した」と語る。そして、身体を軽蔑する者が自己を超えて創造しえないことを指摘しながら、そうした「没落」も「創造する身体」が意欲したものだと明かす。「きみたちの自己それ自身が死ぬことを意欲し、生に背くのだ。[104]」

それは、身体こそが精神を支配するという普遍的な知から、必然的に導きだされる認識である。

身体への軽蔑も価値評価の創造であるかぎりは、身体のある意欲の発動なのだ。同じことは、「背後世界論」についても確認できる。天界的なものと救済の「血のしずく」を考案した「彼らの超脱の痙攣と狂喜は……彼らの身体と大地とのおかげであったのだ。」[105]いずれも困難は、生の真実に関する知が、普遍的な真理として押しだされることに由来している。生に価値を創造する力が潜在すると言うなら、衰弱を引きよせる生にもそれは作用していなければならない。それは、生を衰弱させる諸価値への批判を自己遡及的に脅かす。

それは、**生の真実を是認しようとする知の求めと、眼前の諸価値に対抗する行為の求めとの衝突**だと言っていいだろう。知に徹して真理を体現しようとすれば批判の行為が鈍らされ、衰弱に唾棄する価値評価を追求しようとすれば生の真理と行為との分裂に悩まされることになってしまう。実は、この自己遡及的な困難は、『ツァラトゥストラはかく語りき』の隠れた中心問題であり、「超人」の不可能を語る論理の前奏となっている。

ニーチェはこの困難にどういう解決をあたえたのだろうか。答えはそう単純ではない。けれども、少なくとも「超人」の企てという文脈では、彼は生の真実と一つになる知の構えをとったと言ってよい。そう、忸怩たる思いを引きずりながら、生を衰弱に導く諸価値を創造した意欲ばかりでなく、価値を創造するあらゆる力をおしなべて是認し、「然り」と言う境位をめざしたのだ。もちろんそれは、自己の身体が意欲する特定の価値だけを追求する態度とは相容れない。いや正確には、**価値創造と生の跳躍の名において、いかなる価値を意欲することも肯定する態度**だと言うべきだろう。この境位は、少なくとも生の現実的な行為の観点からすれば、混乱と衝突、対立と矛盾を引きうけることである。だが、ニーチェは知において生の真理と一つになることを追い求め、あえてこの非現実的な境位を選びとった。それは、擬人化して出現した「生」の語りに鮮やかにしめされている。

私が、戦闘、生成、目的、ならびに諸目的の矛盾たらざるをえないこと、ああ、私の意志を察知する者は、さだめしまたこの意志がどんな曲折した道をたどり行かざるをえないかも察知するであろう！／私が何を創造しようとも、また私がどんなにそれを愛そうとも、私はまもなく、それと私の愛との敵対者たらざるをえない。そうあることを、私の意志が欲するのだ。(106)

しかしこの境位は、たんに真理に忠実であろうとする態度に還元しえない。ツァラトゥストラは、それが総体的な生の躍動と増強にとって不可欠のものであることも強調している。つまり、生が高みへと上昇してゆくためには、「数々の階段」と、「それを登る者たちとの矛盾を必要とする」というわけである。矛盾しあい交替しあうあらゆる価値と集団の敵対と抗争、そして勝利と敗北。これこそが「自己超克」的な生の躍動と増強の源泉なのである。「私の友たちよ！　われわれはたがいに神々しく対抗しつつ、奮闘しよう！(107)」

ニーチェが選びとった知の境位は、自ら意欲する特定の価値に、自己が拘束されることを認めない。擬人化された「生」は、この点を鋭く語りだしている。「おまえは意欲する、おまえは熱望する、おまえは愛する。ただそれだけの理由で、おまえは生を賞讃するのだ！[108]」もはや特定の評価の内実を問い、選択的に個別の価値を追求する次元は乗り超えられなければならない。生の目的は、個別具体的な内容において評価されることなく、一段抽象度の高い次元でとらえられる。価値の内容にかかわらず、その創造をもたらす意欲の強度、そして際限なく交替を繰り返す無数の意欲の闘争が、生の跳躍の根拠として総体的に肯定され賞揚されている。

　実は、かの有名な「威力への意志 der Wille zur Macht」という概念も、こうした境位において成り立つものである。ツァラトゥストラは、価値を創造しようとする企てに、新しい徳の源泉を見いだす。人は、価値を創造しようとするとき、「意志を意欲する者」であり、「主たろうとする一つの意向」を貫こうとする。そこには、威力の追求という新しい徳が見いだせるというのだ。重要なのはこの徳が、「一つの新しい善悪[109]」と宣言されていることである。

　それは、個々の価値が追求する具体的な善悪とは別の次元で、意欲の強度と闘争のエネルギーをとらえる概念だと言っていい。「一切の存在者を思考可能なものに」することを欲し、「精神の鏡ないしは映像として精神に従属させようと[110]」欲する知への意志。これこそが、内容的な価値への評価を超えた次元で、意欲の強度と闘争のエネルギーに「然り」と応えさせるのだ。「多くのものが生そのものよりも高く評価されている。しかし、この評価そのものをつうじて明かしているのは——威力への意志なのだ！[111]」

「超人」の企ては、ひとまず生の総体的な真実に一体化せんとする知の跳躍として主張されている。しかし――。これで問題が片付いたわけではない。企ては、この知の境位に立脚しつつ、行為において遂行され実現されなければならない。ツァラトゥストラは、この行為へと歩みだす局面で改めて困難を自覚する。幻影として現われた「重力の精」はこう告げる。「おまえはいかにも石を遠くへ投げはした。しかし、石は結局また、おまえの上に落ちてくるだろう！[112]」自己遡及的な困難が、ふたたび違ったかたちで現れるのだ。

問題は、行為の世界のなかで、あの「無私」や「同情」や「救済」といった価値を引きうけられるか、という点にある。生の真実に一体化する知は、それらを打ち消すことができない。いや、むしろ「威力への意志」の渦をなすものとして是認せざるをえない。だから彼は、「永遠回帰」の見地に至りついたとき、「ああ、人間が永遠に回帰する！　卑小な人間が永遠に回帰する！[113]」と喚き、身を貫く「吐き気」に襲われたのである。

この「吐き気」は、行為世界の内で生の総体的な真理を体現することの困難をしめしている。卑小な人間が、生を衰弱に導く「威力への意志」を繰り返し追求することを、生の現実として肯定しながら生きること。それは、生の躍動と増強をテロスとするツァラトゥストラにとって、行為世界から目的と意味が奪われることにも等しい。にもかかわらず、身をよじるほどの「吐き気」に襲われながら、そうした「威力への意志」の渦を行為において是認することに、人は堪えられるだろうか。「今まで人に然りと言われてきたすべてのことに対して、呆れはてるほど否を言い、否を行なう者が、しかもなお、いかに否を言う精神の反対でありうるかという問題。[114]」

およそ人間の行為世界は、「いま／ここ」の限定と制約のなかで、つねに特定の個別的な価値を意欲し追求する行為の積み重ねでしかない。この地平を知において超越したとしても、自らが与しえない意欲と価値を、ましてや敵対しあう意欲と価値をも是認することは、行為の目的と意味の空洞化につながるだろう。ここで、あの「予言者」の言葉を想起するのは、けっして不当なことではない。「すべては同じことだ。何事もその甲斐がない。知は窒息させる。[115]」

実際ツァラトゥストラは、「私は諸事物を目的への隷属から救済してやった」、「一切の諸事物はむしろ偶然という足で——舞踏することを好む[116]」と語る。彼は、「威力への意志」が織りなす渦の総体的な生の強度とエネルギーを、メタ・レヴェルで肯定している。実は、かの有名な「永遠回帰」の思想も、こうした見地と根を同じくしている。ニーチェは『権力への意志』のなかで、この思想を「最も恐るべき形で」定式化した。「意味や目標はないが、しかし無のうちへの一つの終局をももたずに不可避的に回帰しつつあるところの、あるがままの現存在、すなわち「永遠回帰[117]」」。目的と意味を超えた「威力」の渦が永遠に反復されるという真実。生の総体的な真理の境位は、特定の意欲と価値に貫かれた人間の行為世界から、遠く隔たった高みにある。

そもそもニーチェは、行為世界を成り立たせる意欲と価値は、「大いなる命令者」である身体によって創造されるとしていた。けれども身体は、つねに個別的に限定された「これ」であって、「あれ」であることも「すべて」であることもできない。「この」身体に淵源する意欲と価値は、あくまで特定の個別的な存在に発するものであって、「この」身体を脇にやるものではありえないのだ。それに対して、生の総体的な真実と一つであろうとする知の境位は、**「この」身体の限定を遥かに越え、すべての存在者の意欲と価値を包括する行為を希求する**。明らかにそれは、個別的な身体を生きる存在にとっては、大いなる不可能でしかないだろう。ここでも論理は、また別の自己遡及的な困難に遭遇する。

個別的な身体を生きる人間にとって、生の総体的な真実との合一をめざす知の境位は、端的に異次元のものである。この人間の意味世界から、深く遥かに隔たった知の境位は、ツァラトゥストラが繰り返し口にするように、**「深淵的な思想」**とよぶにふさわしい。この「深淵」との対峙は、ツァラトゥストラが擬人化された「生」に向きあうくだりに象徴的にしめされている。「最近私はそなたの目を覗きこんだ。おお、生よ！　すると、私は自分が底の知れないもの das Unergründliche のなかへ沈みこむかに思われた。[118]」

ここで、ハーデウィヒの「底なしの深淵」に重なるイメージが登場するのは偶然ではない。人間の意味的な了解を決定的に拒む真実、すべての存在が犇めきあうとらえがたき渦。生の総体的な真実の底知れぬ深淵は、暗闇とはされていないにせよ、まさにあの神の深淵につうじている。実は、随所に登場する「海」のメタファもこの深淵を暗示している。ツァラトゥストラはこの「底なしの深淵」をめざし、行為においてもそれに溶けこもうとした。けれども、彼はこの困難な企てを「声なき声」（恐らくは彼自身に潜在する知）が突きつけたとき、身悶えして「泣き戦く」。

「おまえはそれを知っているのだろうね、ツァラトゥストラ？」……
「ああ、私はなるほど欲しはしたが、しかしどうして私にそれができよう！　これだけは許してくれ！　それは私の力を超えているのだ！」[119]

ツァラトゥストラは、「超人」の企てを完遂しえない。それは、「永遠回帰」の深き真実を口にしたあとでも変わらない。「深淵的な思想よ！　おまえが掘る音を聞いても、もはや身震いしない強さを、私はいつ手に入れるだろうか？」[120]そして、終幕においても――。「大いなる正午」の予感のなかで、ツァラトゥストラは洞窟を立ち去る。たしかにその姿は、力強く、太陽のように燃えあがってはいる。恐らくそこには、生の真理との合一を果たす決意が暗示されているのだろう。けれども、それはいかにして果たされるのだろうか。いや、そもそもそれは可能なのだろうか。

自死による「超人」の成就――不可能に魅入られた者たち

ニーチェの最終的な答えは、作品には記されていない。けれども、最初に触れた遺稿を下敷きにしつつ、ありうべき答えを推測することはできる。エトナの火口に身を投げたエンペドクレスの伝説。遺稿には、この伝説をなぞるような構想が記されていた。それを、たんに斥けられた筋立てとして切り捨てることはできない。というのも、その結末は公刊されたテクストでも示唆されていると同時に、「超人」の不可能を端的にしめしているからである。
たとえば、あの擬人化して現われた「生」は、もの思いに耽る様子で、ツァラトゥストラに囁く。「私は知っているのだ。おまえが、まもなく私を見捨てようと考えていることを。」もちろん「生」を見捨てるとは、生の真理との合一を放棄することではなく、生の世界を去るということに違いない。そしてまた、「自由な死について」という節では、ツァラトゥストラはこう語っている。「完成する者は、希望し誓約する者たちに囲まれて、勝ち誇りながら自らの死を死ぬ[121]。」

ツァラトゥストラの自死という結末は、実現されなかった遺稿のみではなく、公刊されたテクストのなかでも間違いなく意識されていた。それは、放棄されたのではなく、言わば伏せられたのである。ただし遺稿を細やかに吟味すると、その死の具体的ないきさつは、火口への落下から一人の女による殺害へと変化していったように見える[122]。だから、結末の構想に揺らぎがなかったわけではない。けれども、火口での自死という当初の構想は、少なくとも「超人」の企ての帰趨を考えるときには、掘り返してでも吟味すべきものである。では、火口での自死という結末は、どのような文脈で構想されたのだろうか。この背景を理解するには、エンペドクレスの伝説にまで遡ってみる必要がある。

実はニーチェは、若き日に「劇『エンペドクレス』草案」を書いている。この草案にも、エンペドクレスがエトナの火口で神々しい死を遂げる結末が見えるが、その下敷きとなったのはディオゲネス・ラエルティオスの『ギリシャ哲学者列伝』のようである。実際、一八八三年夏の計画には、「都市でペストが発生」(123)とあり、ラエルティオスの伝記との一致を見ることができる。つまり、問題の構想は、この伝記を基礎にしていると言ってよい。ラエルティオスは何人かの知者たちの伝承を総合しつつ、エンペドクレスが医術で驚異的な力を発揮し、何人もの死者を蘇生させたと言われていることを紹介している。彼は、神なる自然の秘密につうじることによって、魔法のごとき医術を行使したということだろう。しかし、自己の叡智と神秘の力を過信した彼は、己れを「不死なる神」と自称するに至ったとされる。そして伝承によれば、死んだと思われたある女を「犠牲式」によって生き返らせた後、彼は独りエトナの頂きに向かい、火口の深みへと身を投げた。それは、自分が神になったという「噂を確実なものに」するためだったと語る者もいた。ラエルティオスは、エンペドクレスの伝説をこう紹介している。(124)

しかし、この伝記を下地とした戯曲の構想には先駆者がいた。フリードリッヒ・ヘルダーリンである。ヘルダーリンは、完成こそしなかったものの、かなり詳細な「悲劇『エンペドクレスの死』」の草稿を遺している。ヘルダーリンがニーチェに多大な影響をあたえたのは周知のことだが、ニーチェはこの草稿に直接触れて、それを読むたびに「いつも大きな感動をおぼえる」(125)と激賞している。となれば、ヘルダーリンがエンペドクレスの死についてどのように考えていたかを踏まえておくのがしかるべき手順というものだろう。

ヘルダーリンの戯曲草稿を見ると、その中心には自然なる神との合一というテーマがあったことがわかる。だが、この点が理論的に明確にされているのは、「エンペドクレスの底にあるもの」

というテクストである。ヘルダーリンは、自然と芸術との衝突をつうじた宥和を問題としながら、エンペドクレスの存在の特別さを語る。エンペドクレスは、魔術的な医療に端的なように、人間的世界を超越した自然の神秘につうじていた。そのために彼は、「圧倒的な自然をとらえ、徹底的にそれを理解し、自分自身についての意識や確信と同じくらいに、自然が自己にとって意識的なものとなるよう努めた。そして、自然と同一化することをめざして格闘せねばならなかった。」[126]だがそれは、文化的な世界を生きる反省的な存在が、「不可知のものの主人になろう」とすることだった。「とらえがたきもの、感得できないもの、限界なきもの」[127]との結合をめざすことは、まったく対極的なものとの「現実における最高度の闘争」だったのである。

「圧倒的な自然」との結合は、その力を一人の人間が掌握するというかたちでは実現しえない。この絶対的な力を所有せんとする不遜な野心は、自然によって戒められ、むしろ深き隔たりを思い知らされる。この点は、戯曲草案に印象的なかたちでしめされている。エンペドクレスは愛弟子のパウサニアスに告白する。自分は、「傲慢な自負を抱いて」「私だけが神である」という一語を口にし、そのために自然から突き放されたのだ、と。そして深く自戒する。「私はそれを口にするべきではなかった、神聖な自然よ！　粗雑な心から逃げ去る乙女のごとき威力よ！」[128]

神なる自然は、不可知のものとして深き隔たりの向こうにある。「とらえがたきもの、感得できないもの、限界なきもの」は、人間的な存在を寄せつけない深淵であり、それと一つになることは、人間が人間のままではけっして達成できないのである。だからヘルダーリンは、この「アオルギッシュなもの das Aorgische」と合一しようとする闘いの途上には、「個別的存在の死が待ちうけている」[129]と言う。そこには、あの「超人」の困難がある。

エンペドクレスの精神は、最も高度な意味においてアオルギッシュな形をとらざるをえなかったので、自己自身から遠のき中心からそれていった。そして自分の対象へと過度にのめりこむことを余儀なくされたので、彼は底なしの深淵 Abgrund に陥ったかのように、精神において我を失うことにもなった。[130]

神なる自然との合一とは、「自我性」と「特殊的な現存在を投げ捨て」[131]、とらえようのない全体性、「不可知」の深淵へ帰入することにほかならない。そこには、ツァラトゥストラが全体的な生の深淵に対峙したのとほぼ同様のイメージがある。そして、この大いなる深淵に向かおうとする人間の存在を、鮮やかなメタファによって描きだすためにこそ、ニーチェはあのエトナの火口のエピソードを下敷きにしたのである。

しかし、それだけではない。ヘルダーリンの戯曲草案では、すべての存在の再生という自然の真実が、エンペドクレスの口から語りだされている。そう、エンペドクレスは「再生の真理」の信奉者と見なされており[132]、「永遠回帰」を安らかに確信していたとされているのである。この点が、ツァラトゥストラをエンペドクレスに重ねあわせる構想と関係していたことは間違いない。

戯曲の第一草案の後半で、パウサニアスはエンペドクレスにすがるように言う。あなたは「世界に光を浴びせる」星なのに、あなたが暗闇へと下ってしまったら「あなたの天才も大地も、すべてが消えゆくしかない」、と。だが、エンペドクレスは「愚か者め！」と一喝し、「留まるということは氷に閉ざされた流れのようなものではないか」と応える。そして、注目すべき真理を口にする。「聖なる生命霊魂は、そもそもどこかに眠り留まるということがあるだろうか？……それは世界の歓喜のなかを渡り歩かなくてはならないのだ。そして終わりはない。」[133]ヘルダーリンは、エンペドクレスを霊の永遠性の信奉者として描きだしている。ニーチェとはやや趣を異にするが、それは「永遠回帰」の真実を焦点化するエピソードにほかならない。そして、第三草案において、エンペドクレスは決定的な言葉を吐く。「さあ行かん！　何も恐れることはない！　いっさいは回帰する。そして、生起すべきことは、すでに成就しているのだ。」[134]

エトナの火口へと身を投げることは、たんに死して消滅することではない。ヘルダーリンのエンペドクレスは、「滅ぶ？　いや、ただ暗闇へと一歩進むだけにすぎない」[135]と豪語する。それは、彼が霊魂の永遠と存在の再生を固く信じているからである。いや、彼が熱く歓喜する姿には、何かの達成を期待する昂揚さえ感じられる。「いま／ここ」のこの身が死滅し、自然の深淵的な真理によって再生すること、そこには何が望見されているのだろうか。そう、彼は自然の「永遠回帰」の流れに呑みこまれることを、「圧倒的な自然」との合一ととらえ、期待に打ち震えているのだ。火口での自死とは、「自然への決定的な帰依[136]」を確証し、その深淵的な真理を身をもって体現すること、少なくともそれを引きうけ肯定する存在となることとして描きだされている。

私たちは、どうやら一つの回答にたどりついたようだ。ツァラトゥストラの最終的難問とは、全体的な生の真理を行為の世界において体現することの不可能だった。けれども、エトナの深淵へ落下してゆく自死とは、「永遠回帰」の真理を行為において体現すること、あるいはそれを引きうけ肯定する行為を事実としてしめすことにほかならない。火口での自死という結末は、全体的な生の真実に身をゆだね、それを行為事実において「然り」と肯定することだったのである。

ただし、ヘルダーリンとニーチェのあいだには、「永遠回帰」をめぐって無視できないズレがあることも忘れてはならない。ヘルダーリンは神なる自然の永遠の再生として「永遠回帰」をとらえているが、ニーチェは全体的な生の現実が目的も意味もない戯れとして反復されることを問題としていたのである。重要な違いは、「威力への意志」に与する知の境位において、すべての意欲と価値が永遠に回帰する事実を肯定する点にある。この境位は、エトナの深淵での自死によって、行為として実現されるのだろうか。少なくともツァラトゥストラに関しては、まだ問題が残されているように思われる。

ヘルダーリンは、直接にはこの問題を意識してはいない。けれども、ニーチェにとっては、あの結末に一つの答えがあったはずである。ツァラトゥストラは、行為の世界において、あらゆる意欲と価値を肯定する境位を体現できずに当惑する。しかし、「エンペドクレスの底にあるもの」は、この困難への一つの回答をしめしている。「個別的存在の死」を自然との合一の必然的な契機として想定するあの論理である。神なる自然との合一をめざすことは、人間が「個別的存在」と「特殊的な現存在を投げ捨て」、とらえようのない全体的で普遍的な自然に溶け入ることだとされていたのだ。

行為を主体の個別的な意欲と価値に縛りつけていたのは、あらゆる意欲と価値の源泉とされた身体の個別性だった。しかし、ヘルダーリンのエンペドクレスは、「個別的存在の死」を一つの必然として引きうけ、エトナの深淵を前にして自らの身体的存在を神なる自然のうちに解消してゆく。それは、自死という自らの行為において、自己の存在に個別性を刻印する身体を消去することにほかならない。「威力への意志」の多様な交錯という生の全体的な真実は、まさに自己の身体の否定という行為において肯定されるのである。「超人」の企ては、否定的にではあれ、現実世界を生きる「この」身体を一つの焦点としている。補陀落渡海とテオパシーにおいて、己れの個別的存在を超えて神的なものと一つになることが、自己の身体的存在をめぐる「突破」であったように。

エトナの火口での自死には、こうした意味が読みこまれていたはずである。もちろん、公刊された作品が取りあげている、「人間への同情」という問題も無視することはできない。そこから、人々の離反に起因する自死や、一人の女によるツァラトゥストラの殺害という別の結末が浮上していったからである。[137] しかし、少なくとも知と行為の狭間でツァラトゥストラが陥った困難をめぐっては、火口での自死という結末に、以上のような意味を読みとることができる。

ただし――。エトナの深淵への落下という結末が、「超人」の企てを真に成就しているのか、あるいはどのような形で成就したのかについて、正確に理解しておかなければならない。ツァラトゥストラは自死によって、己れの個別性を消去し、行為において全体的な生の真実に「然り」と応える。けれどもそれは、あくまで己れの身体的存在と個別性とを解消するという否定的な行為においてなされることである。まったくの否定でしかありえないその一瞬の行為は、生と死の純然たる境界でしかありえず、その主体に「超人」の生をもたらしはしない。

ツァラトゥストラは、残された人間たちに「超人」を全うするという決意と誓約が生ずることを期待している。だから、「死による熱狂の作用[138]」によって、「超人」の企てが他者の生に引き継がれてゆくとは言えるかもしれない。だが、「永遠回帰」の見地からすれば、それはさらなる自死と身体の否定をもたらすことでしかない。そして、ツァラトゥストラ自身もその例外ではない。「同一の生へ私は永遠に回帰するのだ。ふたたび一切の諸事物の永遠回帰を教えるために……ふたたび人間たちに超人を告知するために[139]。」

それでも、暗き深淵への沈下、そして身体の否定という行為を、一瞬の、だが最大の生の輝きとしてとらえる向きがあるかもしれない。どれほど瞬間的であろうと、その行為そのものにおいて、「超人」の生が成就するというわけである。しかし、火口の深淵に身を投げる者を生の全体的な真実と合一させるのは、その者の死であり、身体の否定であって、身を投げて墜ちてゆく行為そのものではない。「超人」の企てが成就するとき、「超人」は行為世界には存在しない。だから、言うところの瞬間的な生における成就とは、ジャンケレヴィッチが「死の瞬間における死」[140]とよんだものでしかないのだ。どんなに瞬間的なものに純化され、純然たる境界と見なされようと、死はあくまで死であり、生にとっての絶対的な彼岸にある。「超人」の企ては、生の世界の**個別的身体を超えることを条件とする以上、生の肯定的現実として成就されることはない。**

「超人」の企ては、個別的存在の死をその方途とすることによって、一つの不可能でしかないことを証だててしまう。そして、死という限界的な行為のあとにも、あくまで暗き深淵は残る。補陀落渡海の暴挙を想起されたい。道行きも不明のまま、己れがいかなる存在と「なる」かの確証もなく、生と死の存在の規矩を超える異相をひたすら希求した者たち。彼らが、海の青に溶けこむことをつうじて、己れの個別的存在を観音の威力に合一させたとしても、その存在が帰すべき観音の異相は、人間にとってやはり深き深淵でありつづける。そして、キリスト教神秘家たちのテオパシーの冒険においても、エクスターゼをともなって幻視された「合一」の現象は、理解を超えたものでしかなかった。「個体としての死」をつうじた神との融合ののちにも、「神的なもの」はあくまで暗黒の深淵として人間から遠く隔たってある。

けれども、その深淵が「不可能」を繰り返し思い知らせ、絶対的他者性を黒く輝かせれば輝かせるほど、「超人」の企てに傾く者はますますそこに引きよせられるとも言える。対峙する深淵が、人間にとって「とらえがたきもの」であればあるほど、なされるべき跳躍はいと高きものとなるはずだから。だとすれば、「超人」の企ては、まさに不可能であればあるほど、絶対的な超越を望見する意識を誘い、人々を魅了するとも言えそうである。

　ただし、めざすべき絶対的深淵においては、人としての肯定的な行為は成り立ちえず、人間的な価値づけも目的も存在することはできない。この意味の空虚に堪えきれないとき、黒き深淵に引きよせられる意識は、「とらえがたきもの」に形と意味をあたえ、それを一つの別世界として想像的に了解しようともするだろう。死の世界、霊的世界、来世といった「背後世界」。だが、「超人」の核心は、この形と意味をそなえた「他界」に再生する願望とはかけ離れたところにある。それは、人間的な世界から絶対的に隔たった深淵を、あくまで深淵として追い求めることなのだ。**不可知の深淵をあくまで不可知のまま希求すること、人間的な了解を超えた力に対して、自己の意味と価値の消失を顧みずに溶け入ろうとすること。**そうであればこそ、「超人」の企ての場には、一つの異界の磁場が広がるのである。

　ニーチェとヘルダーリンは、それぞれの思索と創作の果てに、いずれも峻厳な狂気に襲われた。もちろん、彼らの個人的な生の帰趨をそのテクストとストレートに結びつけることには、慎重であるべきだろう。けれども、両者が描きだしたツァラトゥストラとエンペドクレスの「超人」思想は、少なくとも生の経験世界を定かなものにしておこうとする意識からすれば、危険で破滅的な冒険であることに変わりはない。にもかかわらず、人間がその一つの不可能に憧れるとするなら、それは人間精神の内に一つの狂気と異相が潜んでいることをしめしているとは言えないだろうか。

第三章　潜みふれるもの

滲みわたるもの

ナンシー『共同-体《コルプス》』／ミンコフスキー『精神のコスモロジーへ』／アイド『聴くことと声』／竹内敏晴『思想する「からだ」』／空海『三教指帰』『声字実相義』

反響の場と自己の揺り籠

坂部恵『「ふれる」ことの哲学』／ナンシー『聴くということ』／やまだようこ「共鳴してうたうこと…」／テレンバッハ『味と雰囲気』／セール『生成』

音響の「意味」

川田順造『聲』／メルロー＝ポンティ『知覚の現象学』

「声の身体」を異界に追いやるもの

デリダ『声と現象』／フッサール『論理学研究』

言葉の光、闇の衝迫

川上未映子『先端で、さすわさされるわそらええわ』『乳と卵』／伊藤計劃『虐殺器官』／リゲティ「レクイエム」／バラード『時の声』

このごろとみに、耳の聞こえが悪くなってきた。まず間違いなく遺伝的なものだ。つねに耳鳴りがしていて、あるタイプの声はほとんど聴きとれない。声が発せられているのはわかるのだが、靄にまぎれて言葉の輪郭が浮き立ってこない感じだ。

それは、ステレオで聞こえてくる。一方でイーンに近いキーンが響いているのに対して、他方ではシーンに近いキーンが響いている。そして、奇妙なことに、二つの響きは交互に前景化して聞こえたりもする。二つの音が、巴のように旋回しているとでも言えばいいのだろうか。

私がこの「音」に気づいたのは、中学生のときだった。地域の中学校の合同イヴェントで、私は三峰神社に赴いた。三峰神社と言えば、奈良時代からの歴史をもつ奥秩父の古社である。山の懐に分け入る参道を歩いたとき、何とも言えない空気を感じたのを覚えている。

宿泊所で一泊した翌日、あまりに早く目が覚めたので、朝食まで辺りをぶらつくことにした。沢に下ってゆく細い道は、杉や楢の林のなかをくねくねとつづいている。まだ梅雨が明けきらない山林には、蒼白い靄がたちこめていた。そのかすかに流れるような靄に目を奪われていると、突然、背後の高みからバサッ、バサッと羽音がした。振り向いたときには音の主は見あたらなかったが、恐らくトビかカラスだったのだろう。少し驚いた私は、辺りの木々に注意を向けた。

あの密やかな「音」を聴きとったのはそのときだった。イーー……シーーン。えっ、と思いながら耳を澄ました。それは、かすかな「音」ではあるけれど、遠くのものとは思えない。「音」はどこからくるんだろうと思い、体を捩りながらゆっくりと視界を滑らせた。すると、少し妙な感覚にとらえられた。目が回るというか、上下左右の方向感覚がぐらつくというか、とにかくちょっとした揺らぎの感覚に襲われたのだ。「もどるか。」あえて声を出してから宿舎のある方に歩を進めたのは、いつもの音の世界を確かめたかったからだと思う。

　それからしばらくは、極限まで静かな場の空気には「音」があるのかもしれないと思っていた。沈黙の世界の「音」というのは変な話だけれど、少々理屈好きだった私は、空気の振動としての音ではなくて、場の「雰囲気」が放つ「感じ」のようなものじゃないかとも考えてみた。いま思えば、間違いなくそれは耳鳴りだったのだろうが、当時はまだその自覚はなかった。

　けれども、「雰囲気」を感覚するということは、実際にある。私は札幌で暮らして数年がたったとき、雪が降りだす時期にその「匂い」がすることに気づいた。それを形容するのは本当に難しいが、あえて言えば、弱い揮発性の何かで鼻の奥を刺激されるような「感じ」である。ただし、「匂い」は渓流のそれに似ている。おそらく、気温や空気中の水蒸気の状態に対応して、鼻の粘膜にもある変化が生じるのだろう。そして実は、この「匂い」にはツシューンという「音」のような「感じ」がともなっている。これも、「雰囲気」から生ずる感覚だと思う。

　場の「雰囲気」が知覚されるのは、言うまでもなく、私たちの身体が環境とつながっているからだ。雪を知らせる「匂い」は、身体が鼻をつうじて空気に触れることによって生ずる。そもそも、五感というのはすべて、私たちの身体が環境とつうじあい、「連続性」をもつことで成り立つ。よく言われるように、視覚には対象との阻隔という態勢があるけれど、目も耳も鼻も口も、世界に対する自己の開口部であり、私たちはその「穴」をつうじて環境とつながっているのだ。

感覚器とは、自己がこの開口部をつうじて環境と触れあう接点だと言っていい。この接点で、環境の種々の存在と私たちの身体がつながることで知覚は生まれる。それは、少なくとも生理的現象としては、外界の存在と自己の身体が開口部をつうじてつながる現象なのである。そこでは、自己は外界に「開かれ」てあり、その意識現象は外界との相互作用としてある。だとすれば、知覚という現象を自己という枠組みでとらえることには、少々無理があることになる。そこには、自己という存在の個体性と独立性を揺るがす現実があり、しかもそれは日常的経験の内に遍在している。

「私」という現象の基底には、「非私」に貫かれた知覚の異界が潜んでいる。沈黙の山林のなかでの「雰囲気」の知覚と「私」の揺らぎは、この異界に根ざしていたのだろう。無音の環境の「音」というのはたしかに逆説的だけれど、沈黙が環境と耳とのつながりであることに思いをいたせば、その**関係の状態がネガティヴに知覚される**ことは考えられてよい。そして、このつながりの状態のなかで、私はあの「音」をはじめて聴いた。ただしそれは、靄に包まれた場が織りなす「雰囲気」の知覚であると同時に、真実には、「耳鳴り」という自己自身の「音」の知覚でもあった。「私」なるものが、場に浸されながら、一つの偏差／差異としてあることを暗示するかのように。

音の場は、本質的に反響 résonance のフィールドである。人はそこで、共鳴する存在となる。そして、数々の音の渦に取り巻かれながら、意図せずとも世界に振動の偏差／差異を生起させる自己としてもある。もちろんこの現象自体には、反省的な自己意識の次元も、自立的な意志の次元もない。ただしそこには、音の場における存在の相互的反射がある。場における一つの偏差／差異であることを引きうけ、その位相で環境に働きかけていく関係には、自己の原初的な「声」を聴きとることができるのではないだろうか。

音の場には、自己がとうに忘れている自身の「発声」の根源が潜んでいる。それは、自己以前の存在へとつうじる場なのだ。けれども、自律や自由といった観念を身にまとった自己にとっては、それは気味の悪い異様な世界に感じられるだろう。にもかかわらず人は、この不気味でもある異界に、なぜか言葉にならない魅力を感じとり、思わず引きこまれもする。あたかも、自己を溶かし去って音の波紋となることに憧れるかのように。

滲みわたるもの——無主の響き

声は不思議だ。なぜだか感情が昂ったり、心揺さぶられる声というものがある。あるいは、声の響きが、人々に厳粛な雰囲気や不安を浸透させることもある。その響きに浸された者たちは、理由を悟ることなく、声によって意識のありようを変えるとも言える。少なくともそれは、聴きとる時点では、私たちの了解を超えたところで密やかに作用する。声が、古より隠された異世界につうじる媒体とされてきたのも、このことと無関係ではないだろう。人は、その形なき存在と作用の不可思議さに、異界とつうじあうものを感得してきたのである。

それは、声というよりは、もっと広く音という現象の問題だと言っていい。けれども、思考の道行きを慮りつつ、ひとまずは声の不思議さに焦点をあてることにしよう。果たしてその不可思議な力は、何に淵源するのだろうか。

養老孟司は、口について刺激的なことを言っている。口は開口部であり、境界にすぎないから、解剖すべき実体はないというのだ。唇や口蓋ではない。食物や空気の入口、純然たる空間としての口裂は、解剖学の対象とはならないというわけである。(1) これは、私たちの身体が閉じたものではなく、外界に開かれてあり、つねに他なるものを抱えこまざるをえないことを暗示してもいる。けれどもここでは、その口の間隙を通過して外へと広がっていく声を問題としよう。

口が純然たる間隙であると自覚すると、声についてある「非常識」な理解が引きよせられる。口は、開放されれば一つの空きであり、外とつながった空気の連続でしかない。だとすれば、その振動としての声は、私の身体に属する現象ではないことになる。それは、すでに私の口のなかにおいてさえ、「私のもの」ではない。

もちろんそれは、私の声帯の振動と唇や舌や口蓋の働きに淵源するものではある。とはいえ、その振動の結果として起こる事態、つまり私の身体とは別物の空気が、ある圧力を伝播してゆく事態は、私の身体の現象ではない。たしかにそれは、私の身体の現象に対応し同期している。けれども、レコーダーから聞こえる声が自分のものに思えないのと同様に、自身の身体の振動と、空間に響いていく声とは、物理的な意味でも印象の面から言っても異なるものである。

ある場に響く自分の声は、すでに自己の統制の範囲を越えでており、私自身のあずかり知らない作用を生みだす。そこでは、「私の」という所有格は通用しない。声は、私から発せられたものであるにもかかわらず、私を離れ、私の手の届かない力として独自の現象を展開するのだ。ジャン＝リュック・ナンシーは、『共同‐体《コルプス》』という著作の冒頭で、この点に触れている。西欧文化は、幾多の事柄について「コレハ真ニ……デアル」という語りを築きあげてきたが、それは「声」についてもあてはまる。たとえば「コレハ真に私の声デアリ、魂ノ表現デアル」といった言説を想起すればよい。ナンシーはこうした言説を根本的に疑う。それは、「〈不在なるもの〉が現前化される」ことへの求めでしかなく、「私たちは、それを間断なく呼び求め、召喚し、神聖化し、結集し組み立て、騙しとり、欲望[2]」するのである。

たとえば、声を発した本人の存在が、その反響の独自な作用に巻きこまれる事態を考えてみればよい。百人ほどで一杯になる教室で、席を埋める学生たちに見つめられながら講義をしている最中に、ときおり異様な感覚をおぼえることがある。この規模の教室では私はあまりマイクを使わないので、教室の空間には私の生声が響く。そして事柄に関する説明が、ほどほどのまとまりで区切られ、頃合いの連なりで積みあげられてゆくとき、話に集中する学生たちの佇まいが教室に響く声でゆっくり脈動するかのように感じられることがある。さらには、学生たちの百の目線と、あちこちから反響してくる声の矢が重なりあうとき、語りの意味世界と声の響きが織りなす統一に、自分が呑みこまれるようにさえ感じる。それが、一つの快感なのか、ある種の圧迫を前にした恐怖なのかはよくわからないが、背筋がゾクッとすることだけはたしかである。

　おそらく問題の核心は、ある場に声が広がると同時に、その場のすべての存在が四方八方からの響きに包まれることにある。声がそれを発した者から自立し、独自の力を発揮することは、声がその場のすべてのものどもに滲みわたると同時に、響きあいと共鳴という独自の次元を生みだす点にしめされている。どこから発せられた声であれ、それが生起する反響ないしは共鳴の世界は、声の場にある存在すべてを、それらの「あいだ」の共振という次元に巻きこむのである。

　ミンコフスキーは、感覚に潜む豊潤な意味を論じた著作で、この点に触れている。たとえば、狩人の角笛が森に反響し、「どんなに小さな葉もどんなに細い苔も振るわせ、森全体を充たしながら、音と振動の世界に変えてしまう」[3]といった事態。ミンコフスキーは、そこに「反響 retentissement」という意味深い現象を見いだす。それは、生命存在の「生きられる同時性」であり、生きるものがたがいに振れあうことで湧きあがる「力動性」の一形態にほかならない。ここで肝心なのは、この「力動性」が生命存在の個体性を跨ぎ越す現象だということだろう。それは、反響の同時性に巻きこまれたあらゆるものが、一つの共鳴の森を形成する現象なのだ。音が「至るところで反響し、跳ね返りながら森を満たし、それによって森は音と一つになって震え、振動する」[4]。

　音の場は、すべての存在を反響の森に巻きこみ、それによって「交流 communier」させ、「一つの全体のうちに」[5]溶かしこむ。それは、祭りの空間にも出現する事態である。竹内敏晴は「祭り」という言葉から、「曖昧模糊たる」イメージが喚起されることがあると言う[6]。太鼓や笛の音の響き、

「躍り上がる足どり」。もちろん、これに露店の並びを行き来する人々のざわめき、山車を誘導する呼子笛を加えることもできる。こうした反響の森に浸された者は、しばしば「おぼろげな混沌としたからだの底からのどよめき」を感じる。それは、音の交響の内に溶けこみ、身体において反響の森と共振したときの「感じ」なのである。竹内が、このイメージについて、「身のふるえの感じ」という言葉をあてているのは、まさに至当と言うほかない。

盆踊りの太鼓の響きに触れると、いても立ってもいられなくなる人がいる。音は、すでにその人の身体を共振の世界に巻きこんでいる。そうなると、盆踊りの共鳴の世界へ溶けこまんとする衝迫が「からだの底から」湧きあがってくる。そのとき人は共鳴体となる。ドドン、ガ、ドンというリズムで鼓膜だけでなく腹腔や肺が振れるとき、私たちの心身は太鼓が生みだす共鳴の空間に溶けこんでゆく。

妙見神と武甲の山神を祀る秩父神社の祭りでは、大きな「屋台」や「笠鉾」が繰りだす。とりわけ、例大祭での屋台の曳回しは壮観である。「屋台」が街道を進むときには、「屋台」の狭い空間に乗りこんだ者たちが「屋台囃子」を轟かせる。それは、ピーヒャラ、ドン、ドンといった緩やかなお囃子ではない。ドンッ、ドッド、ドドドド、ピーピリリッ、ピーピリリッ。そのハイテンポな太鼓とつんざくような笛のアンサンブルは、一つの狂騒にほかならない。かつては、小さな子どもたちがこのお囃子が生みだす共鳴の世界に誘いこまれ、よく迷子になったと聞く。曳回しのクライマックスは、屋台を集結させるために、「団子坂」とよばれる急傾斜を通過するときにやってくる。屋台囃子はひときわ大きく轟き、溢れる洪水と化す。そのとき人々は、この反響の洪水に巻きこまれ、自分たち自身の「オオーッ」という声とともに、共鳴の嵐に呑みこまれる。そこには、一人ひとりの意識の境界を突き抜ける、狂騒の渦が逆巻いている。反響の場は、個体の存在を全体的な共鳴の「力動性」へと融合させてゆく、一つの異界なのだ。

音の場の共振は、少なくとも人が**個体として**生をいとなむ世界とは別の何かを引きよせる。それは、音が個体的存在を貫いて場に浸透することによる。現象学を意識しつつ「聴くこと」について思考したD・アイドは、音楽を聴く体験を例にとりながら、この点をヴィヴィッドに説いている。大音量のロックを聴くとき、「私はたんに**耳**で聴くだけでなく、私の体全体で**聴いている**。」「ベースの音は私の腹に反響を生むし、私の足でさえ聴覚的な狂騒の響きを「聴く」のだ。」そのとき音は、まさしく「身体的存在に浸透し、それを貫く。[7]」この「全方向的」な反響に包囲されるなかで、分立した個の意識がぼかされ、反響の場と浸透しあう想像的印象が生起する。

たとえば音響のすばらしいホールでベートーベンの第九を聴くとすれば、私は突如自分を**包囲する**音に**溶けこんでいる**ことに気づく。音楽は、私の体全体を震わせるほどに浸透的なのであって、内と外に関する感覚の通常の区別が事実上消し去られるほどに吸いこまれてゆくことがあるのだ。[8]

そのとき人は、「一時的に自己自身から脱けだし、しばしば自己意識の喪失と言われる忘我に近い状態に陥る」。反響の場は、「分け隔てられた個別的「諸個人」という感覚」[9]を、少なくとも弛緩させる。それは、M・ブーバーが顕揚した、「関係」の次元とつうじあっている。ブーバーは、道具的に世界をとらえる日常意識においては、個物と個人をそれぞれに「分立」したものとして「実体化 Hypostasierung」[10]する構図が支配していると言う。けれども、実は「初めには関係がある」[11]ということを忘却してはならない。彼が「我－汝」という呼称をあてたこの関係の次元とは、「一切と一切との相互性の流れに極めがたく引き入れられて」[12]いる存在の位相にほかならない。それはまさしく、個体の存在に浸透し、その「分け隔てられた」存在を全体性のうちに融合させる、共鳴の真実と一致する。音の反響の世界は、この忘却され隠されている存在の位相を、一つの異界として浮かびあがらせるのである。

それは若き日の空海が、室戸の岬で身に浴びた法の世界の様相でもあった。彼は、一八歳のときに一人の沙門に出会い、「虚空蔵求聞持」の修行法を授かる。それは、虚空蔵菩薩を本尊として、見聞覚知したことを永久に記憶できるようにする秘法だった。空海は、室戸岬の波に迫る断崖の狭間で、印を結びながら真言「ナウボウアカシャギャラバヤオンアリキャマリボリソワカ」を唱えた。それは、百日間、百万遍つづけられたという。『三教指帰』には、ことの消息が記されている。「阿国大瀧嶽に躋《のぼ》り攀《よ》ぢ、土州室戸岬に勤念す。谷響惜しまず、明星来影す。[13]」

空海の身体が発する真言は、岬の崖と海の水面、そして天蓋をなす空に広がり、反響の宇宙として振動していたに違いない。その「谷響」はまた、虚空蔵の波動として彼の存在を貫いてもいたはずだ。それは、針の切っ先のごとき無数の炎がほとばしる真理の異界だったとされている。この声と音の異界を鋭敏につかみとった鎌田東二は、そこに一つの「音楽体験」を見いだした。「微妙にたゆたい、揺れ動きつつ変化する自然の多声、天空の彼方から光の粒子となって打ち寄せる宇宙の光の音響を空海は聴きとり、おのが意識と身体がそのコズミックな響きと共鳴しあう至福の音楽体験をえたのである。[14]」

問題を、妙なる響きの愉悦に還元してはならない。そのとき空海は、間違いなく音の異界に滑りこんだのだ。室戸の体験から二〇数年の後、彼は『声字実相義』において、その深秘に触れている。このテクストに依拠するなら、室戸の「音楽体験」は、大日如来が顕わにする「声」の「実相」を感得し、その「法身」と触れあうことでもあったと推測される。「四大相触れて、音響必ず応ずるを、名づけて声《しょう》と曰うなり。」ここには、環境世界をあまねく振動させる、反響の現実が説かれている。ただし、この反響の世界が真言を基底音として出現したことを忘れてはならない。あの声と音の異界が顕わにした「声字実相」とは、「法仏平等の三密[15]」、つまり仏の「三密」(身体、言語、心)だったのである。

そこには、自らが浸された世界そのものに「法身」をとらえる境地が説かれている。音にそくして言えば、「万物の音声も全て法身説法の「法音」である[16]」と言えよう。この境地は、カソリックに淵源する「自然という書物」の教えとつうじあっている。真理のロゴスは、神が創造した自然に具現するがゆえに、自然を深く知る者は永遠の真理をも会得する。もちろん、声字実相の義は、声に発し響きに依る。けれども、「声は、則ち響きの本なり。声起こって虚しからず、必ず物の名を表するを号して字と曰うなり」[17]とされる。つまり、「法身」はある種のエクリチュールとして顕現するのである。デリダも語るように、[18]自然のありよう全体を読み解かれるべきエクリチュールと解することもできる。自然そのものが一種の「聖書」とされたように、可感的世界そのものが「法身」の声を顕わす文字なのだ。

実際に空海は、文字の所在は「六塵」（眼識・耳識・鼻識・舌識・身識・意識の対象）にあるとしつつ、「六塵」の本質は、「法仏の三密」だと言う。六種に区分される可感的対象が、「法身」を「実相」とすることをさして、「六塵悉く文字なり」[19]とされるのである。肝心なのは、「六塵」が人間存在に対して現前し、読みとられるべき文字として具現するという点だろう。空海の語る「声字実相」の本旨は、可感的現象が「法身」を覚知する縁《よすが》とされるところにあり、そのことをも含めて「如来の説法は、必ず文字に籍《よ》る」[20]と宣するものなのだ。

このことは、「六塵」を解説するくだりで顕らかにされている。「六塵」の第一は、見えるもの、「色塵」にほかならない。空海は、「色《しき》」には、色彩たる「顕色」、形としての「形色」、行為・動作をさす「表色」とがあり、それらは環境世界と有情の存在とに具現すると言う。だが、注目すべきはそれにつづく論述だろう。「法然と随縁と有り　能く迷い、また能く悟る」。「色塵」には、ありのままの実相と、条件によって成り立ち縁《えにし》によって変化する現象とがあり、このことによって凡夫は迷い、智者は悟るとの謂いである。「随縁」の変化する現象的な形態に囚われるとき、人は惑わされ「実相」から隔てられる。けれども同時に、「この種々の色……智に於いては薬と為る」[21]こと、ここにこそ「色塵」に潜む「法身」の恵みがある。法により色あり、色なくば法顕われず。

ただし、注意されたし。「色塵」は見える対象をさす。だからその「随縁」も、直接には「声」の現象ではない。つまり、「色」に関するこの解明をあの室戸の体験と結びつけるには、少しく補足を要する。実は『声字実相義』には、「声塵」について個別に解明した叙述は見られない。だが空海は、「四大相触れて、音響必ず応ずるを、名づけて声と曰うなり」と説いていた。だとすれば、見えるものの現象、とりわけ行為・動作であるところの「表色」には、それに相応する音響が現象すると考えてよい。つまり、「色塵」の現われをつうじた「法身」の感得には、「声」の現象が随伴している。少なくともあの室戸の体験では、見えるものの現われと「声」の次元の「随縁」とが、分かちがたく結ばれていたと言ってよい。「色塵」について語る空海の言葉は、「声」をつうじて「実相」を感得する体験に重ねることができるのである。

さて、智者は「色塵」の現われを「文字」として「法身」を感得する。しかし、なぜ智者にはそれが可能なのだろうか。おそらくはこの点に、空海の体験の核心がある。「法身」を知るとは、世界が「彼より流出《るしゅつ》して稍《ようや》く転じて世流布《せるふ》の言と為る」次第を、総じて了解することにほかならない。だとすればそれは、「随縁」の問題に深く関わると言ってよい。そのつどの条件によって多様に現われ、ときにおうじて変化する「色塵」。この多様と変化そのものに、根源より流出する「法身」の具現を感得しうるか否かが要点なのである。「色塵」の多様な「差別《しゃべつ》は、即ち是れ文字なり。[22]」

当然にも、焦点となるのは「表色」における「随縁」である。すでに触れたように、「表色」にこそ諸々の存在の触れあう音の場面がある。だが、「随縁」が要である理由はそれだけではない。そこには、この世の現象の多様と変化そのものが、永遠の定かなる根源をさししめすという逆説的な理《ことわり》が聴きとれるのである。まず空海は、「表色とは、謂く、取捨・屈伸・行住・坐臥是れなり」と言う。これは人の動作による例解である。けれども、もちろん「表色」は人にのみ現われるものではない。それは、変化するものどもにあまねく現象する動作にほかならない。

> また即ち、この積集色《しゃくじゅうしき》の生滅相続することは、変異の因に由る。先生処《せんじょうしょ》に於いて、また重ねて生ぜずして異処に転ず。或は無間、或は有間、或は近、或は遠、差別して生ずるなり。或は即ち、この処に於いて変異して生ずる是れなり。また業用・為作の転動差別、是れを表色と名づく。[23]

「積集色」とは「形色」のことだが、この事物の形状が時と場所におうじて変異して現われること、これも「表色」とされている。そしてそこには、多様な差異を呈する「声」の現象が相応じて現象してもいる。問題は、この「変異の因」によって事柄に差異的な現象が生じることにほかならない。可感的な対象において、所与の条件に左右される「随縁」を通して、多様な現れをなす定かなるものが指示されるということ、ここに事柄の核心がある。

智者は、そこに「実義」を感得する。それは、「能く因縁を観じて、取らず捨てず」、「法然」(24)(あるがままの本来的存在)をとらえるからである。決定的な点は、「色塵」の差異に対する構えにある。智者は、展開される「色塵」の差異にうながされつつ、その**多様と変化の総体が「相触れ」「おうずる」統一にあること**を感得する。そのとき、「色塵」の差異におうじた反響の渦は、変容を貫く統一性の覚知の機縁となるだろう。かくて、この統一の現象の基底に、一つの因が存することへの自覚が引きよせられる。時と場所に左右される現われを、**現象の多様と変化として観ずる構えそれ自体が、すでにして根源への縁**《えにし》**だと言うべきか。多様によって同一を知り、変化において不動に至る。

空海が室戸で身に浴びた異界は、可感的存在がうながすこうした知の妙として湧きあがったのではないか。彼が唱える真言は、谷と入り江の響きへと「変化」し、いくつもの方向から多様な反響として差異の渦をなしながら逆巻く。響きは「重ねて生ぜずして異処に転ず」、そして「或は無間、或は有間、或は近、或は遠、差別して生ずる」。まさにそれは、真言の声が織りなす世界が、呼応しあいながら自ずと差異化されて現象する「業用・為作の転動差別」だった。音の空間は、世界の統一と差異的配備が一つの「変異の因」によって生滅することを具現している。

ただし、空海の所有せる声にその「因」を見てはならない。声は、真言ならずとも、元より発声者の所有に帰しえない現象だった。しかも、多様と変異の反響として空海自身に返される声は、彼の身体と意識に「転動」を生起させたはずである。反響が織りなす多様な差異は、発声の機微にそのつど作用すると同時に、その声が反響の渦によって迎えられ、活かされる体感をうながす。この複雑な差異における「一体」の境地は、自己自身の存在に「変異の因」が作用し、かくて「業用・為作の転動差別」として已れがあることを意味するのだ。

『声字実相義』は、『大日経』の一節を引きながら、自らの心をどうやって知るのかと問い、「もしは我、もしは我所、もしは能執、もしは所執の中に求むるに不可得なり[25]」とする。心の真実、存在の真実は、自我やその所有するもの、意識の主体と客体といった次元ではとらえられないということだ。こうした次元を超えた、いやそうした事柄の陰で「潜みふれあう」反響の「転動差別」こそが、自己という現象なのである。室戸に出現した真言の世界は、自己の実相を顕現する異界でもあった。「頌《じゅ》に、「六大無礙にして常に瑜伽《ゆが》なり」と曰う。無礙とは、渉入自在の義なり。常とは、不動不壊《ふえ》の義なり。瑜伽とは、翻じて相応と云う。相応是れ「即」の義なり。[26]」

最後に再言。室戸で空海を包みこんだ異界は、虚空蔵菩薩に対して一心に念ずる彼の「信」の熱が招きよせたものである。百日にわたる百万遍の真言。その「信」の欣求《ごんぐ》は、すでにしてそれだけで異様を呈していたことは疑いえない。だがまた、その声が織りなす異界を「信」の異様に帰着させるのは的外れだろう。ただ「信ずる」にとどまらず、真言が織りなす世界の反響に応答する構えがなければ、その異界が現出することはなかったはずだからである。音の響きに対する存在の構え、そこにはある種の「真」が覚知される次元があるのではないだろうか。空海の体験は、声の響きへ深く関与する存在の構えによって導きよせられたのだ。その稀有な存在のありようは、反響の現実に意味を「聴きとる」生のあり方をさししめしてもいる。

反響の場と自己の揺り籠――雰囲気の「意味」、界面としての自己

室戸の異界は、「分け隔てられた」存在を反響の連動において融合させていた。ミンコフスキーなら、反響の場は、すべての存在を「一つの全体のうちに」溶かしこむと言いそうだ。だとすればそれは、少なくとも音という次元では、個体の境界を消失させる場なのだろうか。そしてまた、そこには振動の単一で均質な世界が出現するのだろうか。

実はそうではない。たしかに、空海の前に出現したのは、全体的な反響の世界ではある。けれども空海は、発声する個体として異界に対面していた。そしてまた、たんに音の海に溶けこんだのではなく、「法身」を自覚的に認識してもいた。反響が一つの融合の場を出現させるとは、場に巻きこまれる個々の存在の境界と差異を含みこみながら、響きにおいてそれらが**連動する**ことなのである。

反響の場は、あくまで**境界での接触**により伝播し、その振動の差異を織りこんだものとして出現する。実はミンコフスキーも、それを単一で均質のものとはとらえなかった。「反響は……その音で環境全体を充たしながらその境界を定め、その環境との接触を維持しながらそれを形づくり、同時にわれわれの内部に浸透しながら自己と世界とをもたらし、われわれを美しく響きわた

る全体のなかに溶けこませる旋律なのである。[27]」響きは諸存在との「接触」において「境界を定めつつ、それらを音の場の全体性に「溶けこませる」。

ここには、反響の世界と個体性との関わり、あるいは音の場における主体性の問題がある。**音の世界は、個体の境界と差異を結節点としながら広がるという点で、実は個体性を浮き彫りにするものでもあるのだ。**たとえば、吹きすさぶ風の唸り。嵐が迫りくる闇夜の風は、すべての存在を掘り抜くような音を響かせる。けれどもその響きは、風の音があらゆる存在に嵌入していく現象ではない。しばしば誤解されるけれども、一方向に等速で流れる空気に音はない。音とは、空気の圧力が周期的に変化する波なのだから。実際には、突風や圧力の変化が起きれば音波は生じるが、風の本体たる空気の流れは、原理的には音を発するわけではない。では、あの存在に滲み入るような唸りは何の音なのか。寒風吹きすさぶ冬の岬を思い浮かべてほしい。煽られそうになりながら聞こえてくるのは、風が衣服をはためかせ、身構える体をかすめる音にほかならない。もちろん、その陰には木々が振りしだかれ、荒れる波が飛び散る音も隠れているだろう。風が生みだす音とは、風に巻きこまれた諸個体の表面／境界に生起する振動の渦なのだ。だから、風の唸りというときの「の」は所有格ではなく、主格と解されなければならない。

音源から発せられた音の反響についても、基本は変わらない。祭りの太鼓の振動は、接触面をつうじて山車を揺るがし、通りの建物の窓や壁を震わせ、人々の体表にも伝わり、鼓膜という境界を振動させる。諸個体は、振動の連なりに触れることでその輪郭を振るわせ、その境界を浮き立たせる。だとすれば、「触れること」をめぐるミンコフスキーの理解が、「響くこと」の実相と重なるのも不思議ではない。「自己の存在を生のなかで確立するすべてのものは、触れること、あるいは触れられることができる。もっとはっきり言うと、この性格によって自分の存在を確立している。[28]」ここには、個体的存在の輪郭がしめされてはいないだろうか。

たしかに、「触れること」には諸存在の「相互嵌入の関係」が息づいており、「能動 - 受動、内 - 外、自 - 他の区別を超えた原初の経験[29]」につうじるものがある。それは、坂部恵が鋭敏にとらえた「ふれる」の特異性にほかならない。見分ける、聞き分ける、嗅ぎ分けるとは言うが、「ふれる」と「分ける」を結びつけることはできないとした議論は、間違いなく卓見だった。だが、他方で坂部は、「ふれる」という体験の場では、「クリティカルな差異化がそこから生じてくる「兆候空間」に立ち合うこと」になるとも語る。そうだ。「触れること」には「分ける以前の経験」が潜んでいるけれども、それは分節化不在の世界に完結的に閉じたものではなく、同時に「能動 - 受動、内 - 外、自 - 他の区別」が生じる「地盤そのものを形づくる根本の経験[30]」でもある。

反響の場には、分節化と差異化が多様に渦巻いている。個々の存在は各々の境界において個別の振動を生み、差異的な響きを返す。音の場で、個体性が解消されることはない。そこにはむしろ、境界における「触れあい」をつうじて、個体的存在が分節化され差異化される次元がある。それは、音の場が個体的な自己の揺籃であることを意味するのではないだろうか。けれども人は、つねにすでに個体としての自己があり、その個体に音が到来するというふうに理解する。この自己像においては、音の場が個体としての自己を育み、基礎づけることは不問に付される。そのとき自己をささえる基盤は、潜みある異界として自己に隠されるのである。

この異界をつかみだそうとした試みがある。ジャン＝リュック・ナンシーの *À l'écoute*（『聴くということ』）がそれである。ナンシーの出発点は、音とは何か、反響とはどのような事態かということではない。彼はあえて、「聴くこと écouter」とは何かと問う。それは、音の場を主体と自己のありようを焦点にして問いなおす構えなのである。では、「聴くこと」とはどのような存在の仕方なのか。

ナンシーは、「聴くこと」を、明瞭な理解をめざして「聞きとること entendre」から区別する。「聴くこととは、可能な意味に向けて張りつめることであり、その結果として、直接にはとらえがたい意味へと向かうことなのである。」ここで言う「可能な意味」「直接にはとらえがたい意味」とは、明確な意味や知覚とは異なる、「末端的な意味 sens de bord」[31]にほかならない。つまり「聴くこと」とは、明瞭な理解に帰結しない未然の「意味」を音の現象にとらえようとすることである。

ただし、ナンシーの言う反響の「意味」とは、早朝に響くカッコーの声に涼しさがあるとか、ロックの大音響に「揺らぐ」ような躍動感があるといったことではない。彼の思考がつかみだそうとするのは、こうした感性的な「末端の意味」ではなく、音と意味との概念的な接点である。ナンシーは、意味の「周縁」を「聴くこと」は、「反響する意味 sens resonant」に向かうと言う。「聴くことは音と意味が、たがいの内に、あるいはたがいのあいだで交じりあい、反響しあうことへと向かう――または向かわされる。[32]」つまり、音と意味とが概念的に触れあい交差するところがポイントである。

ナンシーは、音と意味の概念がともに胚胎している要素を拾いあげる。それは、「回付 renvoi」(差し向け)にほかならない。意味とは、ある記号によって何かが指示され、事物の状態によってある価値が指示される「回付」の関係だと言えるが、それと同様に、音の場もある種の「回付」によって構成され、満たされているというのである。これはどういうことだろうか。

ナンシーは、「私が話すとき」を想起しながら、音は私の外部においてだけでなく、「内部の空間」にも反響すると言う。あるいは、音は「〈響きながら sonant〉それ自体を放出する」とも語られる。山並みに発せられた声が山びこを返すように、はじめて私の胸腔を振動させたサックスの音は、部屋全体からの深い反響で私を驚かす。この響きにおける内‐外の相互的な差し向けこそ、彼が拾いあげるものにほかならない。「回付」とは、「自己に関係させながら自己に返すと同時に、それ自身の外に展開させる振動へと自己を運び、自己を変えること[33]」とされている。

反響をめぐるこの理解に、主体としての自己のありようが重ねられていることは隠しようがない。明らかに、自身に折れ返る自己の存在様態、あるいは反省的な意識の再帰的な関係が、先取り的に問題にされている。彼は、「回付」という概念を軸にして、主体と自己の根源をあぶりだそうとしているのだ。その論述は、直接には音自体の現象を論じる構えをとりながら、主体と自己の成り立ちにはっきりとフォーカスをあてている。

かくて議論は、定めのごとく自己の成り立ちへと向かう。ナンシーは、「回付」にこそ、「実質的な意味での主体の地点ないしは場面」があると言う。「それは、音が増幅し伝播してゆく反復であり、そしてまた、聞きとることをうながしながら音がこだま écho となる再帰なのである。主体は自己を感覚する。それが主体の固有性であり定義なのだ。[34]」ただし、ここで反響における「疎隔化」も重視されていることを忘れてはならない。音の場の「回付」とは、音を発する存在と外部とを境界づけ区別化する。たとえば、サイクリングロードで急にブレーキをかけるとき、地面に伝わる振動と、跳びよける雀にとどく波動は異なり、当然にも、地面や自転車から私の手や足に返ってくる響きもそれらとは違っている。音の「回付」とは、この境界づけや区別化を生起させると同時に、相互的な差し向けの「再帰」をもたらす点で、主体という現象に重ねられているのである。

音を発する存在が自己自身への反響に巻きこまれ、他ないしは外との「阻隔化」と自身への「再帰」とが切り結ばれながら生起する事態。ナンシーは、ここに主体の根本を見いだした。自己の揺り籠としての反響。たしかにそれは、音の異界をあぶりだす論理の冒険なのである。

けれども、注意しなければならない。音が自己へと返される「回付」に主体の根本があると言っても、「自身を聴く」という閉じた円環が主張されているのではない。むしろ逆に、音を発しながら存在が他／外へと開かれつながるがゆえに、反響の「再帰」が成り立つ事態が問題なのである。ナンシーは、「聴くこと」は「私が貫かれるようになる」ことだと言う。もちろん、貫くのは音であり、他／外からの響きである。それは、「私に開かれをもたらしつつ私からの開かれを生む」とされる。反響という現象は、「自己の現前の圏域を跨ぎ越す」[35]ものなのだ。同時にそこには、一つの「阻隔化」の事態、区別的に相対する関係も織りこまれている。「開かれ」と「再帰」的な境界づけとの同時的な生起。あくまでここに、自己の成り立ちは求められなければならない。

ナンシーは、自己を「音が送られ、向かってゆく仕方」[36]を軸にとらえている。それは、反響において幾重にも「開かれ」つつ境界づけられる関係の生起と解されているのである。この境界的な関係は、「実質的なもの、持続するもの」ではないがゆえに、たしかにつかみにくい。けれどもそこに、抽象の遊戯のみを見るのは早計だろう。たとえば、子供における自己の発生を実に具体的に分析したやまだようこの議論にも、この論理と響きあうものを見いだすことができる。

彼女は、子供を包みこむ「声の森」の響きのなかから「自分のうた」が生まれてくる事態を、身近な世界を通して描きだす。鳥の声や風に揺れる梢の音が渦をなす「声の森」は、「自己の外側の「森」の声でありながら、「内臓の音」のようでもあり、自己の肉体の奥深くの感覚」のようでもある。しばしば子供は、この環境と一体となるかのように「うたう」[37]。しかし、この「惹きこみ（エントレインメント）」とよばれる反応は、注意の集中や、音が「しみる」「なじむ」とでも言うべき事態に媒介されながら、「個性化された声」の発生へと跳躍するという。「子供が溶けこんでいた情況からひき離されたとき、場所のなかに混淆していた声の響きは、子供自身に移って」「自分の「うた」が生まれてくる」[38]。

場面設定は違うが、ここでしめされている個体と主体の根源は、ナンシーの言う反響の世界と重なりあう。やまだは、主体の声の発生の母体を、「自分と他者をともに包みこむ場所、声たちの混交した響きによってつくりだされる風景」に見いだす。この理解は、ここでの関心とぴったり符合する。しかも彼女は、子供が「自分のなかへ「うた」を保持しながら熟成させるまで「ねかせておく」(39)」事態を重視している。この理解は、間違いなく「阻隔化」と自己への「再帰」との交点に主体の生成をとらえるものだと言っていい。とても抽象的に見える音の「回付」という概念は、私たちが幼い頃に密着していた、親密な異界につうじているのである。

ナンシーの論理は、主体と自己の根源を思いきりよく抉りだしてはいる。音の場において自己と主体を再審する論理。西洋哲学のなかではむしろ稀有なものに属するこの思考には、少なくとも吟味するだけの価値があるだろう。ただし彼の議論には、にわかには承服しがたい前提と断言もあるように思う。何よりもまず問題となるのは、「回付」を論ずるときの前提条件だろう。

À l'écoute は、音の場で「聴きとること」を問いの枠組みとして設定していた。ところが、「回付」に自己の成り立ちを発見しようとするとき、突然に「私が話すように」という想定がなされ、議論は「音を発する」主体が生みだす現象を問うものになる。けれどもそれは、あらかじめ自己の存立を前提し、論証されるべきことを密輸入することになりかねない。「聴きとること」の深みを掘りさげるためには、むしろ存在が**音の場にさらされる**場面で問いを立てるべきではないだろうか。自己の基底に潜む異界の音をしっかりと聴きとるためには、ナンシーの論理の手前に少し

だけ掘り起こしておくべきことがあるように思われる。欠を埋めるためには、反響の場に巻きこまれた存在が、自ら音を発してゆく背景と基盤を問題としなければならない。「声の森」に溶けこみつつ共鳴する事態から、個体としての声がどのように生起するかを問うべきなのだ。実はナンシーも、別の著作で主体の発声を問題にしつつ、「私は一つの場の折り目もしくは間隙である」[40]と書いている。自己と主体の根源に聞き耳を立てようとするなら、やはり反響の場から個体の発声へという論理を構想せざるをえない。

そのためにはまず、反響の場を行動の場としてとらえるべきだろう。自ら音を発する事態は、環境のなかで一つの行動を起こすことだからである。ところが、ナンシーの「回付」という概念は、「音が送られ、向かってゆく仕方」でしかなかった。そのこと自体は、滝の音が断崖に響き、雷の音が天蓋を震わすといった現象以上のものではない。そこには、個体として発声してゆく行動の場が欠けているように思われる。

音の場を**行動の場**としてとらえなおしてみよう。それは、音の場に巻きこまれた存在が、反響という環境に行動上の価値を見いだしてゆくことである。無為ではなく行動を生み、そしてその行動の仕方を喚起する**状況的な**「意味」が、主体としての行動の大前提なのだから。ここで、真っ先に関心を向けるべきは、感性的な次元での「末端的な意味」だろう。音響の場の「感じ」が、周縁の「意味」として**行動上の価値を指示する事態**。これがつかみだされなければならない。

反響の場は、たしかに行動上の価値をおびることがある。祭りの喧噪と太鼓の織りなす音の場は、人々の気分を躍らせたり、山車を囲む人ごみに足を向けさせたりする。けれども、ここで問題としたいのは、祭りという言葉や屋台囃子という意味に整理されてしまった音ではない。むしろ考えるべきは、音色や響きの様態といった感性的な次元で、音の場に潜む「価値」が未然の「意味」として浮上してくる事態ではないだろうか。

小学生の頃、昆虫にひどく惹かれていた私は、近所の原っぱによく足を運んだ。夏休みも終わって、赤とんぼが飛びはじめた頃、そこでキチキチと音をたてるバッタを見つけた。近くでよく見ようと草の海に足を踏み入れたとたん、原っぱが反響の場と化した。草とほとんど同じ色をしたバッタが、まず四、五匹、次いで十数匹と跳ねはじめたのだ。私の足場からランダムな波がうねるように広がっていく。それは、身震いするような音の場だった。サザワワーッと圧しとどめがたい力が波打つ、匂い立つような音の波紋。最後には数十匹を越える複雑なうねりが、草むらを波に変えてゆく。私は、恐ろしき音の動性を前にしばらく立ちすくんでいた。

もちろん、このバッタたちの行動は、草を踏む音によって喚起されたものだろう。私の足が音の場に引き起こした変化は、バッタたちにとって危険／逃避という行動上の価値をおびていたのである。それは、動物だけにかぎった話ではなく、私たちの日常にも伏在している。デパ地下や駅の改札周辺の雑踏には、通底音とも言うべきざわつきが渦巻いている。そこに、言葉として聞き分けることのできない大きめの声が走る。その声に気づいた人々は、しばしば足を止め、背後を振り返ってまで何が起きたかを確認しようとする。そのとき、声の主の周辺には、微妙な静けさが同心円的に広がってゆく。大きな声に気づかなかった人々も、近くでざわつきが退いていくことに異常を感じとり、警戒の沈黙に入るからだ。

　こうした反応は、大声の言葉の意味からくるものではない。かりに、近くに居合わせた人々がその意味に反応したのだとしても、遠巻きに沈黙の注意を向ける人々は、あくまで微妙な静けさに反応するのだから。そしてまた、それは踏切りの警告音を聴いて走りだしたり、クラクションを鳴らされて道を空けるときとも違う。あの微妙な静けさは、個々の事物や現象を指示するものとして知覚的に判別されていない。つまりそれは、まさに意味世界の限界に「末端的な意味」が浮きあがる事態であり、**意味の分節化以前の音の価値に反応する行動**なのだ。

　それは、テレンバッハが言う「雰囲気的なもの das Atomosphäriche」とつうじあう現象だろう。

> われわれが耳で聴くのは、声が喋る**こと**だけではない。つまり、われわれを引きつけたりまたは突き放したりする声の性質、音色をも聴いている。……われわれの感官のほとんどあらゆる経験のなかには「より以上のもの」があって、これは表現されずにとどまっている。現実の事実的なものを越えて存在しながらわれわれがそれとともに感じとるこの「より以上のもの」こそ、われわれは雰囲気的なものとよぶことができる。[41]

最初に言われている「声の性質、音色」は、ここで確認したい「雰囲気的なもの」とは少し違う。

それは、ある音の場が一つのまとまりとしておびる「雰囲気」とは次元を異にするからだ。では、個々の音の「表情価」とは別次元の「雰囲気的なもの」とはいったいどのようなものなのか。それは、場に充満する臭いのようなものとも言える。テレンバッハも、都市の臭いを、「雰囲気的なもの」の例として挙げている。実はこうした理解の前提には、あのミンコフスキーの議論がある。ミンコフスキーは、臭いの「雰囲気的」な性質を「構造的」なものととらえた。

臭いは、臭う物体の属性であるよりも、いっそう本源的に非人称的な発散であり周囲の雰囲気の属性である。……風は大気の偶発的な現象にすぎないが、それに対して雰囲気と密接に結びついた臭いは、われわれにとって生の一つの構造的な所与なのである。(42)

臭いとは、ある場の「孤立的な要素には分解しえない」空気感だと言っていい。「雰囲気的なもの」とは、ある場に存在する個々の事物や現象に帰しえない「構造的」なものなのである。だからそれは、「ひどくとらえどころのない」「まるごとの」価値としてしか現われず、分節化されていない「不明確」(43)なものなのだ。音の場も、この**全体まるごとの「雰囲気的」な価値**をおびて現象する。あのバッタを次々と飛び立たせる反響の場、雑踏に突如として広がる静けさの輪。音の場に浮かびあがる「末端的な意味」の最たるものは、こうした「雰囲気的」な価値にほかならない。

この「雰囲気的」な価値は、場のすべての存在の総括として浮かびあがる。だから、たとえ音が個々の存在ごとに聴きとられるとしても、価値的な事態は個体的に分立したものどものの次元で成り立つわけではない。それは、論理的には個体的な主体以前の価値であり、「はじまり」の意味だと言えるだろう。

生きる存在は、この「雰囲気的」な価値に対して反響を起こす。というより、そうして反応を喚起するかぎりにおいて、「雰囲気的なもの」は行動上の価値をおびる。バッタの波の音に立ちすくみ、雑踏に広がる静けさに足を止めて振り返る。それは、静止であって行動ではないなどと考えてはいけない。たとえ静止であっても行動の場の変容には違いないのであって、言わばそこには負の反響が生起しているのである。

音の場の「雰囲気的」な価値への反響にこそ、主体の行動が生起する場面は求められるべきだろう。「雰囲気」を感得した存在は、それへの反響として自身の存在の音を差異的に発する。あるいは、負の反響として音の状態を変化させる。そして、この差異的な行動の結果として生起する新たな反響を「聴き」とり、「再帰的」な主体となる。そして、この行動をつうじて、**自身の存在の個体的な境界を、外的な他の存在との接触の痕跡として確証していく**。主体と自己の揺籠は、こうして主体的であることと個体的であることとが、同時的に成り立つ場なのである。

肝心なのは、音の場で二次的な反響を起こすことによって、環境／他者から差異化され境界づけられたありようが、自身に対して「回付」されることだろう。この点で、尺八演奏者で作曲家の中村明一が、秋吉台の秋芳洞で尺八を吹いた体験談はとても興味深い。

倍音の出し方をわざと変化させていきました。すると、私の感じる空間がどんどん変化していくのです。倍音を多く出すと、私の感覚ははるかに遠い洞の隅まで行き、タッチして帰ってきます。……逆に、純音（倍音を含まない基音のみの音）にすると、私の感覚は眼前の一点に凝縮します。空間があってないような不思議な感覚です。空間による音の反射の違いが、私の聴覚に鮮明に飛び込んできます。音の出し方により、空間が変容するのです。(44)

自身が発する音で空間が変容するというのは、やや稀有な事態かもしれない。けれども、行動としての二次的反響が、音の場の「雰囲気的なもの」に差異の波をたて、自己の区別的な作用が自らに変容した響きとして返ってくるという事態は、けっして稀有なものではない。こうして、個体的存在と反響の全体場とが、個体自身の行動をつうじて触れあいながら差異化され境界づけられるときに、主体は存立するのだ。しかしそこには、他者による行動と二次的な反響も交錯する。だとすればその行動は、相並んで別の反響を生みだす他の存在との差異／境界もしつらえる。他者と反響を交錯させながら、個体の境界線が上書きされてゆく。

反響の場では、そこに巻きこまれた諸々の存在が、それぞれに差異的な響きを錯綜させ、つねに新たな二次的反響を織りまぜながら、その全体的な音の渦を変容させてゆく。この変容する全体の場は、単一でもなく均質でもない。そこにたち現れる「雰囲気的なもの」とは、「とらえどころのない」「多」の蠢きにほかならない。それは、M・セールが「ノワーズ」として描きだした、「多」の蠢動の場に重なる。セールにおいても、「ノワーズ」からの主体と個体の「生成」が、音のメタファにおいてとらえられているのは偶然ではない。彼は、頭をもたげ衝突しあう「波動」が、同一的な個体として生成するには「参照 référence」の関係が必要だと言う。

波動が一つ現われた。それは無人の涯のなかに消える、あるいは極度に充実した基調の響き〔ノワーズ〕のなかに消える。……波動に必要なのは一つの参照項〔準拠点〕である……したがって必要なのは、一つの他者、必要なのは一つの同じもの、必要なのは一つのこだま écho である。(45)

個体的な主体は、行動的な反響の場での「回付」を揺り籠として存立する。実のところこの「回付」は、世界と「触れあう」接触の場にも潜んでいる。そもそも音の場とは、一つの「触れあい」にほかならないのだから。音の反響において「振れ」つつ、身体的に「触れ」る場において、個体的な主体は他から差異化され境界づけられ、反響という運動の「波頭」として生起する。

こうした「生成」は、原初の場にのみ出現する、たんなる通過的ステップではない。実は私たちは、つねに反響の場にささえられて主体の構えを確証し、その個体性をつねに再構築している。個として持続的に存在するためには、つねに「生成」の揺り籠に抱かれていなければならないのだ。にもかかわらずこの揺籃は、往々にして忘却され、遺棄されてしまう。少なくとも、個体的な主体性を不動の既得物と見なす意識においてはそうだ。それは、言語的思考の形をとった意志や欲求に主体の証を見いだし、この思考が帰属する内面的な精神とそれが統御する独立的身体という仮構によって、個体的な主体性を確認しようとする。

この忘却には、理由がないわけではない。音の場は「とらえどころがない」もの、偶然的な「雰囲気」からなり、しかも「消長」をその本質的特徴としている。だから、そこでの主体と個体のありようは、少なくとも反省的な意識においてはたしかな持続となりにくい。なるほど、ある曲を耳にするとき、その曲をよく聴き歌っていたときの匂いや空気が、ふと蘇るような感じに襲われることはある。けれどもそれは、ひどくとらえがたいものなのだ。

さらには音の場の「末端的な意味」、とりわけ「雰囲気的なもの」は、個体同士で確たる知覚と了解としてコミュニケイトするのが難しい。だからそこでは、自己と他者が意味の主体として存立しにくく、意味をつうじてたがいの差異／境界を確認するのが難しいということになる。それに対して言語的な意味は、一回的な場の具体性や偶然性を超えて、抽象的なイデアとして持続的に積みあげられてゆく。同時にそれは、直接的な対象や環境から隔っているがゆえに、かえってコミュニケイションでの共約性を高めることができる。ざっくりとまとめるなら、言語的意味は、人が主体として自己と他者／環境との関係を安定的に固めてゆくための、有効な手だてとして優先的に選びとられるということだ。

この言語的意味の城壁によって、奥底から主体を「ふれ」させる世界の響きは、存在の陰に追いやられ、「潜みふれる」異界とされてしまう。この音の異界をすくいあげてみたい。それが、この章の眼目なのである。しかしそのためには、言語的意味の城壁をなにがしか揺さぶる試みも必要となるだろう。問題の焦点となるのは、やはり音響次元の「末端的な意味」である。声の身体的な次元に潜む言語にとっての異界。これをあぶりだしてみることにしよう。

音響の「意味」——身体に浸食される言葉

声は、弾み、唸り、濁り、籠り、しぼみ、震える。それは、突然の歓喜や苦痛に襲われたときだけではない。意味の連なりを織りあげるありふれた声にも、つねにこうした「表情価」は付随している。それは、自己と他者の語りを振り返るとき、必ず思いあたる事実だろう。けれども、自己を確固たるものにしようとする主体は、しばしばこの現実を些末なものと思いなす。声の「表情価」という「末端的な意味」は、言語の影として捨ておかれてしまう。

けれども、話す声は間違いなく「音楽」として感じとられる。よく通る声で流麗に話す、籠ったように訥々とつぶやく、そして吐きだすように激して怒鳴る。ナンシーは、音楽を「聴くこと」は、「聴覚的な意味」を鋭敏に「聴き」とる傾きを強めると言うが、それは話す声にもあてはまる。音の区切りと間《ま》、破裂や軋み、アタックや喉における摩擦や緊張、あるいは息の多寡と遅速。それらは、ナンシー流に言えば、音響次元での「発生状態における意味」であり、言語的な「意味作用の向こうにある意味」[46]なのだ。

それは、音響 sonorité の次元の「末端的な意味」が感得される事態だと言ってよい。この言語的意味の彼岸に分け入ろうとする者は、まず川田順造の熱っぽい語りを聴きとるべきだろう。川田は、人類学的な調査からえた実感にもとづきながら、言語が音としておびる「象徴的」な意味作用に細やかな関心を向ける。それは、言語音の「弁別的特徴」を分析したR・ヤコブソンなどを先駆とする立場であり、「より生理的な感覚に基づく有契的な結びつきを重視した音象徴を中心に」[47]言語をとらえなおす試みである。

川田は、言語音を三つの種類に大別する。それは、①音と意味との結びつきが恣意的で、概念化された意味の伝達がなされるもの、②音が何らかの表象作用を担っているもの、つまり非言語音を言語音が表わす「表音語」と、音以外の感覚を言語音で表わす「表容語」、③直接には模倣も表象もなされておらず、音声によって感覚に訴えるもの、の三種である。「音象徴」の意味作用は、②と③に認められるのだが、川田はそれを、「ある音響が受信者の感覚に象徴的に喚起するもの」、「言語音が、概念化された意味を媒介とせずに受信者に与える感覚」[48]と定義している。

川田は例解として、M・グラモンとO・イェスペルセンの議論を紹介する。グラモンは、［i］や［e］といった前舌母音を「明るい母音」、［u］や［o］といった奥舌母音を「鈍い母音」（とくに高舌母音の［u］は「暗い母音」とされる）とよび、「明るい母音」は繊細なもの、軽いもの、愛らしいものを表象させ、「暗い母音」はその逆のものを表象させるとした。イェスペルセンも、

グラモンと同じように、［i］の音が小ささの感覚と結びつくとしている。(49)
それは、C・ノディエの「擬音的語源学」を讃えたG・バシュラールの思考にもつうじている。彼は、âme の長母音に「まったき呼気」(50) の生命感を見いだし、「水の心的状態、水の言葉によって表現された詩的風景には、ごく自然に流音の子音が見いだされる」(51) とも語る。もちろん、こうした母音の象徴的な意味作用は、同じ母音を含むすべての言葉にあてはまるわけではないし、挙げられている事例には数多くの例外が、いやたくさんの反証がある。けれども、「ウッ」という詰まった「鈍い母音」に「重い苦痛」を感じとり、「イッ」に近い「エッ」に、驚きながら剽軽にかわす印象がともなうのはたしかである。ここで問題としたいのは、言語的意味の体系全体が音響の象徴的意味にもとづいているかどうかではない。そうではなく、私たちの話す声にこうした**音響的な「意味」の次元がつねにつきまとっている**ということ、このことに注意を向けたいのだ。

日本語に関する川田の論述は、こうした次元を豊かにすくいあげている。たとえば、「むかむか」「むんむん」などの擬態語（「表容語」）の音には、「両唇音の鼻音が生む「籠り感」」が共通にあり、「ほくほく」「ほころぶ」などの擬態語は、「ふっくら」と同様に、両唇を軽く閉じ気味に「ほほ」を「ふくらませて発音する音の感じとつながるというわけである。(52) 事例には、ものを嚙むさまはアフリカのモシ語でも「mogmog」と表現されるというオマケもついている。もちろんそこに、「音象徴性」の普遍的法則を見てとることはできない。けれども、声の音響に感得される「情動的意味」の基底に、発声の身ぶりからくる感覚が潜んでいる場合があることはたしかだろう。

川田は、「音声を発するのと同じ口腔と息を使う行為にかかわる語は……音声とそれが表わすものとの間に、有契的な結びつきのある語が多い」[53]と言う。この主張はとても興味深い。口腔をある形にしなければならない行為、息がある状態になってしまう行為をさす言葉に、その口腔の形と息の状態に一致する音が含まれている、というわけである。ただし、口の形や息の状態をただ模倣的に再現する言葉には、「情動的意味」の深みはない。「アーン」とか「フーってして」のようにロや喉の所作を比喩的に指示するとき、「情動的意味」は浮かびあがらないのだ。けれどもそこには、声を発して話すときの身体的身ぶりが、その言葉の音をつてとして伝達され共有される事態がしめされている。それは、「籠り感」や「ふくらみ感」が感得される場合でも同じである。ある音を媒介として、それを発声する身体的な身ぶりとその感覚が連動的に引きよせられること、ここに一つのポイントがある。話す声の音響は、それを発する身ぶりの感覚にささえられながら、言語的概念とは別次元の「意味」を成り立たせているのである。音の「意味」の次元は、身体的な身ぶりとその感覚を基盤として生起する。

けれども実は、川田の議論の精華は、音や発音の身ぶり感覚が言語的意味の形成に関係するという点にあるのではない。むしろ肝心なのは、音と意味との「恣意的」な組み合わせである言語が、「たえず音と意味のあいだの新しい動機づけを」抱えこむという指摘にある。つまり、元々は音と意味が無契的なかたちで形成された言葉でも、「慣用によって話者の感覚のうちに有契性を生み」、聴者とのあいだである「情動的意味」が共有されてゆくという関係を、川田は「音象徴」

の「二次的な形成」ないしは「二次的な動機づけ(54)」とよび、その重要性を指摘したのだ。

日本語の「いらいら」「うねうね」「すべすべ」「もやもや」などは、それぞれ名詞や動詞から派生したものだろうが、その元となった名詞や動詞に音の感覚と「情動的意味」との結びつきがあったかどうかは怪しい。けれども、初めには音からくる「象徴的」意味がなかったとしても、それが話されるうちに**発声の身体感覚にもとづきながら**「情動的意味」を付帯するようになるという現実は、つねに積み重ねられてゆく。実際、強烈な「情動的意味」をそなえた「うざい」が、多摩地方の方言であった時点で、発音の口腔感覚や音の喚起する印象がその意味と結びついていたかどうかは疑わしい。けれども、この言葉が全国的に浸透する過程では、「情動的意味」の付加が追求されながら、優先的に選択されていったという理解は十分に説得的である。

音が喚起する感覚と「情動的意味」の結びつきは、発話のなかでつねに新たに生成し、絶えず更新されてゆく。この点は、言葉の意味と身体性との関わりを考えるときの決定的なポイントとなるだろう。なぜならそれは、言語の体系を身体的な次元から隔たった抽象的で観念的なシステムと見なす理解をしりぞけるからである。あるいは、言葉が身体的な知覚とつうじあっていたのは初めだけで、一旦言語が体制化されると身体から切断された思惟の世界で意味が作用してゆく、という理解も根本的に疑われることになる。「音象徴性」における「情動的意味」は、つねに身体の感覚および身ぶりと結びつきながら更新されてゆくのだから。

もう一度注意しよう。川田が「声の身体性」に注目しながら主張したのは、「音象徴性」の法則が言語のシステムに汎通的に妥当するということではない。そうではなく、「二次的な動機づけ」の場面が雄弁に物語るように、「恣意性」を条件として成り立つ言語のシステムが、身体的身ぶりに淵源する「情動的意味」をつねに新たに抱えこむという現実、ここにこそ川田の議論の魅力があるのだ。**言語は身体を消去しえない。それによって、つねにすでに浸食されている。**

実はそれは、ナンシーの主張するところでもあった。音響次元の「生まれたての意味」は、「隅から隅まで身体以外の何ものでもない共鳴の箱の深み[55]」から分泌されるとしていたのだ。ただしそこには、「末端的な意味」の次元を考えるさいに、ないがしろにできない問題もある。「共鳴の箱」という譬えは、個体的に分立した存在の奥底で「末端的な意味」が生ずるという理解を前提しているように見える。しかし、発声する身体の身ぶりと音響の次元の身体感覚とは、つねにすでに「状況づけられた身体」において生起するはずだ。だとすれば発声の身ぶりは、環境と状況に取り囲まれたものとしてとらえるべきではないだろうか。声の「情動的意味」をささえる身体の次元は、**状況的な意味**として織りあげられるのである。

私たちはここで、M・メルロー＝ポンティの思想を手繰りよせてみるべきだろう。「身ぶり」としての言葉、「情動的意味」、「状況づけられた身体」。これらはいずれも、『知覚の現象学』における彼の言語論のキーワードだからである。

メルロー＝ポンティは、「怒声 vociferation はそれ自体で意味をそなえ、含んでいる」と言う。あるいは、「ソナタの音楽的意味は、その意味をささえている音と不可分である[56]」とも論ずる。同じことは、詩を紡ぎだしたり、恋人たちが囁きあう場合にもあてはまる。「パロール」は、その発声の場におうじて、異なる音楽を奏でており、音響次元で「情動的意味」を分泌しているということだ。周知のことだが、彼のこうした言語観の基底には、言葉を一つの「身ぶり geste」ととらえる理解がある。そしてそれは、たんに声の出し方や音響的な特質を問題とするものではない。

たしかに彼は、「咽喉の収縮、舌と歯とのあいだからのヒューという空気の放出、われわれの身体を使うある種の方法が、突然一つの比喩的な意味を授与され」るとも語る。けれどもメルロー＝ポンティは、孤立的に取りだされた発声の「身ぶり」が、それ自体として「情動的な意味」をそなえていると考えたわけではない。彼は、「身ぶりの意味は、物理的ないしは生理的な現象としての身ぶりのなかに含まれているのではない」(57)と明言している。では、「音声的な身ぶり geste phonétique」が「情動的な意味」を分泌するとはどのようなことなのか。

メルロー＝ポンティは、「言語とは、主体がその意味の世界のなかでとる、位置のとり方を表わしている」(58)と言う。「音声的な身ぶり」は、発声する身体を取り囲む状況の「波頭」として、「情動的な意味」を分泌するのである。たとえば、無理な横断をしようとして車と接触しそうになり、なんとか身をかわしたあとの「フーッ」は、そのときに身体が巻きこまれた状況から湧きあがる。ヒヤッとした印象と安堵の「情動的な意味」は、まさに状況から滲みでてくる。同じように、「怒声」の「意味」も音のアタックや音色にのみ起因するわけではない。それも、「怒り」を喚起させる他者の態度や周囲の空気に照応した、振舞いの「トーン」として浮かびあがる。問題のポイントは、発声する身体がつねに状況に埋めこまれているということだろう。「音声的な身ぶり」は状況のありように規定されたニュアンスをおびたものとして感得されるのだ。

　そこには、音響次元の意味が、身体を取り囲む状況によって織りあげられることがしめされている。もちろん、ここで決定的となるのは、知覚論における身体のとらえ方だろう。メルロー＝ポンティによれば、「身体とは世界内存在の仲立ちであり」、「一定環境に適合し、いくつかの企てと一体化し、そこにたえず自己を参加させてゆくこと」を可能にする。あるいは、「身体とは、われわれが世界をもつための一般的な手段である」とも言われる。そのとき、問題なのはたんに生きてゆく体が確保されることではない。ポイントは「一定の状況形態に対して一定の解決の仕方で応答[59]」できるようになること、つまり行動上の「意味」の配備を浮かびあがらせることにある。つまり身体とは、世界を「自己の任務に直面した」「状況の空間性[60]」として体制化することによって、行動上の「意味」のシステムをしつらえる媒体なのである。

　こうした「意味」のシステムは知覚においてたち現われる。たとえば、考え事をしながら曲がりくねった道を歩いているとき、背後から「サーッ」という音が聞こえてきて、思わず道の端にステップするといった事態。そのとき、回避すべきものという行動上の「価値」は、「タイヤと路面の摩擦音だ」とか「車がきた」といった自覚的認識を介在させることなく生起する。つまり、道を歩くという場面での行動上の「意味」の配備、あるいは環境の「価値」的な彩りが、ある音の知覚において自ずと成り立っている。そしてこの行動上の「意味」の配備を浮き彫りにする能力こそ、メルロー＝ポンティが身体とよぶものの核心なのである。

「音声的な身ぶり」も、身体と知覚がしつらえるこの「状況の空間性」のなかで織りあげられる。だからそれは、身体的世界の状況的な「意味」の「波頭」として「情動的な意味」をおびる。メルロー＝ポンティが、「発話《パロール》」の「意味するところは一つの世界なのである」と言うとき、問題としているのはまさにそれである。言語とは、主体が行為の状況のなかでとる、「その位置のとり方そのもの」[61]なのだ。そこには、身体が状況に埋めこまれつつ知覚を成り立たせるのと同様の構図がある。言語が一つの「身ぶり」であるという主張の核心はここにある。

「声の身体」を異界に追いやるもの——主体性の求め

「情動的意味」を分泌する声は、身体的な世界の「意味」の配備に触れながら、振れつづける。だからこそ音響的な意味は、身体的な知覚の次元でとらえなければならない。けれども、主体的であることを希求する存在は、言語的思考の形をとった意志や欲求に主体の証を見いだし、身体の次元で分泌される「意味」を遠ざけ、存在の秘所に隠蔽しようとする。音響の意味世界は、一つの異界として、主体から隔てられている。

この点については、改めて掘りさげておく必要があるだろう。なぜならそこには、あの「立つこと」に不可避的にともなう深淵の陰が、黒く刻まれているからである。ここでも、まずはメルロー＝ポンティに依拠するのが好便だろう。知覚論をベースにした彼の言語理解は、「身ぶり」

としての声の「意味」が、主体性の彼岸において湧きあがることをしめしているからだ。

メルロー＝ポンティは、行動の任務におうじた「状況の空間性」をしつらえる知覚は、「非定立的な意識」だとしている。そのつどの世界の配置は、たしかに知覚をつうじて浮かびあがるけれども、その意味のシステムは「十全な規定をもっていない意識」、「対自的に明晰となっていない」ものである。背後からの音で思わず道の端にステップする場面を想起されたい。回避行動は、「タイヤと路面の摩擦音だ」とか「車がきた」といった自覚的認識なしに生じる。つまり、道を歩くという場面での行動上の意味の配備は、「前述定的な知[62]」でしかない。それは、少なくとも身をよけるその時点においては「暗黙の、あるいは沈殿した知識[63]」でしかなく、そこで知覚している身体は「見られることも触れられることもありえない[64]」ものなのだ。

知覚において成り立つ「状況の空間性」は、行動の点から言えば「即自において自由にしうるもの un maniable en soi」にすぎず、主体にとっては一つの闇の広がりでしかない。つまりそこでは、対象の世界と行動する主体の関係は、「状況の空間性」によって自ずと暗黙のうちに規制される。その意味では、主体は「知覚をつうじて対象のなかに浸透し、対象の構造を己れのうちに同化する……彼の身体をつうじて対象が直接的にその運動を規制するのである。[65]」

このとらえがたい闇、抗いえない定めの世界から、一つの声が湧きあがる。たとえば、背後からの音でステップするとき、息を詰まらせたような「オッ」という声があがる。あるいは、スポーツで劇的な展開が起きると、観客から奔流のような「オーッ」という声が噴出する。こうした

「身ぶり」としての声は、「知覚」において配備された「状況の空間性」が織りあげ、行動的世界が自ずと分泌するものである。声をあげる者は、対象的世界の構造に呑みこまれ、「暗黙の」状況の蠢きに合体させられている。そのとき声とは、「何の表象もともなわずにその身体に働きかけてくる諸物のうながしに対して、身体を応答させること[66]」にほかならない。それは、対象的な世界と自己の身体との「コミュニオン」であり、「状況の空間性」と「シンクロする[67]」ことだと言ってよい。自己は、対象的世界への「根本的な開かれ[68]」を抱えこんでいる。

　問題の鍵はここにある。「身ぶり」としての声は、自己が身体をつうじて対象的な世界に浸透し、「対象の構造を己れのうちに同化する」体制に埋めこまれている。そこで湧きあがる声は、「外部がわれわれに侵入する仕方、われわれが外部を受け入れるある仕方[69]」なのである。そこには、主体性の理念を切り崩す事態が潜んでいる。「身ぶり」としての声とその「情動的な意味」の分泌とは、主体が対象的な世界の「うながしに対して身体をして応答させること」なのだから。

　けれども、自身の自律性を追求する主体は、この真実を受けとめず素通りしようとする。もちろん実際には、「状況の空間性」が分泌する声の表情に、「情動的な意味」を感得するというのは、私たちの日常的現実である。にもかかわらず、少なくとも反省的な自己了解では、音響的な次元にさしたる意味はないと解する。かりに声の「身ぶり」的意味を認めたとしても、言語的な意味に付き添うたんなる影として捨てておく。こうして、「音声的身ぶり」と「情動的な意味」の世界は、主体性の理念のもとに存在の陰に追いやられ、密やかな異界へと押しこめられる。

たしかに、状況におうじて湧きあがる「感嘆詞」のような声や、身体の状態におうじて「漏れる」声だけなら、とるに足りないことかもしれない。しかし、「状況の空間性」におうじた声の「音色」や「表情」の変化についてはそうは言えない。こうした「情動的意味」は、文字通りすべての発声に潜んでいる。**思考を伝え、感情を表出する言葉の現象が、あるアスペクトにおいて対象的な世界に埋めこまれ、状況に規制されつつ浮かびあがる、一つの反響であるという真実。**主体性の理念を追求する者は、この現実を生きているにもかかわらず、それを隠蔽せずにはいられない。「音声的な身ぶり」は「状況の空間性」から切断されて個別の話者に帰属せられ、その「情動的意味」は状況に依存しない普遍的意味のオマケとして受け流される。自己の揺籃である反響の場は、主体性の彼方へと遠ざけられるのである。

それは、メルロー＝ポンティが知覚をめぐる「主知主義」に見いだした構えとパラレルなものである。「主知主義」は、対象と世界に対置される内面性の領域を確保し、この内面的な意識がそれ自身の根拠にささえられてあることを希求する。だからそれは、知覚が対象的世界への主体の埋めこみであり、「状況の空間性」によって規制される現象であることに目をつむろうとする。同じように主体性の理念にしがみつく意識は、声という現象が、固有の根拠に立脚した内面的意識の表われだと思いなす。

それは、**声という現象を己れのもの、個体的に掌握できる自己の固有性 propriété として確保しようとする構え**だと言えよう。そこには、「完全に自己を所有した思惟の絶対的透明性[70]」への求めがある。けれども、「身ぶり」としての声の真実は、それとはほど遠いところにある。「音声的身ぶり」とは、身体をつうじた対象的な世界への「投錨」であり、人間が「その自発性の一部を放棄すること」[71]なのだから。

身体の次元で分泌される声の意味世界は、主体性を希求する意識によって暗部に追いやられる。メルロー＝ポンティの思想は、問題の異界がまさに異界として秘匿される事情を、鮮明に描きだしていると言えよう。実はそれは、あのJ・デリダの思考とも共振しあっている。直接に問題となるテクストは、E・フッサールの現象学に対して脱構築的な読解を試みた『声と現象』である。『声と現象』は、フッサールの現象学が「声 phonè の必然的な特権」[72]にささえられていることを解明した作品である。ただしそれは、経験的ないしは質料的な現象としての声 voix を探求したテクストではない。そうではなく、デリダが問いただしているのは、あの「思惟の絶対的透明性」を確保しうるような、一つの理念としての「声の卓越性」にほかならない。

フッサールは『論理学研究』の冒頭で、「表現 Ausdruck」と「指示 Anzeigen」を区別し、前者にのみ「表現される意味」を認める考えを表明している。彼が言う「指示」とは、「指標（標識、目印など）」の働きであり、たとえば、烙印は奴隷であることを、ナショナル・フラッグは国家を指示するといったものである。けれども「指標」は、「さらに意味機能を充たすのでなければ、何ものをも表現しはしない」[73]とされる。これは、常識的な理解からすると無理筋に思えるかもしれない。けれどもこの理解にこそ、意味作用 Bedeuten に関するフッサールの基本的な考えがしめされている。彼は、「表現」の概念を常識よりも狭くとらえようとしているのだ。表現とは、「何らかの〈思想〉を表現的な仕方で主張しようとする意図」[74]に裏付けられたものだけをさすのである。この整理によって、「指標」と「指示」の機能は主体的な「表現」から峻別され、隔てられる。それは、主体的な意図に貫かれた「語り Rede」を焦点として「表現」をとらえ、この主体性の構図を基礎にして意味の世界を理解する論理だと言ってよい。

デリダが真っ先に問題とするのは、この「表現」概念の限定性である。フッサールにしたがうなら、たとえば「表情の動きや身ぶり」は「表現」から除外されることになる。かりにそれらが見る者にとって何かを「指示」しているとしても、表情と身ぶりの主体が何かを主張する意図をもっていなければ、それは「表出 Äußerungen」でしかなく、「表現」ではないというわけだ。フッサールは「意志という純粋な**精神**による純粋な賦活 animation」[75]を要件として意味作用を理解する。これがデリダの整理である。たしかにフッサールの理解は、「意図」「意志」という「内面性」によって「表現」を埋め尽くし、精神の「自己固有性」と「自己への近さ」に浸された意味世界を求めるものだと言ってよい。メルロー＝ポンティの思想がデリダの議論と共振しあう軸点は、まさにここにある。

ただし、デリダの思考の射程は、より深く重要な問題にまでのびている。ここで「自己への近さ」を求める思考が「表現」から除外するのは、表情や身ぶりだけではない。それは、「発声 prononcé の実際面や、意味作用の物質的肉化」[76]も排除する。つまり、「感性的記号、発音された音声複合、紙の上に書かれた記号」といった「表現の物質面」も、「非意志的な」ものとしてはじきだしてしまう。ここで重要なのは、こうした「物質面」には先の「指標作用」の問題が満ち溢れているということである。フッサールは、「発話」にとって不可欠な「指標作用」の次元を、「前表現的」(77)なものとして意味作用から強引に峻別し、遠ざける。

デリダは、ことの核心を鋭く衝いている。フッサールは、「イデア的なものの真正な様態」をしめす哲学をめざしていた。けれども「イデア」とは、「実在せず、現実的でないというまさにその理由のために、それの現前の同一性において無限に反復される」ものである。だから、意味のイデア性を確保するには、意味作用が「表現の物質面」に依存し浸食されることを回避しなければならない。問題とされているのは、「表現」の物質的な側面と、その精神的な側面との区別だと言ってよい。「指標」の外的で経験的な現象は、精神における「イデア的なもの」の現前を汚染する「偶然的」で「非明証的」(78)なものとして、徹底して排斥されたのである。

それは、意味作用が精神的な次元から離れることを忌避する思考だと言えるだろう。デリダによれば、フッサールは意味が自己の精神に対して透明なかたちで現象し、あくまで自己の意識にとって「絶対的な近さ」のうちにあることを求めたのだ。意味の「自己への現前」が全き透明性において確保されること、このテロスがフッサールの思考を貫いている。そして、まさにそれを実現するためにしつらえられたのが、「特権的な声」という媒体なのである。「思惟の絶対的な透明性」を担保するべく押しだされる「声の卓越性」。

しかし、意味作用がなにがしか伝達の場面で現象するかぎり、この「絶対的な透明性」は汚染されることを運命づけられている。いや、「特権的な声」という理念的な媒体は現実には存在しないものであり、現実の発話では機能できない。すべての言説は、何らかの伝達に関わるかぎり、必ず「指標作用」を含みこんでいるからだ。発話の実際的な声は「聴覚映像《イマージュ》」を指示するものとして、表情や身ぶりはある情緒や語りの雰囲気を指示するものとして機能してしまう。発話が物質的な現象を介して他者に意味作用を伝達する現象である以上、それは「身体の非透明性」(79)を通過せねばならないのである。しかし、実のところそれは、フッサール自身も認めるところだった。彼は、伝達と告知においては、「表現」はその純粋さを喪失すると明言したうえで、何と「独語としての意味作用」(!)に「絶対的な透明性」の砦を見いだしたのである。

伝達とは無縁な「内面的な独語」。「表現」の純粋性を保証する「声」の理念型は、そこに求められる。けれども、そのために論理は、極めつけの捩じれを抱えこむ。フッサール自身が認めるように、「表現」は伝達を**本来的**な機能としているにもかかわらず、その純粋な「透明性」は伝達がなされない場面で実現されるというのだから。ただしそれは、たんなる事実誤認や論理的な不備からくるものではない。デリダは、この捩じれの背景には、フッサールの一貫した求めがあると言う。

主観は、自己の外をへる必要もなしに、自己の表現活動によって直接に触発される。私の発話 parole は、私のもとを離れないように思われるがゆえに、〈生き生きして〉いる。すなわちそれは、私の外へ、私の気息の外へ、可視的な隔たりのなかへ転落しないように思われ、私に属することをやめず、〈余計な付属物をもたないから〉私の意のままになることをやめないように思われる。ともかくも、このようにして声の現象が、現象学的な声があたえられるのである。(80)

フッサールが希求したのは、「内面的独語」の「絶対的な近さ」なのだった。そこには、この「近さ」の拠点を「気息の精神性」に求めつつ、外在的な「身体の非透明性」をそぎ落とした理念的な「声」を確保しようとする思考がある。声という身体的事象を、意識の「自己所有」に貫かれた、透明な精神的媒体へと仮構する論理。それは、「世界のなかの声の身体 le corps de la voix」(81)を切り捨て、異界の闇へと追いやる。

デリダのテクストは、主体性を希求する意識が、「感性的で肉体的な側面」で息づく「指標作用」を遠ざける事情を浮き彫りにしている。主体性の意識と「声の身体」の次元との、この隔たり ecart と断裂 brisure にこそ、声の世界が一つの異界とされる理由がある。この隔たりと断裂は、主体的であろうとする自己の構えと背中合わせのものである。「音響」の「感性的で肉体的な側面」での未然の「意味」の蠢きは、語る者が自己に対して透明な意味世界に住まうために、主体的存在とは無縁な秘所へと追いやられ、言語的な意味の世界の陰に隠される。つまり、**意味の主体として「立つこと」への求めこそが、その陰に「声の身体」という不透明な異界を生みだす**のである。

だが実際には、私たちは密かに「声の身体」を生きており、主体性を汚染する「指標作用」に身をゆだねている。「声の身体」によって、つねにすでに世界をあたえられ、世界に埋めこまれているのだ。いや、主体性を汚染する「不透明な」身体の次元は、聴覚だけでなくすべての知覚場面を掘り抜くように根を張っている。「一切の知識は知覚によって開かれた地平のうちに位置している。……われわれは世界の画像のなかから、われわれがそれであるところのあの空隙lacune、それを通して世界がある人に実在することになるあの空隙を、けっして消し去ることができない」[82]。生きられる世界は、「不透明な」身体の異界と、主体性の意識をささえる意味の領域とのあいだの深き隔たり、根本的な断裂を抱えこんでいる。

ところが、日常のありふれた意識はこの断裂に苦しんでいるようには見えない。たしかに、「内世界的な音響」[83]の次元には「指標」的な意味作用が蠢いているのに。それは、あの「音声的身ぶり」の「情動的意味」が状況から自ずと分泌されるように、主体の自覚的な意識と自発的な行動の彼方において発動するからだ。知覚における「非定立的な」意味は、無自覚的に生起し生きられる。そのかぎりでは、あの根本的な断裂と分裂は、顕在化せずに忘却される。

もちろん、「声の身体」の異界に思考と感性の耳を傾け、そこで織りあげられる意味の現象を自覚的に反省するなら、意味世界を分かつ深き隔たりに向きあうことも不可能ではないだろう。だがそれは、一種の攪乱と苦痛を引きうけることになる。とりわけ、徹底して言葉に依拠して世界に関わろうとする表現者が、この隔たりに身をさらし、それを突き抜けようとするとき、すさまじい緊張と苦悩を抱えこむことは必定だろう。音響の不透明な「意味」の蠢きと、言語による主体的な意志的表現のあいだで苦悶する生。そこには、一つの異界が立ちのぼる。実のところそれは、世界を謳う幸福にあずかることでもある。けれども、異様なテンションと鬼のような執念に貫かれたその生は、幸福という言葉に反した苛烈なものとなるほかない。

言葉の光、闇の衝迫——意味世界を無化する虚無のイメージ

たとえば、川上未映子。彼女の紡ぎだす文字の群れは、未然の「意味」の闇に取り憑かれているのだろう。いや、その漆黒の闇と、言葉の眩い光との落差に魅入られていると言うべきか。「少女の母」は已れを諭すかのように語る。「言葉が抱けるものなんてこの世界の実はほんとはどこにもない、甘さも、青さも、悲しいも、この発音からそれが指し示そうとするものからどれくらい深く断絶されてあることか[84]」。深き隔たりの向こうにある「本当のこと」とは、物と肉の世界から訪れる未然の「意味」の衝迫にほかならない。川上は、この物と肉の次元の『 』にざわつきかき回される意識を文字にする。「さこん、さこん」と切られる「シイタケの毛茎」と愛犬「ろく」の足、検分される毛根や毛穴、好き勝手に広がる髪の毛、肉の結ぼれでの「量」の昂揚、達したときに「輪郭だけになっているこれ」、そして「極小の天道虫が羽を広げる瞬間」、潤んだ夜の光、「世界のみずみずしい輪郭」。すべては、さまざまな遠さからえも言えぬ感覚を刺激する未然の「意味」、いや言葉ではつかみきれない質料 material の衝迫だと言えるだろう。

観念から遠く隔った物や肉どもの衝迫に身をまかせ、質料の世界に埋もれ満たされようとすることも不可能ではあるまい。けれども、川上は無謀にも敢然と、それらを言葉と意味の岸で問いただす。あるいは、その質料からの衝迫に貫かれるとき、「女子の先端」で言葉の不可思議なスパークが生まれる。たとえば、「輪郭だけになっているこれ」。「何もかもが押し寄せてぬかるんで慰めあうこの結ぼれ」は、「言葉も態度ももたれへん」。なのにそんな時にも「いちいちの、ゆつゆつと仕組まれた言葉の確認に、女子の先端は、いっつも充血するんであってそれは膨らむんであってあれはいったいなんであろうか！[85]」質料的な衝迫との隔たりは、あくまで言葉と意味の渦をゴオゴオと吐きだす意識に対して、より深く絶望的なものとして現われる。自らの性《さが》によって世界の断裂を先鋭化し永遠化する意識は、挫折の反復を運命づけられている。にもかかわらず、川上はこの深き隔たりを跨ごうとする。当然にも、言葉と意味の伸長力に依拠しつつ。

　言葉と意味の岸から物と肉どもの衝迫を、文字においてつかむというのは、本来叶わぬ願いだろう。「おまえがおまえ以外のものから知ることのできることやものというのは、――言葉以外の何ものでもないのですから、初めからおまえは常に喪失をしているのです。[86]」けれども、隔たりのこちら側で、言葉と意味の網からつねに何かがこぼれるところを、質料の闇に触れる異相として指示することは不可能ではあるまい。川上は数々の言葉の偏奇と過剰を重ねつつ、言葉の底に蠢く「音」とリズムの波を浮き立たせる。それは、物と肉の衝迫に接する文字群を衝突させ、意味の衣装の下に隠された「声の身体」に触れながら、質料の闇に迫ろうとする戦略なのだろう。

まずは、次々と重ねられてゆく言葉の偏奇。「部」や「なはんて」、「男々」や「足足」、そして微妙に変形された擬音語や擬態語。それらはすべて、想定される「ふつう」の言葉からのズレにおいて読む意識を揺さぶる。既定のものとして自明化した言葉は、文字や音と、それに「そなわった」意味との不可分な合一として現われる。そのかぎりでは、文字の図像的な形とそこに潜む音の次元は、意味を連ねるためのたんなる「トリガー」と化し、透明化していると言っていい。ところが、川上が作出する偏奇は、この「自然な」合一を切り崩し、おかしな音をあるべき音に突きあわせ、自明性のうちに眠りこんでいた音の次元を浮き立たせる。「部」は少し投げやりな破裂音を、「なはんか」はもやっとした曖昧な発声を想起させる。そしてまた、この次元の顕在化は、周囲の言葉にも伝染してゆく。「部」の少し前に横たわる「瘨癀」も、「なはんか」の後に頭をもたげる「1分」も、いかにも珍妙な音の連なりに感じられてくるのだ。

頻出する「音飛ばし」も、音の次元を前景化する。「しても」「どのよな」「泡をぶっす飛ばし」「いよいよそれら疎ましくて」「もしく」「たったこの時に」(87)。これらも、音の並びとリズムの偏奇による揺動をつうじて、「声の身体」の響きに意識を引きよせる。だが、こうして音の衝迫に身をゆだねてゆくと、造語としか言いようのない擬音語や擬態語も、心地よく漂う乳児の喃語のように、マテリアルな響きとして聴きとられる。「ゆつゆつと」「なんなんと」「ぬんとした」「ぶぶぶぶっって」「てんてんてんと」「ちろちろと」。すべてそれらは、音からくる想像的印象を介して、出来あいの言葉の包みに隠されていた「声の身体」を浮きあがらせる文字たちなのだ。

あるいは、句読法の攪乱。読点のみで延々と継ぎ足されてゆくあの文体である。

いわゆる場末というのかしら、いわゆる高級なものとの縁は一切なし……どぎつい粉飾がびしびしと目に突き刺さる電話や口の風俗店、その隣にフグを食べさせる店があったりして、しかしこのフグというのがどこらへんがフグなのかが噛みながらにしても謎であり、いったいこれのどこがフグ部、といった按配で、それにかかってくるパチンコの音流、電飾のぴかぴか、ゲーム機が内蔵されたテーブルに暗い暗い喫茶店、店主も客も居るとこを見たことのない判子屋、などなどで、人々はかかる鬱憤を爆発させ、笑い、道の端にはビール瓶が山となって割れてあったりと、とにかく乱雑なものであって……。(88)

これでもかとばかりに句をつなぐ数々の読点は、必ずしも同価値同機能のものではない。読む者は、読点で区切られた前後の句の意味的関連を自ずと追いかけ、あるときには意味の積み重ねを、またあるときには意味の断絶を見いだしてゆく。そのとき後者には、グラフィカルな「、」とは次元を異にする、意味的な区切りが現われてくる。おしなべて読点で継ぎ足された文字の奥から、意味が刻むリズムがあぶりだされると言ってもよい。場合によっては、句点を頻出させながら、それを越えて意味をつなぐ文もしつらえられる。ここでは、グラフィカルな「。」が刻むリズムをたたえた、連なりのメロディーが浮きあがってくる。

意味のリズム。それは音響としての「声の身体」とは別のものではある。けれども、そのリズムの内に、さくさくと刻む心地よさが、あるいは微妙なズラシからくる変拍子のノリが感じられるとき、意味を奏でる**意識の音楽**とも言うべき異相が浮かびあがることはたしかだ。文字と音の組み立てを基盤とした思考の流れが、一つの音楽的なリズムとして立ちあがり受けとられること。そこには、物でも肉でもないような、ある種のマテリアルな動きが顕在化する。

　この延々と継ぎ足されるスタイルは、言葉と文の過剰を噴出させる道具立てともなる。言葉が音を介してさらなる言葉を呼び、文字と意味のリズムがさらなる文字と意味を呼ぶ。「腎臓がわたしにしっかりとした意識を持ちやというので、わたしは泣きながらそれは出来ん不可、不可不可やと腰を持ちあげ布団に押しつければ女子の先端がずきずきと痛むのでトイレに出かけるのもおっくう……。お話やお喋り親切こんなにもリズムで楽しいのにな、様式が美様式が出口をしこたま可愛がって抱きしめてやっぱ離さんのは誰のせいでもないんやろうけど、編まれてゆくのはいつだって交渉ではなく告白やった、白の、橙の、濃紺の。[89]」

　それは、何よりも文脈的な意味の存立にとっての過剰だろう。読点でうねうねと連続する言葉どもによって、意味の全体的配置はとらえにくいものになる。さらにまた、たんなる「スペース」と化した読点を挟み、突然の脈絡の転換、文脈的意味の脱臼が仕掛けられる。「濡れた、その薄い唇が合わさるすきまに赤い丸の輪郭がちゅるっと消えて、消えて、消えて、とやってると、どんがらがっがんという派手に爆発する音が聞こえて、それに重なるようにオルゴールのなんか繊細な音も聴こえて、それは中華料理屋の店員がいきなりテレビをつけたためであり、そのテレビは神棚のような変色した頼りない木製の備えつけの台にはみ出ながら置かれてあり、それを支える部というか棒部もなんだか油で腐ってるように黒くて細くて……」(90)。

文脈の脱臼によって文章の脈絡が分散化すると、意味の網目がなにがしか弛み、言葉の音と身体的なリズムが相対的に前景化する。たとえば、緑子が口にする陶器のキズから膨らむ想像。「緑子の唇がぷつっと小さくひっかかって点として破れるところを想像してしまう、今日まだ一言も口をきかない緑子の唇のなかには、真っ赤な血がぎゅっとつまっていてうねっていて集められ、薄い粘膜一枚でそこにたっぷりと留められてある、針の本当の先端で刺したぐらいの微小な穴から、スープの中に血が一滴、二滴と落ちて、しかし緑子はそれには気づかず……」(91) タ行の破裂音を断続的に響かせながら、体の微細な部分にズームアップしていく文は、言葉の音とリズムの次元において、ぎりぎりまで緊張したムードを醸しだす。こうして川上のテクストは、文字をつうじて身体的知覚の想像へと誘いながら、物と肉の彼岸へと近づこうとする。

けれども——。質料の闇を志向する言葉の波は、突然に反転する。文脈的な意味が極限まで抑えこまれたとしても、音とリズムという身体的次元に触れる言葉から、フッと漠然としたイメージが湧きあがってくる。破裂音の緊張したリズムは、緑子という存在を焦点として積みあげられ、張りつめた意識、破れそうな心といった観念的なイメージが結ばれる。そしてまた、唇の一点にズームアップしていく意味のしつらえは、観念的な想像へのジャンプをうながす。ミクロな言葉の質料的な衝迫に触れるテクストを積みあげても、意識は、身体的な知覚に沈みこんだままではいられず、つねにそこから漠たるイメージを膨らませてしまう。言葉に取り憑かれた者は、どうあがいても観念の岸へと押しもどされてしまうのだ。

何もかもが美しすぎるんがなんでそんなことがいつまでたってもわからんねんなって花嫁は口から泡をぶっす飛ばしながらさしまくる、んでときどきさしまちがえたりさされたり、感激する、涙がでる、動けない、動ける、なんら言葉っていう額縁と心を持ちながら、誰にっていうわけでもなくって、徹底的に観念、観念でぐっちゃちゃぐちゃとうねうねとに発露するしかないこの、あらゆる決まりごとから自由であるいかれこれのなんやかや……。(92)

たとえ「ぐっちゃちゃぐちゃとうねうねとに発露する」にしても、「徹底的に」観念でしかないイメージは、一つひとつの言葉よりもさらに物と肉の闇から隔たっている。たしかにそれは、言葉の音と身体的リズムを浮き立たせることで、断続的に引きよせられる。けれども、格闘と駆けひきの喧騒のあとにぼんやりと迫りくるのは、つねに曖昧模糊としたイメージの断片なのだ。そして、物と肉の暗闇は、言葉と観念が明るく輝けば輝くほど、より深く遠く沈んでゆく。「少しずつ広がってゆこうとするその光の輪郭の成分を、くいいるように見つめながら、光がある、ここにも、あそこにも、と言葉にして、指を示して、見渡せば、冗談みたいにあきらかに、まったく、夜の中は光しかないのです。[93]」「してもその巨大な余白は埋りんくて」[94]。意味と観念の此岸と、物や肉の彼岸との深く遠い隔たりは、ついに越えることも渡ることもできない。にもかかわらず文が分泌する断片的イメージは、ときにむやみに、わらわらと増殖しながら思考と感覚の主を駆りたてる。「わたしは吐くみたいに、誰にも誰にもばれんように泣くしかない、なあ、こんな時にも女子の先端は膨らみ続ける、どうせやったら握れるくらいのでかさになれよ、なあ悲、この悲はいったい誰の悲なん」。言葉とイメージに囚われた意識が、質料の蠢きを突き抜けようとする試みは、繰り返し挫折する。川上のテクストは、けっして物と肉の彼岸を顕わにする異界ではない。むしろそれは、この試みがどうやっても挫折するしかない事実を上演しながら、彼岸の前に横たわる断裂の深さを言葉の影として浮き立たせているのだ。「ねえ、わたしのいっとう好きな意味は、どうして。[95]」言葉の奥に潜む異界を、徹底してネガティヴに感じとらせること。ここに、川上のテクストの本旨がある。

ただし――。『乳と卵』の緑子の叫びには、たしかに声の闇がまとわりついている。しかもそれは、音響の質料的な衝迫から湧きあがるものではない。むしろその異界は、筋立てと観念的意味のしつらえをつうじて、文脈的な意味の次元で引きよせられているように見える。

緑子は長らく声を発していなかった。母である巻子とのいさかいもあるが、何よりも自分の存在の苦しみを言葉にできなかったからである。その緑子が、母への嫌悪と愛情のぐるぐるに堪えかねて、ついに突然大きな声を出す。「お母さん、ほんまのことを、ほんまのことをゆうてや[96]」。

絞りだされた声は、巻子の女としてのあり方に反発するだけのものではない。母を大切に思う素朴な気持ちとその生活を嫌悪する気持ちとの葛藤、自分が女になり大人になってゆくことへの不安、そして生まれいづる者の不条理への怒り。緑子の叫びは、自分に被いかぶさる世界の過剰に堪えかね、どうしようもなくなった者の存在の声である。

その声は、たしかに色々の言葉として発せられた。けれども、「くるしい、くるしい」と叫び、あらんかぎりの声で呻く緑子は、何かの意味を声にしたのではない。たくさんの過剰な意味を拒絶して端的に声となったのである。「最近はものを見てると頭がいたい、最近はずっと頭がいたい。」[97] 際限なく膨らむ意味にかき回される緑子は、その攪乱に堪えきれなくなり、過剰な意味を停止し断ち切る声の世界を呼びよせたのだ。それは、松田修の言う「さけび」に近い。「さけび」とは、「外部からの加圧による分裂」のときに発せられる、存在を「裂く」言葉なのである。「通信なり、伝達なりは」もはや意識されていない、「しいて言うならば本能が発した、無目的でさえある「音」[98]」。緑子の呻きは、この「人間的な営為」を超える「さけび」にほかならない。

緑子は、「吐くような姿勢で一直線の太い声を絞り出して呻いて泣き続け[99]」た。彼女は、肉体の音となり、振動となり、震えと「なること」によって、一時ではあれ逆巻く意味の波が届かない深淵へと滑りこんだのだろう。言葉ではなく端的な声。それは、身体的存在の振動として描きだされることによって、意味の過剰を凍結させる異界を引きよせる。ただしそこには、音響のイメージも、質料的衝迫の描写も希薄である。いや、物と肉の衝迫からくる感覚そのものは、文字ではつかみ切ることができない。だから、むしろ駆使されているのは、捻出されたイメージと観念である。声を殺してきた者の極限における発声という物語、「突っ伏して」呻きつづける身体の表象、「ぶわりと」涙を噴出させて破裂する存在のイメージ。「端的な声」の異界は、こうした観念とイメージによって象られている。

意味の過剰を凍結させる声の表象は、それ自体、意味と観念の網の目として織りあげられている。しかも、あの過剰な言葉の散乱を背景としながら、声の闇はいっそう暗い空虚として浮かびあがる。そこでは、音響の質料的な衝迫も、そして声の質料的な実質や感覚的な内実も顕わにされていない。だから、川上のテクストは「声の身体」の世界を顕現させるなどと言うべきではないだろう。そうではなく声の異界は、意味と観念の網の目を過剰に張りめぐらしながら、束の間ではあれそれらが凍結する限界点において、**あくまでネガティヴに暗示されている**のである。

声の異界は、過剰な意味と観念の果てるところに、ある種の空白と空洞として穿たれる。あるいは、意味と観念の存立を掘り抜く、虚無的な闇を垣間見せるものだと言ってもよい。それは、いくつもの物語に見られる一つの文法でもある。**世界の意味の構成と成り立ちが融解し無化してゆく場面には、しばしば声や音の虚無的な闇がたち現れるのだ**。たとえば、伊藤計劃の『虐殺器官』。そこでは、おびただしい数の人間が一挙に虐殺される異界が、独特な声の噴出として描きだされている。インドに派遣された戦争請負企業の兵士たちは、それを「リゲティ」とよんだ。「人が大勢死ぬときはものすごい唸り声が聞こえるんだ。何十、何百の叫び声が合唱になって、それらを束ねたものすごく太い声の柱を、インドの空に打ち立てるんだよ。(100)」

前衛的な現代音楽の作曲家、リゲティ・G・シャーンドル。物語がここで念頭においているのは、『2001年宇宙の旅』で採用された曲のことだろう。「モノリス」の場面に流れる「レクイエム」。電子音と震えるような合唱とを重畳させ、精神を異次元へ送り去るような怪しい響き。大量虐殺の場では、それを彷彿とさせる異様な音の束が飛び立つのだろう。人間とは次元を異にした蠢きを感じさせる機械的なドローン。多数の孔から吹きだす冷気が金属的に震えるような、それでいて不思議議なテンションの衝突を感じさせる声の絡みあい。鋭く突き刺すようでありながら、同時に怪しげな重さをたたえた恐ろしき響きは、人間存在の奥底に潜む魔の音声にふさわしい。

けれども、『虐殺器官』の「リゲティ」には、声の質料的な実質や感覚的な内実が欠けている。物語は、それを「ものすごい唸り声」と描写するのみであり、むしろ「太い声の柱」という観念的なイメージの方にこそ強烈なインパクトがある。そう、この「リゲティ」も、緑子の呻きと同じように、意味と観念がネガティヴに浮き彫りにする声の異界なのである。意味と観念を溶かし去る虚無的な闇の噴出。この端的な声の異界が、「声の柱」のイメージによって表象されている。

たしかに、「リゲティ」と名があてられる以上、『2001年宇宙の旅』の音響構成も連想されるだろう。けれども、そのときに呼びよせられるのは、孤立的に切りとられた音と声だけではなく、「レクイエム」が流れる場面の全体的なイメージと印象にほかならない。それは、「モノリス」が出現し、人知を越えた超越的な次元で作動する場面で怪しく響きわたる。そして、「スター・チャイルド」の映像に帰結するシークエンスのように、人間的な世界の意味と観念を融解させ、別の次元へとワープさせる。映画のイメージが想起させるのは、この**人間的な世界の意味と観念を溶かし去る、虚無的な闇のイメージ**ではないだろうか。

実は、『虐殺器官』の基底にも、こうした闇の威力が潜んでいる。あの「声の柱」を噴出させる虐殺は、ジョン・ポールという謎の人物の「呪言」をきっかけにして生起するのだった。彼は、人間精神の奥底に密やかに働きかける「深層文法」を駆使し、虐殺の「遺伝コード」を人々に流布していたのである。「音楽としての言葉、リズムとしての言葉、そこでやり取りされる、ぼくらには明確に意識も把握もしようがない、呪いのような層」[101]。人間の意志や思考を超えたところで抗いがたい力を発揮し、人間世界の意味と観念をたやすく無化してゆく虚無的な闇の威力。それはあの冷たく空虚なモノリスに、驚くほど重なるイメージではないだろうか。端的な声の異界の表象とは、この意味と観念を空無化する境位において召喚されるのである。

しかし、もう一つ見落としてはならないことがある。虐殺の「深層文法」は、人々に意識されないまま、言葉を交わしあう社会の広がりにあまねく浸透してゆく。まさに音の場と同じように、すべての存在に波及してゆくのである。人々の内に密かに滲み入りながら存在に作用する「呪言」のメロディには、反響の空間に重なるイメージがある。ミクロな作用による全体への密やかな浸透。これが、あの虐殺の現場を取り巻く通底音なのだ。人間的な意味と観念の世界を溶かし去る場が、声の異界として表象される理由は、ここにも見いだすことができる。

それは、J・G・バラードの『時の声』にもはっきりとしめされている。神経科病棟のプールの底に浮かびあがる奇妙な「表意文字」。その掘削された溝でできた図柄は、入院していたある生物学者が一心不乱に刻んだものだった。彼の担当医だったパワーズは、自分の「最後の夜明け」が近づいていることを漠然と感じ、そのプールに向かう。そこで彼は、すべての存在を密やかに貫く「声」を聴きとり、その波に呑みこまれる。

頭上から、星の声が聞こえてくる。地平線から地平線まで空一面にぎっしり詰まった幾百万もの宇宙の声、真の時の天蓋。犇めきあうラジオ・ビーコンのようにさまざまに交錯しながら、それらは宇宙の果てからこの空めがけて飛びこんでくるのだ。……パワーズにとっては、空はきわまりない喧騒の巷だった。(102)

問題の「声」は、人知を超えたところですべての存在に滲みわたる、隠された波動にほかならない。人間の意味世界では浮上しないにもかかわらず、音の密やかな作用が宇宙の全存在に浸透してゆくというイメージがそこにはある。「空と宇宙の全域を満たし万物を包みこむ」(103)音の動性。パワーズが触れたもの、それはあらゆる存在の奥底で「潜みふれるもの」の異界だった。けれども、その正体は一体何なのか。バラードは、「時の声」あるいは「時の流れ」という謎めいた言葉をあてている。もちろんそれは、たんなる物理的時間を知らせるものではない。物語が描きだすのは、生命体にとって特別な何かを知らせる「時の声」である。

この「声」が降りそそぎはじめたとき、研究所の実験動物たちはある異変をしめす。たとえば、チンパンジーは自分の顔や額を打ちつけ、傷つき血にまみれる。イソギンチャクの変容はさらにすさまじい。触手の神経細胞が凝集しながら増殖し、「燐光波のように踊る音の鮮やかな虹色の輪郭に、ゆっくりと焦点をあわせた。」動物たちは降りそそぐ宇宙の「声」に貫かれながら、細胞レベルでその存在を変容させたのである。それは、宇宙の終末を知らせる「声」に反応し、生き残りのための「最後のあがき」[104]を見せる生物の姿だった。

物語は、この異変の背景に「沈黙の対《ペア》」[105]とよばれる遺伝子の働きを想定している。それは、あらゆる生物に僅かなパーセンテージで潜んでいるが、その構造にとって意味のない「無為の遺伝子」だった。奇妙な図柄をプールに描いた生物学者は、その唯一の機能をつきとめたのである。時々刻々と全生物界を破滅に向かわせる「声」に反応し、全生物に警鐘を鳴らして根本的な「進化」を試みること。それが、「沈黙の対」が最後に一度だけ担う働きだった。

「沈黙の対」が聴きとる宇宙からの「声」は、生物絶滅の時を告げ、その運命を現実化する威力の波である。すべてを空無化する死の波動、それが「時の声」にほかならない。たしかにこの「時の声」を浴びることは、ある意味で宇宙の全体的なエネルギーの波と一つになることであり、宇宙にあまねく浸透する存在のリズムに融合することだとも言えよう。

その壮大なる流れの進む方向はほとんど感知できないほどだったが、その源が大宇宙の源であることをパワーズは知っていた。……ただ曼荼羅のイメージだけが、宇宙の時計のように目の前にとどまって、広大な川面を照らしていた。それをじっと見つめていると、自分の肉体が徐々に溶けだし、果てしない流れの連続体にまじりあうのが感じられた。[106]

けれども、それは生の世界を崩し去る波動に溶けこむことにほかならない。**生の世界を空無化するニヒルな響き**。それは、隠蔽され忘却された「死に向かう存在」を顕現させ、生の意味と観念とを消し去る音でもある。「潜みふれるもの」の異界は、ここでも意味と観念を無化する位相の表象として召喚されている。しかも、全生物に密かに浸透する振動として。

そしてまた、『虐殺器官』と軌を一にするかのように、「時の声」の質料的な実質や感覚的な内実もほぼ空っぽである。むしろそれは、デジタル時計の電磁パルスのごとく、あるいは光波の振動のごとく、表情を欠いた端的な波動でしかないように見える。「光子がざわめいていた。……静かな音の波がアーク灯から落ちて、下の台や調度に反響した。[107]」そして、ここでも内容的充溢を欠いた「声」を彩るのは、観念的なイメージにほかならない。「彼はほのかに赤いシリウスを見、計り知れぬ年月を閲してきた太古の声を聴いた。シリウスを小さく見せているアンドロメダの巨大な渦状星雲。消えさった島宇宙の途方もない回転木馬、大宇宙にも匹敵するほど古いそれらの声。[108]」

こうした声の異界の表象は、むしろ質料や感覚の内実が空であることによって異界の真実を浮き彫りにするのだろう。意味と観念を凍結させ空無化する異界は、言葉の織物の空虚な陰影としてしかしめされないということ。このことをネガティヴに暗示するテクストによって、物と意味との隔たりの絶望的な深さがあぶりだされる。意味と観念からなる価値と思考を自己懐疑のクレヴァスに落下させ、束の間ではあれその過剰な流れを停止させる言葉たち。テクストの底に潜む闇、意味と観念ではつかみえない非意味の深淵。

ふと気がつくと自分の存在に滲みわたってゆく耳鳴り。それは、音響の身体的次元と肉の質料的な衝迫とを、告げ知らせてくる。それはあの「リゲティ」のドローンのように、生の意味世界を空無化する虚無の闇から響いてくるようだ。私がその「音」に聴き入るとき、意識は主体を掘り抜く非意味の世界に吸いよせられてゆく。もちろん私は、その存在を呑みこむ異界から身をそらし、闇を背にして意味の世界を再度立ちあげる。けれどもこの繰り返し「立つこと」の陰で、相変わらず死の音響は「潜みふれて」いる。自己の外と内との、そして物と主体との境界をかき乱し、溶かしこむかのように。

第四章

「想うこと」の彼方

「非空間」の異界

ヴィンジ『マイクロチップの魔術師』／ミンスキーの「潜在意識」論

黒き「闇」の恐怖

ラッセル『原子時代に住みて』／ギブスン『ニューロマンサー』

脱自の異界を希求すること

ウィルソン『精神寄生体』／ハクスリー『知覚の扉』／リアリー『神経政治学』／『チベットの死者の書』

秘められた死の「コード」

伊藤計劃『虐殺器官』／ディック『スキャナー・ダークリー』／リンチ『ロスト・ハイウェイ』

「島」の空想の消息

ウェルズ『モロー博士の島』

界面のテンション

ギブスン『モナリザ・オーヴァドライヴ』／バロウズの「カット・アップ」／アニメ『空の境界』／ウォーホル『エンパイア』／タルコフスキー『惑星ソラリス』

その瞬間は、端的に「無」だった。

札幌はまだ寒かったように思う。久しぶりに好物の麺にありつこうと、連れと一緒に駅そばの店に席をえて、舌鼓を打ちはじめたときだった。

まず、首から上にぼんやりとした熱を感じた。襟や髪の根元に汗もにじんでいるような気がする。ところが、その汗が妙にひんやりしていて、皮膚にかすかな痺れさえ走っているように思える。風邪はやばいなどと思いつつ、ごまかし加減に目の前の連れに笑みを送っていると、彼女を見る視界の周縁がぼやけている。と思うが早いか、視界全体がベールに遮られたように白っぽくなった。エッ、貧血か、と考えたところまでは覚えている。

何も見なかったし、何も聞こえなかった。本当に何もなかった。

まず意識として現われたのは、頬に触れるハンカチの感触と、直角に開いた自分の脚の像だった。連れによると、顔がどんぶりにすっぽり入ってしまったらしい。声をかけても応答がないので、「救急車を呼んで下さい」と叫んだそうだ。店は騒然となったらしい。

意識はすぐにしっかりとしてきた。店に丁寧に詫びを入れ、その日の予定をとりやめて、しんみりと地下街の通路からホテルに向かうことにした。しばらく歩いてから、深刻な病の前触れかもしれないと思い、隣の駅ビルの脳神経外科をめざして道をもどることにした。

その時である。自分が不思議な状態にあることに気づいた。どう言ったらいいのだろう。とにかく爽快なのだ。頭がとか胸がとか、からだの部位の問題ではない。足下はフワフワするけれど、胸の辺りから髪の周囲まで、清々しい空気が流れている。ことの次第は記憶にない。原因も不明だ。とにかく無事で、などと気分を良くしていられるわけがない。なのに自分を貫く空気は、風に揺れる白いリネンのように爽やかだった。

　受付で事情を話すと、連れも診察に同席してほしいと言われた。戸惑いがちの医師は、意識がなくなるまでの様子を連れに聞いたのである。正直、驚いた。寒気がしたと言ってもいい。あのごまかしの笑みを浮かべたあと、私は俯き加減で首を縦に振り、テーブルにあった箸束に額を何度もぶつけていたそうだ。彼女は、変なふざけ方をしているのかと思いながらも、どうもリズムが速いことに疑問をもち、はすから眺めてみたとのこと。すると、私の眼が閉じている。一瞬、精神の病も連想したらしい。

　覚えがないがゆえの収まりの悪さ。というか、「無」の自分が他者たちの現実のなかで異様な存在となったことの気味の悪さ。そういえば、気がついたとき、斜め向かいの女性客は、怒っているような、いや忌むような視線を返していた。

　それは、私にとっては突然の「無」だった。意識から意識ならぬものへと移るプロセス、あいだのゾーンなどは端的にない。私は、まったくの空虚に、ブチッと電源が落ちたように、いやその音の間さえなく消え入った。意識と意識ならぬもののあいだの境界、スラッシュさえもなかったのである。

　けれども、移行と経過なしに意識が消失しただけに、意識と「無」との落差には、言いようのない鋭さと深さを感じないではいられない。圧倒的なとらえがたさ、断面も境もない落下。このことに想いが集中するとき、「いま／ここ」の途絶への恐れのなかで、意識の消失点には「そのとき／そこ」にとどまろうとする自己の緊張が凝固し、厚みある閾《しきい》を立ててゆく。

そしてまた、他者に見られていたことを想起するとき、境界の向こう側に存在した別の自己なるものが想定され、もう一つの存在が閾の彼方に想像される。向こう側の存在も自己であり、もう一人の自分が彼方にありうるのだ、と。それは真実には、生の周縁に潜む非意識の空洞、つねに意識の背後につきまとう「無」の影にすぎない。けれども人は、それをあちら側の自己、彼岸に「在る」であろう異質な存在として、恐れつつ突き離す。こうして閾の彼岸が、独自の存在として、あるいは別個の理《ことわり》の世界として構成される。

けれども真に明かされるべきは、向こう側に想像された世界の構成ではない。意識と意識ならぬものの切断、「隔たり」の「無」に淵源する緊張の消息。実はここにこそ、非意識の異界をめぐる核心が潜んでいるのではないだろうか。

「非空間」の異界——サイバースペースの深淵

異界は、「こちら」の現実にとって「異なもの」が求められるところに立ちあがる。フィクションもその一つである。想像を膨らます物語は、幻想という名の異界なのだ。ただし、早計は禁物。異界が「なること」にまつわるものであるなら、想像の箱庭がすべて異界の名に値するわけではない。

サイバースペースを想像したＳＦの傑作。そこには、間違いなくある種の異界が表象されている。けれどもことの核心は、物語が遥か彼方の見知らぬ空間へと誘う点にあるわけではない。サイバーパンクの古典が浮かびあがらせる異界も、実は、人間のありようを焦点としている。ここでも異界は、人間自身の「なること」を焦点として立ちあがるのだ。ＳＦが想像する箱庭空間（空想的な他所）のありようではなく、顕わになる人間存在の異様にこそ目を向けなければならない。とりわけ、その精神的存在のありように。

サイバーパンクが、私たちの生の世界からどのように隔たっているかを考えてみればよい。もちろん、ポイントはサイバースペースにある。けれども、問題の「隔たり」は、「共感覚幻想」としての輝きと謎めいた構造ではなく、その世界を飛翔する存在を焦点としている。異界の真実は、きらびやかで夢のような異空間を「想うことの彼方」に横たわっているのだ。『ニューロマンサー』は、このことを言葉の波間に垣間見せる。

ケイスは平たい皮膚電極《ダーマトロード》を慎重に装着し、膝の上のホサカを見つめる。けれども、本当に見ているのはそれではない。そして、目を閉じる――。

　眼の裏の、血に照らされた闇の中、銀色の眼閃が空間の端から渦巻くように流れ込み、催眠的映像が、滅茶苦茶にコマをつなぎあわせたフィルムのように走りすぎる。記号、数字、顔――ぼやけて断片的な視覚情報の曼荼羅。
お願いだから、今――
灰色の円盤、色は千葉の空。
今こそ――
円盤が回転を始め、どんどん速くなり、薄い灰色の球体となる。膨張し――
そして溢れ開いてケイスを迎え入れる。流体ネオン折紙効果。(1)

サイバースペースは、意識に滲みわたるようにケイスを包みこむ。「色記号化された球体」、「紅色のピラミッド」や「緑色の立方体群」に溢れ、すさまじい速度で光箭が飛び交う世界。たしかに、神秘の輝きとともに、不気味な無限の奥行きをもつ空間は、めくるめく夢の世界のようである。だが、どんなに不可解な夢であっても、とにかく不思議なものという理解は成り立つ。
サイバースペースは、「コンピューター・システムの全バンクから引きだしたデータの図像的表象」(2)であり、トロードを介して入力されたデータの刺激に「感覚信号で「肉付け」したもの」(3)にほかならない。それは、データの構造と運動を、独特の共感覚によって幻想的な知覚像へと変換し、**人間的な意味世界とのインターフェイスを可能にする**イメージ空間なのだ。どれほど神秘的であれ、現実世界の了解とつながりうるものであるなら、そこに「こちら」からの深い「隔たり」を見ることはできない。

むしろ、人間的な意味世界からの深き「隔たり」は、データ・スペースの「果てしない無の深淵」[4]にある。0／1の差異だけが蠢く膨大なデータの世界。無数の電気的信号がすさまじいスピードで行き交う世界は、そのものとしては人間の意識がとらえ、交信しあえるものではない。それは、意味に浸された人間にとっては、その了解を決定的に拒む一つの混沌なのである。「隔たり」は、サイバースペースの向こう側で渦巻く、このデータ・スペースにこそ淵源している。

けれども、「サイバースペース・カウボーイ」は、この「無の深淵」に触れ、そこに飛びこむ。けれども、どうやって？　人知を超えたデータの闇を飛翔することは、不可能な賭けのように思われる。にもかかわらずサイバーパンクは、自己の価値を賭けてデータの大渦に身を投げ、その不可能な跳躍を敢行する異様な存在を描きだす。その知覚と行為は、私たちの生の意味世界から遠く、そして深く隔たっている。この「すること」の「隔たり」、そこにこそ目を向けなければならない。

ケイスは、データの曼荼羅と触れあうために、目を閉じる。彼は、無になろうとしているのではない。「お願いだから、今」と言うとき、彼はただの偶然を待っているのではなく、トロードをつうじて自己に滲みわたる電気信号の渦に感覚を集中し、「内なる眼」[5]を開こうとするのだ。混沌として現われるデータの刺激を、どうにかして意味的な構成や動きとしてとらえ、「共感覚幻想」を立ちあげてゆく感覚の離れ業が、「今こそ」という緊張の内実だと言えよう。そこには、データ・スペースの混沌に身を投げることの異様が垣間見える。「こちら」の世界を生きる者には決してとらえられない領域と、ありえない仕方で触れあう異形の存在。その「すること」の緊張と異様において、異界は立ちのぼる。

ただしギブスンは、ウェットで鈍い生身の世界を超えて、サイバースペースの自由と解放感を求める存在を、スタイリッシュに象っている。「共感覚幻想」に憧れる者の生のスタイル、アティテュードの描写に意がそそがれているのだ。けれども、問題の異界の核心は、むしろ「サイバースペース・カウボーイ」が、まさにデータ・スペースと触れあうときに、どのような存在となるかにある。そして、そのとき心身は、どんな異様を呈することになるのか。本質は初めにあり、き。意外にも、サイバースペースの創設者のテクストにこそ、問題を解く鍵がある。

ヴァーナー・ヴィンジの名を世に知らしめた『マイクロチップの魔術師』（原題 *True Names*）は、サイバースペースの異界たる所以をヴィヴィッドに描きだしている。彼が創設したサイバースペースのイメージには、ギブスンのハードボイルドな彩りはない。むしろ、ファンタジー的な、いや、寓話風の小粋でコミカルな幻想世界が展開される。そもそも、最高のハッカーたちが出会う「ＳＩＧ」（ネット上のコミュニティ）には、「魔窟」という名があたえられているのだ。

スリッパリーの異名をもつとびきりのハッカーは、ＥＥＧ（脳波入出力装置）の吸盤型端子を額にあてがい、「別平面 the Other Plane」とよばれるサイバースペースへと滑りこむ。「魔窟」へとつうじる道は、まるでアンリ・ルソーの絵画のようにエキゾティックだ。「正しい経路は、薄緑の沼地のなかに続いている、狭い石の列のように見えていた。空気は冷たいがひどく湿っている。かすかに光っている水面と大きな葉のスイレンの上に、不気味にそびえる植物がポタポタしずくを垂らしていた。(6)」

長く下っていく坂を進んでいくと、「ハリー・ポッター」ばりのファンタジーの一場面が展開される。堀のなかから「光る目」が浮かびあがり、スリッパリーに火の粉と溶岩を浴びせたのだ。彼が素早く腕を上げてそれをよけると、一匹の「怪物」が彼の前に立ちはだかる。

ヴィンジが織りあげる「共感覚幻想」の空間は、隠喩的だ。先へとつづく「石の列」は「ある情報網から別の情報網へとルーチンの連鎖(7)」を築くことを表わし、突如出現した「怪物」は、「魔窟」にアクセスするユーザーをチェックする「対話プログラム」(防護ソフト)の形象化だとされる。あるいは、政府や巨大企業のデータベースは、大きな池の光として現われ、「大量情報通信衛星」は森や沼を見おろすように聳え立つ、山の岩盤として表象される。(8)

「別平面」に散りばめられたイメージは、データ・スペースの構造やメカニズムの比喩である。それは、テクストのなかではっきりと語られている。代理表象的なトークン（しるし）のアッセンブラージュ。ギブスンがややぼかしながら魅惑的に描いたサイバースペースを、ヴィンジはむしろ隠喩的な仕掛けを含めて細やかに表現している。

一事が万事。ヴィンジは、「別平面」へ飛翔する「魔法」の内実も律儀に記述している。「サイバースペース・カウボーイ」は、まず「自己滅却」ないしは「自己催眠」の状態に入る。「潜在意識 subconscious のアクセス(9)」を可能にするためだ。ギブスンが暗示した、あの感覚への集中とインターフェイスの能力は、ここでは潜在意識の発動として明示的に語られている。

スリッパリー氏は革のブーツから伝わる湿気を感じとり、冷気の中でも肌に汗がにじみ出るのを感じることができた。しかしこれは実際には、ポータルの端子からあたえられる刺激に、スリッパリー氏の想像力と潜在意識が反応した結果なのだ。……結局のところ、魔法用語は千年王国における〈人間〉の言葉におそらくもっとも近いものなのだ。(10)

サイバースペースという「別平面」へと跳躍しうる者。それは、通常は人が自覚することのできない「潜在意識」を発動し、人知を超えたデータ世界と触れあう存在だと言えよう。生の世界が築きあげた精神の秩序と、それとはまったく異質な感覚刺激や情報信号のシステム。問題の核心は、この「隔たり」を跳び越えることにある。だとすれば、「魔術師」がその特異な能力で操る、「潜在意識」の構造と蠢きが一つの焦点となる。

それは、かのAI研究の巨人、マーヴィン・ミンスキーが明快に語ったところでもある。彼は、*True Names* が収載されたアンソロジーに「あとがき」を寄せ、『マイクロチップの魔術師』はたんなるファンタジーではなく、「私たち自身の実在的な描写なのだ！」と書いた。もちろん、「実在的」なのは、「魔術師」たちの人間離れした能力ではない。人間的な意味世界から隔絶した「潜在意識」と自覚的に触れあうことは、現実には絶対に不可能であり、だからこそその「隔たり」

を跳び越えることは異界の出現なのだ。けれども、自覚的に触れあうのは不可能だとしても、その「潜在意識」の働きは私たちの存在の内にたしかに実在している。そして、自覚的意識には関係なく、そのプロセスと精神との連携が自ずとなされるのが、私たちの足下のありふれた現実ではないか。これがミンスキーの批評のポイントである。

人間の心のなかで何が起こるかについての私のイメージは、〈別平面〉でのプレイヤーたちがコンピュータ・ネットワークに自分を接続させているというヴィンジのイメージと、多くの点で似ている。つまり、完全に理解しているわけではないシステム群を、表層的なシンボル記号を使って統御するのである。／我々人間は、外の世界について知っていることより、自分の心の中について理解していることの方がはるかに少ない。普通の物体の機能はわかるが、我々の頭脳のなかにある偉大なコンピュータについてはなにも知らない。(11)

意識の自覚的なプロセスは、「シンボル記号」によって機能する。ヴィンジが描きだした隠喩的トークンの「魔法」のように、言語、イメージ、そしてパターン認識でさえ、アナロジカルな記号の働きなのである。けれどもこれは、言わば心の表層にすぎない。そうした顕在的なプロセスの基盤には、自覚的にとらえることのできない巨大なプロセスが潜んでいる。

ミンスキーは、ヴィンジが「潜在意識」とよんだこのプロセスに、「心の隠れた別のシステム」

「下部機械の巨大な集合」「無意識的思考 unconscious thoughts」[12]といった名をあたえた。私たちは、踵を返すときに「ターンしよう」とは意識するが、そのために身体の各部位をどう機能させるかを自覚できていないし、ましてや各部位の連携を命ずるプロセスに関与することはできない。そして、知覚の成り立ちも、印象や観念連合の生起も、あるいは判断や推論の基礎にあるプロセスも、意識的に統御できないだけでなく、自覚することさえできない。この「隠れた別のシステム」のプレザンスを、存在の真実として突きつけ自己像の転換をしいること、そこに『マイクロチップの魔術師』の価値があるというわけだ。

たしかに、この作品が描きだす異界は、私たちの精神を焦点としている。意識に対して隠された心のシステムにこそ、ことの核心があるのだ。この「精神の知られざる大機関 the great unknown engines of the mind」[13]と自覚的意識とのあいだには、埋めようのない「隔たり」があるということ。作品は、この自己認識に私たちを引きずりこむ。ただし、ミンスキーの理解には、一つだけ難点もある。彼は、「別平面」と私たちの精神との類似性を強調するあまり、「魔術師」たちと私たちとの決定的な相違に、関心を向けていない。

「魔術師」たちは、あの「隔たり」を跳び越える。それは実際には、現実の意味世界を生きる人間には到底不可能なことだ。「潜在意識」のプロセスと触れあい、その蠢きとなること。それは、人の限界、人間という存在の仕方を越えでてゆくことにほかならない。「超人」のテーマ、ある意味で人間の精神を振り捨てることが、ここでも異界の要点となる。異界を飛翔せんとする存在は、人間的な意味世界から遠く隔たった「下部機械」の蠢きに、自らを溶けこませようとする。
スリッパリーは、憧れのエリスリナとともに、この異様の極北を体験する。二人は、世界の情報空間を隠然と支配しはじめた「郵便屋」の正体をつきとめるために、秘密裏に拝借したARPAの通信網とデータ・リンクを駆使し、世界のデータ・スペースの踏査に取りかかる。

終わりがないように思える数秒の間、頭脳には情報ならぬデータと知識ならぬ情報が混雑して溢れ、それは苦痛にまでなった。一千万もの電話通話を聴き、大陸のヴィデオ出力をすべて目にすれば、ホワイトノイズになってしまうはずだ。ところがそれがディティールの潮波となって、二人の頭脳の狭い入口に押し寄せてくるのだ。……それまでスリッパリー氏として存在していた人間は、今では自分の頭脳の大伽藍のなかをさまよう虫となった。その頭脳の中もすっかり様子が違っていた。雀が飛ぶのも航空管制を通じてわかるし、小切手が現金化されるのも銀行通信網をつうじて分かる。(14)

スリッパリーは、処理の限界を超えたデータとその運動をとらえ、人間的精神とは違った意識存在となる。それは、隠された「下部機械」の知覚様式に精神をチューンナップし、膨大なデータ信号と交信することで可能となる。人間の意味世界を超えた「超人的意識」への転成。神のごとき超越性と遍在性をそなえた高尚な存在への「上昇」。「サイバースペース・カウボーイ」は、この転成を至上のものとして追求し、人間的存在からの離昇に「解放感の涙[15]」を流す。異界は、人間的精神を超えた異様な存在に「なること」の熱によって、漠たる炎のごとく立ちのぼるのだ。

けれども——。

黒き「闇」の恐怖——肉体という異界との対峙

「魔術師」は、その転成を人並みはずれた技と「敏感さ」によって成し遂げてしまう。たしかにスリッパリーは、データ運動の渦のなかで一つの危機に直面した。けれども、「すべてを使うのよ！」というエリスリナの声でテクニックに開眼し、人間を超えた存在と化す。「超人」と人知を超えた異界は、あたかも回り舞台のように滑らかに出現する。何かが、あるいはどこかが違うのではないか。物語のエンディングには、サイバースペースに死後の「生」を用意したエリスリナの告白がある。彼女は、自己の人格をサイバースペースに移しかえ、まさに「超人」になろうとしたのだ。エリスリナは、バートランド・ラッセルを引きあいに出しながら、自分を肉体から分離して全世界に拡散させれば、死んでもまるで気がつかないのだと語る。彼女が想起しているのは、『原子時代に住みて——変わりゆく世界への新しい希望』だろう。そこでラッセルは、「自分の生命を普遍的生命のなかへ呑みこませる」なら、「個人的存在」を失ったとしても、人はその休息を歓んで迎えられる、と書いている(死んだことに気づかないという叙述はない)[16]。

なるほど、ラッセルの達観は、エリスリナの境遇にぴったりフィットする。肉体的自己が消え去り、普遍的生命（サイバースペースの運動）に溶けこむとき、彼女には「隔たり」を前にした恐れもなく、ひたすら安寧の幸福に浸るのだろうから。

　そこには、立ちのぼる異界に漂う緊張と危険が感じられない。底なしの深淵を突き抜けんとする者の、すさまじい鬼気と深い恐怖。異界をとらえようとするとき、こうした存在の様相を看過してはならないだろう。後を追う者にも一利あり。「サイバースペース・カウボーイ」の転成に漂う、すさまじい緊張と畏怖のムードに関しては、『ニューロマンサー』に一日の長がある。

　ケイスは、軍人あがりの男から仕事を強いられ、綱渡り的な仕掛《ラン》けを準備するうちに、「虚無的なテクノ・フェチ」のグループからメッセージを受けとる。紙ナプキンに書かれていたのは、ベルンのＡＩの名（「ウィンターミュート」）だった。仕事を依頼した男の背後にこのＡＩがあると睨んだケイスは、サイバースペースの不死者「フラットライン」に接触する。といっても「彼」は、人間ではない。ＡＩに潜りこもうとして死んだ「カウボーイ」の意識をネット上に再現した、ＲＯＭ構築物である。この「フラットライン」に導かれ、ケイスは問題のＡＩを覗こうとする。

　サイバースペースに浮かぶベルンの白い単純な立方体に近づくと、「内なるかすかな影が渦巻きはじめる」。そしてもう一歩――。そのとき、立方体の表面にまだらな灰色の円が浮き立ち、それが立方体から脱して球状に膨れあがる。

ケイスが上を見た。球体は前より暗さを増し、追いついてくる。落ちてくる。……闇がハンマーのように叩きつけた。(17)

猛然と迫ってきた「闇」は、「共感覚幻想」でもとらえようのないもの、人知を拒絶するデータの蠢きにほかならない。ケイスは、自律的なＡＩという存在と、人の意識とのあいだの、深い「隔たり」に突き返されたのだろう。

それは、スリッパリーやエリスリナが、鋭敏な感覚を駆使して身をゆだねた、「潜在意識」の世界と同じではない。「潜在意識」は人間存在の奥で蠢くものであり、ケイスが直面した「闇」は己れの精神の彼方、データ・スペースの側から襲ってくるものなのだから。しかし、それが人知を決定的に撥ねのけ、私たちの存在から遠く隔たった蠢きであることに変わりはない。「ウィンターミュート」がたたえる「闇」は、データの異界の表象だと言うべきだろう。

ケイスは、ある秘密の言葉をつきとめる作戦で、とんでもない窮地に追いこまれる。仕事を命じた男が狂い、作戦に利用していたデータ・バンクを消去してしまったからだ。けれども、なぜか「ウィンターミュート」がケイスをアシストする。人の意識とは相容れないＡＩが「隔たり」を越え、ケイスの記憶情報を借用したホログラフィーで語りかけてきたのだ。

「ウィンターミュート」は、自分は「別の潜在的実体の一部」にすぎないことを明かした。ケイスは、問題の言葉を手に入れるべく、この別の実体に入りこもうとする。そのときケイスが直面したのは、押しよせる無の暗がりだった。


無。灰色の虚空。

マトリックスなし。グリッドなし。サイバースペースなし。……

そして意識の遠い周縁に、慌ただしく、そして移ろうように、何かが延々とつづく黒い鏡面の彼方から、押しよせてくる印象。

ケイスは悲鳴をあげようとした。[18]

その形なき迫力は、あの暗闇と同じく異界の「隔たり」に由来する。だが、今度は撥ねのけられなかった。そのかわりケイスは、「どこでもないところ nowhere」[19]に閉じこめられる。ただし、脳波計は「フラットライン」をしめす。彼はとらえがたいデータ運動に呑みこまれ、生の世界での意識が「死んだ」状態に陥ったのである。彼はそこで、懐かしいダチの声や、死んでしまったリンダの体に迎えられる。そしてついに、一人の少年と出会う。少年の姿で現われたのは、あの「別の実体」、「ニューロマンサー」だった。彼が「死んでいた」時間は五分。ザイオン・ダブ[20]の聞こえる方へとひたすら歩いたケイスは、かろうじて「こちら」の世界に舞い戻った。

ケイスは、「ニューロマンサー」を切り崩すバトルのなかで、もう一度「どこでもないところ」に滑りこむ。かつてない「スピード感」に襲われながら、「アイス ICE」[21]（防護システム）を破壊し「ニユーロマンサー」のエリアに入ってゆく。すると、問題のＡＩが近づく。「影がひと筋、下の点滅する床面から伸びている。渦巻く闇の塊。不定形で、とらえどころがない——。」そこに中国製ウィルスをそそぎこむ。「四方八方から闇が訪れて、歌う黒の球体となり、ケイスそのものがなりかけていたデータ世界の、伸ばした水晶の神経群に圧力をかけ——。／やがてケイスが無となり、すべての闇の中心に圧縮されると、もはや闇たりえない点が生じ、何かが破れた。[22]」ケイスは、ふたたびあの場所に滑りこみ、少年の声を聞く。「きみが勝ったんだ」。

生の世界の意識を寄せつけない、人知を超えたデータの世界は、徹底して闇の虚空として描きだされる。それは、真の異界の「隔たり」をしめす、ぎりぎりの表象であり、人間的な意味世界を生きる意識の存続を許さない「死」の世界なのである。少年は語る。「ぼくこそが死者にして、その地[23]」。

しかし、その「闇」はヴィンジが描きだしたものとは、重なりあわないように見える。彼が浮かびあがらせたのは、私たちの存在の内側の「潜在意識」との「隔たり」だった。それに対してケイスが滑りこんだのは、人間存在とは縁もゆかりもないＡＩのデータ世界なのだから。けれども実は、「ニューロマンサー」のデータ世界の「闇」を、私たち人間の存在にとって無縁なものと見なすのは早計である。外観はしばしば真実を裏切る。

鍵は、リンダだ。「ニューロマンサー」は、ケイスに「きみが勝った」と声をかけたとき、こう言っていた。「わからないのかい。浜であの娘から歩み去ったとき、勝ったんだ。あの娘こそ、ぼくにとって最後の防御線だったんだ。」[24] ここにこそ、「ニューロマンサー」の「闇」の秘密が隠されている。リンダのイメージは、あの「どこでもないところ」にケイスを引き留める仕掛けであるだけでなく、人間の意味世界とはつうじあうことのない、「暗闇」のシンボルなのだ。ケイスは、「どこでもないところ」に呑みこまれたとき、リンダが体現するものの内実に気づく。

ケイスが何度も、見いだしては失ってしまう何か。それはつまり――。わかっている、リンダに引きよせられて、思い出した――肉にまつわるもの、カウボーイが小莫迦にする肉体に属するものだ。人知を超えて莫大なもので、螺旋とフェロモンで暗号化された情報の大海であり、無限の精妙さは、身体のみが、力強くも盲《めし》いた方法で、それを読みとれるのだ。[25]

身体を織りあげる情報宇宙。「ニューロマンサー」が描きだすデータの異界は、そこにつうじている。だから、ケイスが触れた「死」とは、「真の死」である前に、人間的な意味の意識、人格的な精神の「死」だったのだろう。細やかにテクストを読みなおせば、「ニューロマンサー」を肉体の情報構造になぞらえる比喩が、随所に発見できる。その創設者の娘は、「一種の下位プログラム」という言葉を口にし、「ウィンターミュート」も、自分のもう一つの「葉」は「DNAの一部みたいなもの」と語っていた。そして何より、「ニューロマンサー」自身が、「ニューロは神経、銀色の径[26]」と明かしていたのだ。**神経の、そして身体部位と細胞の生成と律動に膨大な**

網の目を張りめぐらす、情報の宇宙。それは、スリッパリーが溶けこんだ「潜在意識」以上に、広く深く人間の存在に浸透している。にもかかわらず、意味の世界を生きる意識から決定的に隔たり、暗闇の深淵として私たちの奥底に潜んでいる。異界に触れるケイスをとらえたすさまじい鬼気と深い恐怖。その根源は彼自身の深奥にある。

「サイバースペース・カウボーイ」は、肉体へのネガティヴな関心をテコとして、そのエネルギーの渦を巻きおこす。このアティテュードとあの異界とは、たがいを突き放す磁極のように、両極的な構図をとっている。ケイスにとって、サイバースペースは「肉体を離れた歓喜」を享受しうる「楽園」だった。だから、深刻な神経損傷によって「楽園放逐」の憂き目にあってからは、「おのれの肉体という牢獄に墜ちた」[27]と考えていた。けれども、ギブスンの筆致は、そのケイスの存在と思考をめぐって、ウェットな肉体の情景と印象を意外なほど豊かに描きだしている。そして、このテクストを身にまとうケイスは、しばしば影のようにつきまとう肉のプレザンスと衝迫力に、あえて唾棄するアティテュードを自らに課す。「肉だ、と心の一部が言っている。**肉の言い分だ。無視しちまえ、と。**[28]」

サイバースペースで肉からの解放をめざすアティテュードは、自己が不気味な肉の魔へと執拗に引きずりこまれることへの、必死の反発なのだろう。ケイスは、自身が肉体の暗い安らぎへと吸いよせられるからこそ、その重みと縛りから自由な意識存在になろうとする。「共感覚幻想」の世界での変幻自在な飛翔は、**肉の暗闇から身を引き離そうとする斥力**の賜物なのだ。「サイバースペース・カウボーイ」の自由と歓喜は、肉の世界の拘束と恐怖とつねに背中合わせのものとしてある。

あのデータ・スペースに触れたケイスの鬼気と恐怖は、自己の存在が背負う内なる反発の極点だったのだろう。肉体の情報宇宙に強く反発し、深い恐れを抱く存在が、そのとらえがたい暗闇の渦に呑みこまれることも覚悟し、「自己」としての意識を無の淵にさらしたのだから。『ニューロマンサー』は、無謀にも肉体を撥ねのけようとする意識と、闇の彼方からつねにすでに存在を呑みこむ身体との、暗闘から立ちのぼる異界なのである。

さらに声は歌いつづけ、ケイスを闇へと引きもどすが、今度は自分自身の、脈と血との暗闇であり、いつも眠る闇、他者ならぬ自分の目の奥の闇だった。(29)

ケイスは、えも言えぬ肉体の暗黒に改めて対面した。彼がどのような昇華を遂げたのかを、テクストはしめさない。けれども、この高みでの暗闘も、あの暗黒から身をそらすアティテュードが余儀なくさせるものであることに変わりはない。それは、彼が自ら背負った宿命なのである。

脱自の異界を希求すること——精神の秘部への憧憬

意識ならぬ情報宇宙への底なしの恐れ。それは、自己の内の密やかな蠢きを察知したときにも湧きあがる。「潜在意識」の魔を覗かせるＳＦには、その実例を多数見いだすことができる。

コリン・ウィルソンの『精神寄生体』はその好例だろう。考古学者のギルバート・オースティンは、同業のライヒ教授とともに、ヒッタイトの遺跡、カラテペを訪れる。彼は、そこで神秘の文明の跡を発見する直前、自分が広大な世界のなかの「一匹の蝿のように無価値なもの」(30)だという意識にとらえられる。それは、あのパスカルの想念につうじるものだと言っていい。(31)けれども同時に、彼は心の内に「無限」の広がりがあることを確認し、宇宙のなかの孤独を振りはらう。ところがそのとき、彼は突然すさまじい恐怖に襲われる。「口ではとても言い表わせそうもない。ただ私の目のはしに、心のなかへじっと向けた目のはしに……何か得体の知れないものが蠢いているのを見つけたのだ。(32)」

オースティンは、自殺した友人の手稿に、ことの真相を発見する。友人は、メスカリンを服用し「内部の世界」を踏査していた。だが、心の奥底に近づいてゆくと「暗黒の壁」が立ちはだかり、「見たこともない生き物」(33)が突然慌てて隠れたような気がした。自己の内部に巣食うこの「虫」は、意識が「心の奥底にたどりつくこと」を妨害する「敵」だった。

恐れの対象は、自己の心の最奥部そのものではない。むしろそこは、驚嘆に値する「強い力」、「生命力」の仕処とされている。恐怖はむしろ、意識がそこにたどりつくのを妨害する、謎の「生き物」に向けられている。財宝の前の怪物のごときこの存在こそ、ウィルソンが描きだす「精神寄生体 mind parasites」にほかならない。その恐ろしさは、意識の届かぬ自己の奥底に、とらえどころのない敵が潜み、密かに息づいているという点にある。自己の心の根源で蠢き、意識に巣食うとらえがたき敵の影。それは、あの暗闇に触れたケイスの恐怖と相似的だろう。ただし、オースティンを襲う影は、外部から忍びこんだ「寄生体」である。この心の奥の他者は、気づかぬうちに精神を操り、それに闘いを挑む者を次から次へと自殺に追いこむ。

心の最奥部そのものは、生命力の源、「人間の人間たる尊厳の神聖な中心」であり、「高度な〈我〉」[34]へとつうじる悦びの源とされている。だからオースティンは、心の最奥部に恐れなど抱いておらず、むしろそこにたどり着くことを切望している。それは、彼の思考のうちにオルダス・ハクスリーの名と、その実験が浮かびあがることにもしめされている。ハクスリーは、あの友人と同じくメスカリンを服用して、「自我意識をもつ自己を超脱」し、「彼岸世界」へ至ろうとした。ただし、ひとまず彼に起きたのは、精神の内なる世界への到達ではなかった。「大いなる変化」は、「目の前に外在している世界」で起こったのである。庭椅子の「燃えるような藍の色と、青い火できている」かのような「激しい輝きの明光色」、「緑の放物線を描いてきらきらと翡翠のような輝き」を放つ蔦の葉、「この上なく繊細な緑の光と影が解明不能の神秘に脈打ち、洞窟のような複雑な様相を呈している」[35]百合の葉。

ハクスリーが発見したのは、感覚内容が「概念に服従させられることのない幼年時代の知覚の清純さ」だった。それは、言葉と概念からなる物事の意味が弛み、事物の「真如 Suchness」、「ものの本性」[36]が眼前に展がる視覚体験であり、意識の新鮮な変容だった。そこには、日常的な経験の奥底に埋もれている真実への接近がある。それは、「さまざまな形象として顕われる」「私自身の精神」の発見であり、ある種の「非自我」の知覚でもあろう。この「全き精神 Mind at Large」の隠された層こそ、ハクスリーが至りついた精神の「別世界」なのだった。

脳および神経系の機能は……放っておくとわれわれが時々刻々に知覚したり記憶したりしてしまうものの大部分を閉めだし、わずかな量の、日常的に有効そうなものだけを特別に選びとって残しておくことである。(37)

一瞬一瞬知覚されることの多くは、脳や神経系の機能によって、つねに縮減され意識からふるい落とされてしまう。それに対してハクスリーが発見した「全き精神」は、通常の意識が切り捨ててしまう知覚世界を、そっくり内包する「全体性としての意識」である。彼は、真の知覚世界を体験する悦びを語る。そこには、自我が知りえぬ精神の暗部に直面することへの恐れはない。メスカリンが輝く光と艶やかな影の存在を眼前に繰り広げるのだから、それはむしろ当然かもしれない。そして、「全き精神」という「彼岸」への到達が、ある意味で大いなる意識の獲得と自己の真実への接近であるなら、それは自己拡張の瞬間とも言えるだろう。つまり、ハクスリーの実験には、人間精神の開拓と自己鍛錬という意味合いを見いだすことも可能なのだ。

ティモシー・リアリーがめざしたのは、まさにそれだった。彼は、一九七〇年代にドラッグ所持のかどで刑務所に収監され、そこで黙々と『神経政治学』なる著作を書きあげる。そこには、ドラッグを使用した精神世界の開拓によって、世界の壮大な転換が可能になることが嬉々としてつづられていた。たとえば、彼が「神経肉体回路」とよぶ精神の内宇宙は、マリファナによって開放され、「スペース・アウト」ともよばれる空間超越の感覚と、マルチな次元からなる「全包括的な感覚空間」を展開する。あるいは、「神経電気回路」とよばれる内宇宙は、メスカリンやＬＳＤなどの助けで開放されると、「自分のプログラムをプログラムする」という感覚次元を到来させ、高速で他肢的な「パラレル・サイ・ファイ宇宙」[38]の分裂と融合をもたらすという。

リアリーはまた、『チベットの死者の書』では、死者の魂の再生に関する教えを、ドラッグが可能にする意識状態に重ねあわせた。適切なドラッグ使用によって、自律的な自我の縛りから解放されると、「神秘的な非自己」を引きうけ、拡大された意識に至ることが可能になると説いたのだ。「暖かい海に沈んでいる」ような、身体的有機体としての自己の統一性が感覚され、自己と外的世界とが同じエネルギーの波動の束として感じられること。そこには、「新しい意識の領域への旅」と、自己の新たな再生があると信じられている。[39]リアリーのテクストは、拡大された意識世界を獲得することへの熱い期待と、溢れるほどの歓喜に満ちている。

けれどもそこには、精神の暗闇の縁に立つ者の緊張と恐怖が欠けている。それは、「別世界」を語るハクスリーについても同様である。少なくとも、異界に直面した者が、**自己の存立を脅かされる緊迫**は感じられない。精神の最奥部そのものが異界であるわけではないし、そこにたどり着く者の歓喜が異界の熱を生みだすわけでもないということだ。

ただし、この点では『精神寄生体』は少し違っている。そこには、ある種の異界の緊張が漂っているからである。この緊張の空気は、むしろ自己の精神の自覚されうる領域、いや顕在的で意識的な領域に潜む、おぞましき力から滲みでてくる。

オースティンは、特異な素養によって、易々と精神の内宇宙に潜りこむ。しかし彼は、そこに到達することは、社会を生きるありふれた者には不可能だと考える。通常の人間精神は「周囲の世界から目が離せないため、自分自身のなかを探求しようとはせず、外部の危険や困難に対してばかり警戒する」からだ。実は、この精神の「習慣」こそ、あの「寄生体」が「養い育て(40)」るものであり、人の心を操ってゆくテコである。それは、他者との関わりからくる関心と価値に縛られ、精神の内奥を放擲してゆく「受動的理性」の病ともされている。人間は、「寄生体」の策略によって、この「心の癌」を背負わされ、真の精神の力を忘れた「理性機械」となってゆく。

この病は、精神の外から侵入したウィルスに由来するものではない。自身で習慣的に築きあげてゆく、社会的理性の病。そして、この「癌」の増殖を、むしろ「自然で当たり前なこと」として生きる精神の奴隷状態。テクストが分泌する本当の恐怖は、いつのまにか「寄生体」の支配を許してしまう精神自体の内に潜んでいる。それは、「正常と安寧」の内に潜む、精神の恐ろしき闇を浮き彫りにしていると言っていい。

しかし、ウィルソンは、テクストの終盤でもう一度心の最奥部に焦点をあてる。そこには、あの「寄生体」とは別の「恐ろしき闇」が、言わば最も深い真実としてしめされている。

その奥底に純粋な生命が宿っているのだが、考えようによると、そこには同時にまた死——肉体の死と意識の死——もあった。私たちが地球上で〈生命〉とよんでいるものは、純粋の生命力と肉体の結合したもの——つまり生命のあるものと無いものをつなぐものだ。……実在するというのは消極的な性質のものではなく、無から押しだされることなのだ。実在しているること自体が肯定の叫びだ。実在することは無に対する挑戦なのだ。(41)

テクストは、必ずしも判明ではない。ひょっとするとウィルソンは一つの謎を仕込んだのかもしれない。けれども、彼が「死」とよんだものが、存在のすべてを圧倒する力、無から「実在」を生成させる生命力の根源であることは読みとれる。**「純粋の生命力」の根源には自己の死も包蔵されているという奥底の真実**。精神の最奥部に降りてゆき、この存在の根源に触れる者は、己れを消し去る異界を突きつけられ、すさまじい緊張に震えるほかない。謎めいた語りではあるけれども、ここでもやはり、あの張りつめたような恐怖が湧きだしてくるのである。

秘められた死の「コード」——内なる異界に対峙する緊張と恐怖

この生命の深秘に触れる恐怖と緊張は、あの『虐殺器官』の世界にも鮮烈にしめされている。

問題のポイントは、人間存在の奥底に潜む非人間的な「遺伝コード」が、荘重な音声を響かせながら死の舞踏を展開する情景にあると言っていい。

ジョン・ポールが出没した国には、骸が山と積まれる地獄が出現した。彼のまき散らす「呪言」が、人々の深層に潜む「虐殺の文法」を目覚めさせるのだ。クラヴィス・シェパードは、「首狩り部隊」を指揮して、この危険人物の確保に乗りだす。しかしクラヴィスは、プラハで罠にはまり捕えられてしまう。それは、ジョン・ポールの仕業だった。「虐殺の王」は、やや苛立ち気味に問いただすクラヴィスに、スポークスマンのように事情を話す。

「虐殺には、文法がある」。この「虐殺に共通する深層文法」とは、「生物学的」に形成された心の遺伝的コードとも言うべきものだ。それは、脳にそなわる「言語を生み出す器官」が、生得的に文を生成するという考えに立脚している。人間が暴力に傾くときには、必ず人々の語りに特定のコードが潜んでいるというわけだ。ジョン・ポールは、この潜在的なパターンを掘り起こした。そして、人々の言説のなかにそれを織りこみ、脳の機能形態に作用させると、「とある価値判断に関わる脳の機能部位の活動が抑制される(42)」と言う。善意、良心、倫理。それらをささえる脳の機能パターンを眠りこませる、魔法の歌。

「首狩り部隊」の急襲でクラヴィスは救出される。だが、ジョン・ポールは逃亡を果たし、今度はインドであの「セイレーンの歌声」を滲みわたらせた。この情報をえたクラヴィスは、ついに彼を捕える。けれども、世界のなかにポツンと孤立しているようなジョン・ポールの話を聞くうちに、彼自身もあの「虐殺の文法」に動かされているのではと思いはじめる。

ジョン・ポールが諭すのは、良心のことだ。脳の多様なモジュールはそれぞれに欲求を起動させるけれども、それらは何重にも衝突している。その衝突をめぐって「ぎりぎりの均衡を保つ場所に、「良心と呼ばれる状態」がある」[43]。つまりそれは、ある倫理的信念を体現する実体的な意識ではなくて、あくまで一つのバランス状態にすぎないということだ。彼が唱える「呪言」とは、あるモジュールをほんのちょっと抑制し、このバランスを崩壊させるものだった。

このバランス崩壊が、人間の内に刻みこまれた「虐殺」の遺伝的コードを浮きあがらせる。クラヴィスは、それが自分のありように重なることを悟った。「首狩り部隊」の兵士は、子供の頭蓋もためらいなく吹き飛ばせるように、倫理的な感情のモジュールにマスキングをほどこされる。まさに、脳のバランスのちょっとした調整だけで、幼い子供の眉間を迷いなく打ち抜く存在に変貌するのだ。そのとき、彼自身の内には「虐殺の文法」が静かに起きあがってくる。

僕の意識のあずかり知らぬところで、その言葉は効力を発揮するのだろう。この意思が本当に自分自身のものであるのか、それを考えるのが他ならぬ自分であるかぎり、本質的に認識することはできないのだ。[44]

自己の存在の内に、おぞましい「虐殺の文法」が、いや遺伝的な情報コードが巣食っていて、あの「呪言」のキューを待っているという事実。そして、意識としての自己はこの内なるメカニズムに関与できず、いともたやすくその機能に浸されてゆくことの恐ろしさ。

　クラヴィスには車でガス自殺をした同僚がいた。彼は、自分たちの前にあるのは地獄だと言う仲間に、そうじゃないと言って自分の頭を指差した。「地獄はここにあります。……地獄からは逃れられない。だって、それはこの頭のなかにあるんですから」[45]。自己自身の内には、目の前の幼い肉体を平然と破壊できるプログラムがある。そして、そのことをどんなに深く自覚しても、内奥の命令を消去し、それから解放されることはできない。御しがたい自分自身の暗黒に、挑むことも抗うこともできずに刺し抜かれる恐ろしさとおぞましさ。自己の内の異界は、いつ破裂に至るかわからない、張りつめた葛藤の空気に被われている。

　実は、ジョン・ポールが発見した秘密はそれだけではなかった。彼は、「虐殺の言葉」は、人間集団の進化のプロセスのなかで脳に刻みこまれたのだと言う。その考えは、不思議な説得力をもっていた。人間がまだ食料生産をコントロールできなかった時代。いろいろな事情で食料調達ができなくなったら、口減らしをするのが集団を存続させる効率的な対処法だった。あの「虐殺の文法」は、「食料不足に対する適応」[46]として生じた、遺伝子的な「進化」の帰結なのだった。

　人間のうちに潜み、その存在を密やかに左右し消し去る鉄のルール。そして、この冷徹なコードを、進化のなかで自らに刻みこんできた人間。進化とは、個のあずかり知らぬところで、人間をあらぬ方向へと走らせる力が、自身のうちで卵となり、蛹となって、あるとき飛翔していくことなのだろう。

その飛翔は、緊張と畏れをたたえたすさまじい音声《おんじょう》をたてる。インドの駐留兵士たちが語る「リゲティ」である。大勢が一挙に虐殺されるときのものすごい「声の柱」。リゲティの「レクイエム」のごとき不気味な死の声が、地底から空に突き立てられるように吹きだす。すべてを刺すような重く怪しい音声は、そこで飛翔する遺伝的コードが人を超えたものであることをしめしている。幼い者の頭蓋をためらいなく粉砕する精神の構え、それは歴史の随所に見いだせるものだとしても、明らかに非人間、いや人間ならざるものへの転成なのだから。それは、『２００１年宇宙の旅』のボーマンが経験した「進化」とはやや文脈を異にする。けれども、ツラトゥストゥラが「超人」を宣言し、あの畏怖とテンションを身におびたときのように、ここにも、人を超えた存在へと「なること」の異界がある。

人を超えたおぞましい存在に「なりうること」、そのすさまじい緊張と畏れに包まれた膚のめぐりには、「人ならざるもの」の冷気が立ちのぼる。クラヴィスは、己れを疑い、そして国家を疑い、何とジョン・ポールとともに逃げることを決意する。ところが、ターゲットの命は同僚によって一瞬にして消し去られる。帰国し、無力感と脱力に襲われるクラヴィス。けれども、彼の手にはジョン・ポールのメモが残されていた。あの「呪言」の「楽譜」である。彼は、その「楽譜」から「呪言」の音楽を紡ぎだし、メディアをつうじてアメリカ中に滲みわたらせる。それは、「機械仕掛けの神」のように、国土を自動的に虐殺の惨状に導いた。地平線の向こうに立ちのぼる、いくつもの「リゲティ」の柱。その生まれいづる源は、人間一人ひとりの奥底にある。

この「超人」は、「威力への意志」の熱をおびながら、自ら人を超えようとしたニーチェとは「立ち方」を異にしてはいる。けれどもそこに、威力を一身に体現する存在と「なる」ときの、戦慄と恐怖があることに違いはないだろう。ただし、「人間を超えること」は、威力の高みに到達する転成にしか見いだせないわけではない。ハクスリーやリアリーが夢見た異界をめざし、多幸的な音と光の異界に包まれる悦びのさきに、精神的な存在としての人を「超えること」が待っている場合もある。「超えること」は、必ずしも高みへと上昇することではないのだ。

低き極限とも言うべき異界に、否応なく引きずりこまれてゆく事態も、考慮してみるべき価値がある。ハクスリーやリアリーが夢見た世界と背中合わせに、奈落の底に向けて口を開けている異界。フィリップ・K・ディックの『スキャナー・ダークリー』が描きだしているのは、まさにそれだろう。そこでは、低き極限へと誘われる者たちの、おぞましいほど愚かな情景が展開される。けれども実は、そのいと低き「超人」たちの恐れと緊張にも、問うべきものはある。

ウィノナ・ライダーが、アンニュイな囮捜査官で登場し、当時SFづいていたキアヌ・リーヴスが主人公を演じた映画版には、必見の価値がある。(47) とくに、実写を下敷きとしつつ、それに上塗りするようにコンピューター・グラフィックでアニメ化する独特の映像技術(ロストスコープ)は、ドラッグに沈潜する生の、ぬかるみのような粘性と鈍重さをうまく醸しだしている。だがここでは、表現主義的とさえ言える原作の不気味な仕掛けを踏まえないわけにはいかない。

麻薬捜査官のボブ・アークターがのめりこんだドラッグは、「物質D」とよばれる特殊なものだった。それは、脳の連携機能にダメージをあたえ、彼の存在を分裂させてゆく。その破綻は、初めは彼の自覚しない現実として現われた。アークターの任務は、ジャンキーどもとの共同生活（！）という変わったものだったが、あるとき彼は、その様子を「ホロ・スキャナー」（ホログラフで事実を再現する装置）でチェックすることを命じられる。存在の分裂は、彼が監視の目になりきったときに現われはじめる。

潜入捜査官は、捜査対象に仲間内から情報が漏れないように、スクランブル・スーツという特殊な衣服で素性を隠している。簡単に言えば、変転するモザイク的イメージを浮き立たせ、人格識別を不可能にするスーツである。だから、同僚がアークターのホロ・イメージを見ても、それが眼の前の彼だとはわからない。そして、こいつは「もうちょいであの世行き」などと平気で言い放つ。正体を隠しているアークター自身も、「まあ、そうだな」(48)などと答えるしかない。日常的に「誰でもない者nobody」を演じることの繰り返しが、存在の分裂の下地になっている。

けれどもその症状は、「慣れ」からくる知覚や思考の鈍麿とは違っていた。小切手のトラブルを処理した帰り、彼は自分も日頃の行動がおかしくなったと考えていたかと思うと、突然「アークターは根性を入れなおしたほうがいい」という考えにとらえられる。自身の行動を第三者的に反省する思考が、別の存在を卑下する意識へと脱臼したのだ。そして、「このおれはアークターの行動のどこに異常さを感じたのか？」さらには、「アークターの謎めいた行動」を「三点確定法」

でよく確認してみる必要がある、などと真剣に考えたりする。ホロ・スキャナーで捜査対象を見る視線が自己自身にも向けられてゆき、アークターを捜査すべき「他者」として疑う主体が立てられるに至ったのだ。スキャナーを通して現実を見る主体はアークターから剥離し、別の存在として「彼」を監視している。「いまのおれが考えているのは、いったい誰のことだ?」[49]

こうして、引き裂かれた精神が彷徨しはじめるとき、その時空の片隅に、いや隠された次元に、『ファウスト』のフレーズが漂う。Zwei Seelen wohnen, ach! in meiner Brust, Die eine will sich von der andern trennen…[50] 現実の時空とは異なる次元を思わせる妖しいドイツ語の響き。それはまるで、デイヴィド・リンチの『ロスト・ハイウェイ』[51]の殺人場面のようだ。不可解なドイツ語を散りばめたラムシュタインの音楽。それは、現にその場にいる自己に異次元の何かが顕われでることを暗示している。ただし、アークターの現実に忍びよるものは、時空を超えた外からの憑きものではなく、精神の内に淵源する。おぞましき異界は、自己の精神の内から不可思議な声を響かせながら立ちのぼる。

症状を悪化させたアークターは、心理学者に精神の異常をチェックしてもらい、自己の分裂の状況について説明を受ける。そのとき、アークターの耳にある声がはっきりと聞こえてくる。

死は呑みこまれる。勝利のなかに……ひとたび裏返しの文字が現われれば、いずれが幻でありいずれが幻でないかは、たちまち明らかとなるからだ。混乱は終わり、死が、最後の敵である物質Dが、体内で嚥下されるのではなく、勝利のなかで炎上する。よいか、いまから汝に聖なる秘密を教えよう――**われわれすべてが死のなかで眠るわけではない**。(52)

その語りは、「物質D」を授ける神が、終末の後の復活を約束するかのようだ。ただし、こうした幻想は、怪しい空気を醸しだすただのギミックではない。そうではなく、アークターを襲うさまざまな幻想は、ドラッグに浸された存在のメタファにほかならない。鍵を握るのは、「裏返しの文字」の出現という託宣である。

アークターは、何度かメディカル・スタッフによるチェックを受ける。スタッフは、「物質D」の常用者には右脳と左脳の分裂が生じ、「交差対話」の現象が起こると言う。それは「脳の左右半球間の対話」であり、意識される事柄を「まるで他人か、べつの頭が考えているような感じ」(53)とも説明される。そして時折、かつて「周辺知覚で学習した」理解不能な外国語が混じる！

アークターに起きているのは、精神のある種の分裂なのだろう。自我のまとまりを主導するとされる左脳から右脳の機能が独立し、別の存在の感覚や意識のようなものが立ちあがるという事態。これが、メディカル・スタッフたちの説明である。けれども、あの『ファウスト』の断片は、どうひっくりかえしても左脳の言語機能との連携を証だてている。だから、右脳の働きが左脳から分離するという擬似科学的説明にあまり拘泥すべきではない。肝心なのは、通常は意識の構造の奥底に隠れている何かが、精神全体のまとまりを離れ、独自な存在のごとく現れるということだろう。その意味では、アークターがつま先立ちで、いまにも転げ落ちそうに覗きこんでいる異界も、ケイスやスリッパリーが対面した潜在意識の闇からさほど離れてはいない。
そこには、インナー・スペースの異様を焦点としたSFのパターン認識のようなものがある。精神の内なる異界に対峙する意識の緊張と畏れ。しかし、『スキャナー・ダークリー』は、そのとらえがたく計りがたい深淵では、人は絶対的に無力であり、自己の存立以前の混沌に投げこまれることを確認している。アークターが「天使」として慕い、救いを期待したドナ。彼女は、彼を「物質D」の異界へと突き落とした罪に苛まれながら、必死にアークターに語りかける。

ひょっとすると……別の世界からやってきた何かが、ごく普通のものに混じって、それが終わる前に、ボブ・アークターの前に姿を現わしたのかも。いまあたしにできることは、あんたを抱きしめて、希望をもつことだけ。(54)

アークターには、魂の奥底にしまいこまれていた別の力が溢れでたのかもしれない。けれども、恐ろしき力はすでに彼の精神を焼き尽くしていた。彼はドナの言葉に応えずに、嘔吐を繰り返し、自分で「立つこと」さえできない。「彼を内側から飲みこんでいくような闇(55)」は、すでに人間という存在の形を溶かしてしまったのだ。「人を超えた」アークターの住まう世界は、精神以前の存在の故郷なのかもしれない。物語に登場する右脳のメタファは、ここではそれなりに意味をもってくる。乳児までの時期の脳は、成人の場合と違って左脳優位の体制をとっていないと言われる。事物が事物として、意識が意識として「立つ」以前の、別の世界。

人は、ドラッグの異界を垣間見る体験を繰り返したさきに、たしかに「人ならざるもの」に「なること」ができる。けれどその「超人」は、その異界に浸されることを、もはや自覚することも担うこともできない。ドナは、アークターの姿にこの異界の匂いを嗅ぎとったのだろう。けれども、彼女が感じとった真実は、人間の生の残酷と虚無に対する諦念と分ちがたく結ばれている。「遠い遠い大昔。あらゆるものとあらゆる人間がこんなふうになる前。黄金時代。そこでは知恵と正義が同じものだった。すべてが砕けて、鋭い破片になる前のことだ。もう二度と組み合わせることができず、いくら努力しても二度ともとどおりにならない破片の山になる前のことだ。(56)」

人間の生の内にけっして再現することができず、どうあがいても取り戻せない始源の安寧と幸福。その異界へと吸いよせられる者は、生の現実への絶望的な諦念と、この多幸的な幻影の狭間で、引き裂かれそうな緊張に喘ぐのだろう。

フィリップ・K・ディックは、一九七〇年からの数年間、アークターの結末すれすれの現実を生きていた。(57)作品の末尾には、その頃に彼の家に入り浸り、アークター以上の悲惨に行きついた友人たちの名が並べられている。ディックは、字面では、その悲劇を「遊び方」の間違いに帰している。けれども、「麻薬乱用は病気ではなく、ひとつの決断だ」ともあるように、そこには「人ならざるもの」と化してゆく存在の、危ういテンションが漂っていたのではないだろうか。

「島」の空想の消息――精神の異界をあぶりだす思考実験

ＳＦが描きだす空想の彼方。架空の未来都市、何億光年も隔たった星、地底／海底の奥深くや大洋の上に浮かぶ孤島。だが、ここまでそうした類いの物語は取りあげられていない。それらをあえて脇にやり、インナー・スペースものを中心にＳＦの異界を論じたのには理由がある。しばしばＳＦにおいては、舞台の空間的配置、つまりそれが、どこにどのような空間的存在として「ある」かが、さして重要ではないからだ。ケイスとスリッパリーが本当の異界として対峙したのは、人知を超えたデータ・スペースの異様であり、「潜在意識」の次元や、「どこでもないところ」だった。焦点は、経験的な空間世界とは別のところにある。

オースティンやリアリーが待望した異世界も、データ・スペースの「非空間 non-space」[58]がそうであるように、空間的な場所としてとらえることは難しい。なるほどそれは、精神の奥底として表象されてはいた。けれども、高速で運動し、ほぼ同時に複数のポイントで機能するデータの所在を特定することに意味がないように、本当は人間精神の「別世界」を特定の身体的な場所に帰属させることには無理がある。あるいはまた、妖しいドイツ語の響きを耳にしたアークターの異界も、彼の世界経験と屈折したかたちでつながっているのであれば、脳の内に場所をもつとは言いがたい。そして、あの「虐殺の文法」は、自己の精神の内に閉じたものではなく、種の存続という集団のシステムに淵源していたのだ。

インナー・スペースは、実際には脳の内の特定の場所ではない。それは本当のところは、人間の自己と精神を焦点とした問題圏にあたえられた呼称にすぎない。だから、異界を立ちあがらせるインナー・スペースものの本旨は、精神の「内部空間」の異様を描きだすところにはない。異様な場所を空間的に想像すること、あるいは「想うこと」の彼方にこそ、問題の核心がある。

一つの鍵は、サイバーパンクが描くあの「隔たり」にある。生の世界の人間的な意識／精神と、人知をよせつけないデータの運動。そして、自我の自覚的な現象世界と、精神には近づきえない「下部機械」。インナー・スペースもののパターンの核心は、こうした「隔たり」が、ひとえに人間という存在、精神的であることを背負わされた存在「にとって」たち現われるという点にある。意識存在「にとって」の落差と深淵こそがあの異界の本質なのである。

「隔たり」は関係であり、「にとって」は相対だろう。**その異界は、人間が意識存在として「立つこと」の関数であり、それを揺るがし切り崩す何かに対面するときに浮かびあがるものなのだ。**この精神「にとって」たち現れる何かは、自己の存在のありようにつうじてはいるが、けっして精神の内部空間に閉じてはいない。精神は世界と関わりつつ、人間的な意味と理解を「立てる」。こうした構えをとる自己が、その構えを切り崩しかねない異相と対峙する**界面**において、異界は湧きあがるのだ。それは対面の関係であり、現象なのである。だから、この界面の向こうに、空間的な場所として想定されるものに、事柄を帰着させてはならない。問題の根源は、「想うこと」の手前にあるとも言えようか。

そもそも、異界に対峙するさいの緊張と恐れは、それが人知を超えたとらえがたきものであることに由来する。いかなるもので、どのようにあるかが人間の理解と掌握を許さないからこそ、それは異界なのだ。だからSFの異界は、しばしばえも言えぬものとして迫りくる。そうした異界を想像的な空間構成として描きだすことには、方法的にも無理がある。

それは、空間的な形を「想うこと」の手前で口を開ける。人間精神がその構えを脅かす何かと対峙する場面に「ある」のは、空間構成としての異界ではなく、人間が意味と理解を「立てる」ことの不可能だろう。異界の根源をなす界面は、意識存在にとっての「すること」の不可能、ーつひとつの「すること」を雲散霧消させる見えない壁でしかない。人間精神にとっての真の混沌である以上、やはりそれは、世界の「存立」の陰に潜んでいるものなのだ。

異界を、空間的な構成として「想うこと」の典型は、「島」の物語に見ることができる。それは、文字通りの島を舞台とするものとはかぎらない。架空の未来都市も、何億光年も離れた星も、「いま／ここ」から遠く隔たって囲いこまれているかぎりは、一種の「島」である。こうした物語では、どこに、どのような世界として「島」が存在するかがつづられる。けれどもそれは、物語のセッティングにすぎない。むしろ異界としての核心は、このセッティングとは別の次元にある。「島」では、往々にして、精神の存立を脅かす何かが湧きあがる。異界は、「島」の空間的存在そのものではなく、「島」をのぞむ人間精神を焦点として生起するのである。

異界としての「島」の内実をつかむために、あえて文字通りの島を舞台とした物語を素材にすることにしよう。H・G・ウェルズの『モロー博士の島』。この作品は、バート・ランカスター主演で映画化もされた。[59]「島もの」の典型と言えよう。オープニングで重くたゆたう海の映像は、「島」の物語が精神をどこに誘うかを暗示している。けれども、ここではやはり原作にそくしてことの帰趨を見定めてゆくべきだろう。メキシコのはるか沖で難破し、救助艇で漂流しているところを、奇跡的にスクーナー船に助けられた男、プレンディック。彼が、船の男たちを拝みたおして上陸させてもらった島。それがモローの所有する孤島だった。

平らな島には、椰子やシュロがびっしりと生えていた。狭小な砂浜はあるが、波打ち際まで急勾配の丘が迫っている。そこに小さな船着場。島のほとんどは鬱蒼とした森に覆われていた。その森に隠れるように小川が流れている。茂みが途切れるのは、岩だらけの岬と茂みのあいだに出現する溶岩の谷間だけ。これが、小説が描きだす島の空間構成である。それは、物語の味付けにもならないほど簡素だ。

鬱蒼とした草木。南洋の暑さと湿気に包まれた空気。たしかに怪しげで、恐ろしいことが起きそうな場である。けれどもそれは、異様な雰囲気を醸しだすセッティングにすぎない。「島」を異界たらしめるのは、実はその隔絶された空間の異様さではない。そうではなく、そこに住まう「ものの」、存在する者たちのありようから、異界の臭いは立ちのぼる。その臭いはまず、船に居合わせた一人の「男」に漂っていた。モローの助手モンゴメリーにつきしたがう「男」。曲がった背中、肩にめりこんだ頭。その「男」が振り向いたとき、プレンディックは息を呑む。顔が恐ろしくいびつで、歯が異様に大きかったのだ。そして、白目がなく、暗闇で薄緑の光を放つ鋭い眼。[60]
プレンディックは、モローの家に寝場所をえた夜、中庭の方からピューマの唸り声を聞く。さらに一頭の犬の悲鳴。そして、かすかに漂う消毒液の臭い。ほどなく、ある生体解剖学者のスキャンダルが想起された。犬の皮を剥ぎ、体の一部を切断する異様な実験をおこなって、英国のアカデミーから一人の男が追放された事件。プレンディックは、この解剖学者の名がモローであることを思いだしたのだ。獣のような異様なものたちと、石囲いの奥の部屋から聞こえるピューマの悲鳴とが、一つの糸でつながる。すでに彼は、モローのおぞましき異界のなかにあった。

プレンディックは恐怖のあまり逃亡し、モローたちに追跡される。その大騒動が終熄したあとに、モローが彼に聞かせた話は、ひとまず研究者らしく整然としていた。生体解剖による「生物改良」の実験をやり抜くために、モローは絶海の孤島に籠ったのである。ある動物の部位を切り取り、別の動物に移植する試み。そしてその試みのさきに、動物の生理や化学的リズムだけでなく、「精神構造」を変えるという野心が芽生えた。さまざまな動物の部位の合体、改造をおこない、脳にも「移植と整形」をほどこして、「人間」を人工的に造ることがめざされたのだ。[61]

たしかに、「獣人」たちは言葉を口にする。それは、間延びした異様な発話だけれども、「獣人」が精神らしきものをもちあわせているのは間違いない。「それら」は、一瞬であれ、人間的な様子や佇まいを見せるからこそ、余計に気味悪く、おぞましいのだ。プレンディックは、精神を抉るピューマの悲鳴を逃れて森に迷いこみ、三人の「獣人」に出会う。モローが創出し、失敗作として森に放たれた者たちである。しかし、一人の男は、男と女を相手に「夢中で」話し、お祈りのようなものを唱えている。ほどなく他の二人も声をあわせて訳のわからない歌のような声を発する。「三人の眼がギラギラ光りだし、醜い顔に異様な喜悦の表情が浮かびはじめる。」そして、プレンディックは察知する。彼らには、「まぎれもない豚の面影[62]」があったのだ。

この「島」の異様さとおぞましさは、人間と動物との境界が失われてゆくところにある。問題は、たんなる生物学的な区分の曖昧化ではない。むしろことの核心は、こうした「プア・デヴィル」たちがまがりなりにも精神らしきものを垣間見せる点にある。それは、人間だけが高尚な精神をもつという自己への価値づけを根本的に揺るがす。人間を獣性から隔て、その存在の意味をささえる根拠が掘り崩されるのだ。人間という存在をささえる基盤を脅かすものの現出。そこに、異界の根がある。

プレンディックは、獣人たちが見せる一瞬の表情や、ちょっとした仕草に、人間の影を見る。思いがけず鏡やガラスに映った己れの姿に、受けいれがたい現実を見てしまったときのように、そこには自己の密やかな真実が映しだされている。たとえば、茂みをのたのた歩く牛人間の姿。それは、「農夫が、一日の重労働を終えて、とぼとぼと家路をたどる姿[63]」そのものだった。あるいは、「狐熊女」の狡猾そうな表情に垣間見える、奇妙な人間臭さ。

それは、SF的な物語に頻出する、人間性へのアイロニカルな懐疑にほかならない。人間性という理念の対極におかれ、おぞましきものとして忌避される異質な存在。その姿に浮かびあがる意外な共通性。それは、人間の密やかな真実をあぶりだすアイロニーなのである。このテクストの仕掛けをつうじて、人間なるものを価値づける防護壁は大きく揺らぐ。モローの家の石囲いの部屋。そこから響くピューマの悲鳴は、人間と動物との境界を跨ぎ越し、人間という存在をささえる価値を掘り崩す鳴動なのだ。ここでも、異界はおぞましき声とともにたち現れる。しかもそれは、夜遅くに「すすり泣きと苦悶のあえぎ」の交じった、「人間」の呻き声に変わる。この妖しき声の広がりこそは、人間と獣の境界を突き抜ける異界の響きであり、人間性の価値を掘り崩す振動である。「世界は黒と赤の幻がぼんやりと漂う混沌のただなかにあった。(64)」

モローの島の異界とは、その閉じた空間の情景にではなく、人間性の価値が崩れてゆく位相にある。正確に言えばそれは、獣人の異様な姿やふるまいとして「在る」のでもない。そうではなく、**人間性の価値を揺るがす混沌へと精神が滑り落ちてゆく境位**にこそ、問題の核心がある。

けれども、この異界にはもう少し奥行きがある。そう、モロー博士の思考と行動が上乗せする異様さだ。もちろん、モロー博士はたんなる狂気の権化ではない。たしかに彼は、マッド・サイエンティストものの王道に則って、異様なほど科学的な探究心と野心に燃えている。けれども、プレンディックに事情を明かした彼の語りは、きわめて論理的だっただけでなく、ゆとりと威厳に満ち、品位ある理性さえ感じさせるものだった。人間と獣の境界を揺るがす探究を、きわめて理性的な存在が冷静かつ合理的に推し進めているという事実。「白状しよう、私は理性というものに対する信頼を失ってしまったのだ。(65)」島は、苦痛に満ちた理性の混乱のなかにある。

実は、ウェルズが問うたのは、高尚な理性の忘却ではなかった。むしろ事柄は逆である。プレンディックは、モローの実験に異を唱える。獣だからといってあんな苦痛をあたえるのは、と。精神のこの当たり前の反応に対して、モローは鋭く応える。

> 目に見えたり、耳に聞こえる苦痛で気分が悪くなるかぎり、自分の苦痛で落ち着きを失うかぎり、苦痛が罪という観念の基礎をなすかぎり——そのかぎりでは、きみは動物なんだ。動物の感じることを、ほんの少しはっきりと考える動物だ。[66]

「科学の教えにめざめた精神[67]」は、獣を怯えさせる苦痛の感覚などに惑わされてはならない。モローが宣言しているのは、実に理性への人間精神の純化であり、動物から切断された「真の人間性」の生成なのである。**人間は避けがたく獣性を引きずっている**にもかかわらず、それを理性の名において消去しようとする精神の構え。ここにこそ、モローの異常がある。

プレンディックは、ある逃走劇のなかでこのことを思い知った。ある日、豹男が生肉を食べ、モローたちに追われる。プレンディックはそのとき、絡みあう枝葉の奥に身を縮めておののく「それ」を発見する。だが彼は、その「動物そのものの仕草」に、間近に迫った苦痛に怯える人間の姿を見る。この動物的な弱さと脆さこそ、ありふれた人間の真実であり、理性に還元できない存在の実情なのだ。

プレンディックは豹男の行く末を案じ、その眉間を拳銃で打ち抜く。彼の理性が、「獣人」の存在の大いなる歪みにピリオドを打つことを決断したのだ。けれどもそれは、「人間に類似したもの」の生命を奪う獣性の発現でもあった。動物的な苦痛と恐れに垣間見える人間性、人間理性の貫徹に潜む獣性。人間性をささえる価値は、幾重にも折り曲げられて、擦り切れる。「眼前の光景は人間生活の縮図なのだ。本能と理性と運命の絡みあいが、生のままで、そっくりそのまま現われている。[68]」それは、私たちの自己像への懐疑をうながす。この**人間性への自己懐疑、人間精神の存立を脅かす攪乱**にこそ、「島」の異界の核心がある。

プレンディックは、偶然流れ着いたボートに乗り、脱出する。命を賭した漂流ののち、彼は運良く船に遭遇する。けれども、人間社会に帰還しても、彼の心から恐怖は消えなかった。「島」の記憶が彼を悩ませただけではない。彼は、都市で出会う男女が、「いまにも本来の姿にもどりはじめ[69]」るような恐怖をおぼえる。「猫のように」うろつく女たち。「傷ついた鹿」のように咳きこみながら歩く青白い顔の労働者。獲物を辛抱強く狙う動物のように、図書館で本に食らいつく者。

それは、作品が描きだす異界が、「島」という空間的な場を焦点としていないことを鮮やかに物語っている。異界は、私たちの精神「にとって」深刻な「隔たり」をもった現実が襲ってくるところで口を開ける。だとすれば、それは「島」という物理的空間に張りついているものではない。むしろ、精神が深刻な「隔たり」に直面するところならどこにでも出現する。もちろん、都会のただなかにも。たとえば、自己の内に潜む獣性を自覚せず、それを社会的知性によって糊塗しつつ、人々が惰性的に壊死した理性に身をゆだねる現実。「とりわけ胸がむかつくのは、汽車や乗合馬車のなかの人々の空虚で無表情な顔だった。あれでは死人としか思えない。[70]」

それは、人間性の嘘くささを自覚させる現実であり、その価値的な基盤を切り崩す混沌の異界への入口となる。『モロー博士の島』が突きつける異界は、けっして「島」の空間的存在そのものではない。それは、私たち自身の存在、とりわけ精神の存立が脅かされる場にあたえられるべき名なのである。どれほど孤絶したところにあり、未体験の事物に溢れていようと、「島」という対象的世界がそれだけで異界なのではない。むしろ、私たちの内に否定しがたい獣性が潜んでいることの発見、**自己の存立を脅かす意識の混沌**にこそ、真の異界がある。

けれどもプレンディックは、都会の「獣人」に真の理性を突きつけたりはしない。あの「島」の異界が、すでにそうした精神を崩し去ったからだ。彼は、自嘲のレトリックに包みながら、異界が放つ真実の臭いを確認するのみである。「かくいう私にしても、理性をそなえた生き物ではなく、脳におかしな障害を抱えた動物でしかない。だから、旋回病にかかった羊のようにひとりでさまよっているのだ。[71]」

それは、プレンディックだけの問題ではない。テクストが突きつける人間精神の異相は、読む者の精神をも密やかに掘り崩してゆくはずである。

界面のテンション――意味と非意味との狭間

語られてきたSFの異界はすべて、私たち人間の意味世界と、人にはとらえがたいものとの境界で立ちのぼる。サイバースペースを飛翔する意識と、データが蠢く暗黒の闇。生命の尊厳や精神の自律といった価値を、一瞬にして吹き飛ばす密やかな情報コードの命令。あるいは、人間性を証明すべき文明に垣間見える、獣性の顕現。

SFの異界は、遥か彼方の想像の空間にではなく、人間精神の足下に潜む、存在の亀裂から湧きあがる。SFの物語は、あたかも掟でもあるかのように、人間が求める意味や価値の秩序と、潜みある内在的な異相との狭間で旋回し、炸裂するのだ。人間的な意味と価値を求める者は、つねに非意味と非価値に対峙する場で、とらえがたきものとのあてどなき舞踏を演じる。

それは、エクリチュールの異相にも垣間見えることである。「想うこと」の内容ではなく、言葉の様態の次元でも問題の異界はざわめき立つのだ。『空の境界』の「欠如」の表象に見られたように、テクストが人間的な意味の秩序を超えるものと触れあうとき、そこには言葉の異界が姿を現わす。

秩序の陰に混沌あり。それは、ギブスンのリリックに確認された事実だった。『カウント・ゼロ』の切りだしに見られたエクリチュールは、意味が定かでないモノの情報の連射のように見える。しかしそれは、すさまじいスピードの情報世界を背負い、雑多なものが衝突しあうテンションの場を瞬時にして立ちあげる。そしてまた、そこに密かにまとわりつく原文の「音」を追うなら、歯音と破裂音の折り重なりが、喧噪と衝迫と危うい力感を織りなしていることに気づく。そこにあるのは、言葉が織りなす概念の手前の、あるいは意味の彼方からくる、文字と「音」の触感であり匂いにほかならない。川上未映子のテクストが浮き彫りにする、エクリチュールの身体的次元。この意味的な了解の秩序として浮かびあがらない、エクリチュールの深淵と触れあう界面で、テクストは言葉の異相を展開している。

もう一つだけ、ギブスンのテクストを引いておこう。儚げなスター、アンジーの「想い」と感覚をつづる『モナリザ・オーヴァドライヴ』のエクリチュール。そこでは、モノ情報の犇めきも、喧噪を感じさせる「音」の摩擦も目立たない。代わりに響くのは、短く刻まれては休止する文字のリズムと、柔らかな母音が引き立つ、陰鬱なまどろみのようなメロディ。たとえば、アンジーが女神グラン・ブリジットとまみえた直後の章句。

　指先が平らで小さな包みの角に触れ、即座にそれが何かわかった。足を止め、おののく。ドラッグだ。まさか。いいえ、確かにそう。でも誰が……。振り返ってドルニエを見つめていると、やがて滑るように去って行く。／包み。一ヵ月は充分。／クー＝プードル。／毒を恐れよ、幼なご。

When her fingers found the corners of the flat little packet, she knew instantly what it was. She halted, shivering. The drug. It wasn’t possible. Yes, it was. But who? She turned and stared at the

Dornier until it slid away. / The packet. Enough for a month. / Coup-poudre. Fear poison, child.(72)

そのエクリチュールの異界は、主に文字のシークエンスが刻むリズムと、密やかな「音」の感覚の絡みあいからなる。そこには、概念的な意味の手前にあるもの、あるいはその彼方から到来するものと、意味の文脈的な織物との交錯がある。そこでテクストが触れるのは、あくまで**「潜みふれ」ながらテクストの空気を彩る、身体の音楽**なのだ。

意味の彼方に潜む異界と触れあうテクスト。この主題を考えるときに、W・バロウズの実験に目を向けないわけにはいかないだろう。もちろん、問題の焦点は、あの「カットアップ」にほかならない。ただし、ここで目を向けたいのは、バロウズがめざしたものであって、彼のテクストの首尾ではない。

よく知られているように、「カットアップ」というテクスト生成法は、すでに構成されているテクストをいったんバラバラに切り刻み、その断片をランダムに寄せ集めて再構成する手法である。このテクニックの端緒は、一九五九年にバロウズがパリのビート・ホテルに滞在していた頃の、ブライオン・ガイスンとの交流にある。旦敬介によれば、画家のガイスンが画材を切るさいに一緒に切断した下敷きの新聞、それが日付を超えてつながって形をなした奇想天外なテクストに、この着想のきっかけがあった。(73)

すべての通りに安堵はない――俺が恐怖を見せてやろう、壁や窓、人々や空に――Wo weilst du?――急いでくださいその口座をHurry up please its accounts――きみの隣を歩く三人目は空虚――薄い山の空気があちこちと窓の外――清潔なシャツを着て夕暮れが狭い通りをぬけ――ぼくのスペイン臭が空き地から――ブランデーきっちりBrandy neat――四月の風が唇とズボンを回転――夕食後の眠り雨を夢見る――兵士は何の保護もあたえない――死太陽の戦争は片手一杯の塵War of dead sun is a handful of dust――やせて弱々しいが目立たず震える古い西部劇の霧曰く――:「手を埋めな、マーチン」(74)

バロウズは、この斬新な手法にいくつかの可能性を見た。それはまず、元となるテクストの書き手の意図を換骨奪胎し、言葉の文脈的な意味を脱臼させる。一つひとつの言葉の意味は消失しないにしても、偶然とランダムな並べ替えが功を奏したとき、元の著述の主体から離れてテクストが自ずから組みあがるような現象が生起する。バロウズはそこに、意味の秩序に縛られたテクストにはない、新鮮な刺激を見いだした。ただし、偶然によって未知の意味が生成するということなら、異界の出現と言うほどのことではない。むしろ、自明化して凝り固まった、意味と文法の秩序がどこかで躓き、意味とは別の次元を垣間見せるエクリチュールが浮かびあがるところにこそ、異界のテクストの本領がある。

偶然のパッチワークが「何か」を浮き彫りにするという現象には、書くことの底に秘められた潜在的な作用、あるいは隠された次元の発動がある。バロウズは、そこに何者かが暗号を潜ませて流布していると疑った。人が書くということには、自覚なしに何者かの「エージェント」となる可能性が潜んでいるというわけだ。いささかトンデモの話にも思える。けれどもそれを、ジャンキーの妄想と決めつけるのは早計だろう。テクストという刺激の運動体には、意味と文法で秩序立てられた構築物の奥底に、その秩序に回収できない**身体的な脈動の次元**が潜んでいる。この異相の次元を、理解の自明性の内に眠らせてしまうなら、テクストの生命は意味と文法の形式に押しこまれ、身体的地盤は放擲されるだろう。テクストの潜在的次元の忘却は、意味の秩序が書き手と読み手の感覚世界を支配するという事態を招くのだ。

たしかに、テクストの異相が人知を超えた異界であるかぎり、その次元を自覚的にとらえ、意識的に統御するのは不可能だろう。だからこそ、「カットアップ」というランダムな手法に密やかな期待がよせられるのだ。けれども、その異様のエクリチュールは、少なくとも意味と文法の秩序の支配を浮き彫りにし、それとは別次元の「何か」が発動する場面に私たちを遭遇させる。ここでも異界は、あくまで「否定的」なかたちで触れられるのである。

文字テクストから透かし見える異界について語るのは、この辺にしておこう。それはすでに、音の異界をめぐって確認された事柄だからだ。けれども、SF的なテクストの異界を問うときに、忘れてはならない問題圏がもう一つ残されている。映像表象のテクストに潜む異界。現代文化に垣間見える異界を探索するとき、この領域を捨てておくわけにはいかない。

物語的な映像テクストは、一つの時間的システムとして成り立つ。それは一方では、コマの継起的な連続という技術レベルの時間構造を基盤とし、他方ではまた、物語の意味的な時間を構築する。けれども、映像作品の内には、この時間をあえて揺さぶり、場合によっては掘り崩すものがある。ここでの関心は、こうした表現の異界を浮き彫りにすることにある。

すでに触れた『空の境界』には、ある意味で豪華なアニメ版がある。それは、原作を章ごとに映像化する途方もない企画で、八本のシリーズになっている。問題としたいのは、そのなかの『矛盾螺旋』(75)という作品である。ただし映像の出来は、同じシリーズの『伽藍の洞』などに比べると、あまり秀逸とは言えない。けれども、物語に登場するあるキャラクターの時間世界を描くシーンは注目に値する。そこには、問題の異界がかなりヴィヴィッドに展開されるからだ。

物語の展開の軸は、無数の人間の死を蒐集してきたある魔術師におかれている。彼の名は荒耶宗蓮。物語は、この魔術師が「根源」につながる両儀式の存在に目をつけ、彼女の身体を介して「根源」に到達しようとする、という設定になっている。けれども、終盤に至るまでの物語の過半は、臙条巴という少年を中心に展開する。彼は、荒耶が結界を張りめぐらしたマンションからの逃亡者だった。そのマンションは、荒耶が魔術で構築した異界だとされている。ただしここで問題としたいのは、この建築物としての異界ではない。むしろ、この臙条の存在のムードを浮き彫りにする映像テクスト、ここにこそ問題とすべき異界がある。

巴は、両親を殺し、荒耶が創出したマンションを飛びだす。そして、抜け殻のような彼に絡んできた同級生にぼこぼこにされる。けれども、偶然通りがかった式に助けられ、彼女の部屋にころがりこむ。彼は自らの存在をもて余していた。親殺しという事実は、すぐに打ち消せるほど軽微なものではなく、彼の思考と行動を滞留させるほど重くのしかかったのだ。ところが、新聞でもテレビでも問題の事実は報じられない。巴は、自分の境遇に決着がつけられないまま、事件が発覚して状況が周りから変わるのを、ひたすら待つしかなかった。

アニメの映像は、巴のこの宙ぶらりんな世界を、さまざまな短いカットを延々切り替えてゆくシークエンスとして構成している。ただし、およそ一分五〇秒の映像には、BGMがかぶされている。細かく刻まれるオルゴールのような機械的メロディーと、チェロとおぼしき弦楽器のゆったりとした旋律の重なり。こうした映像と音との交錯は、一般には時の経過をイメージさせるはずである。けれども、このシークエンスは、そうした意味づけが通用しない構成になっている。

それは、いくつかのほぼ同じ映像が、断片的に何度も繰り返したち現れるからだ。ベンチに座った巴が駅前の大画面に映る女子アナを見あげるカット、ベッドに横たわる式の向こうで巴がカップアイスを食べるカット、そして鍵を差しドアノブを回す手のアップが、他のカットに混ざりながら反復される。その構成は、切れ切れの展開とあいまって、意味的なストーリーを排除するものになっている。意味的なストーリーは、テクストがそのつどある方向／意味 sens へ向かうことを条件とする。ところが、問題のシークエンスにはそれがない。その映像と音の構成には、「〜へ向かっての」という方向づけが欠けているのだ。

なるほど、アイスのカップがシンクを埋めてゆき、式が脱いだ下着が山と積まれていく映像は、時の経過を伝えてはいるだろう。けれども、それは何のための時間であり、どこへ向かう出来事なのだろうか。そこには、「〜へ向かっての」推移はない。あるのは、ただ繰り返される同じような行為の跡だけだ。そして、シークエンスの最後の数秒に現われる、ドアノブのカットの素早い繰り返し。その切り替えと再現の速さは、一つひとつのカットの意味を切り崩すほどだと言っていい。

それは、目眩をもよおさせる。「ドアノブ」「手」といった意味観念は急速な回転で溶けはじめ、もはや「回る」「反復する」という印象しか残らなくなる。そう、この映像構成は、まさに「繰り返し」のイメージを浮かびあがらせているのだ。このことは、シークエンスにピリオドを打つコインランドリーのカットに集約されている。延々と回転するドラムに無の視線を向ける巴。そしてドラムのガラスには、空虚な反復を生きる彼自身が映りこんでいる。

このシークエンスは、物語的な時間をほとんど掘り崩している（当然だが原作に対応するくだりはない）。たしかに、「繰り返し」「反復」というイメージは浮かびあがる。けれども、それは物語ではない。物語的な時間は、映像や音が何かに向かって意味の連なりをなしてゆくことで成り立つ。これを欠いた映像は、少なくとも物語作品としては異様であり、表現様式としての異界とならざるをえない。そこには、意味的な時間世界を宙吊りにする独特な空虚さがあるがゆえに、観る者は何とも言えない違和感と焦燥を抱く。

ある映像作品を観て、同じ違和感と焦燥を抱いたことがある。八〇年代末のことだったと思う。長年興味をもっていた作家の作品を上映するイヴェントがあることを知り、いそいそと札幌から渋谷まで出掛けていった。会場は小さなライヴハウスだったと思う。だが、その日の最初の上映が始まると、観客たちのあいだにかすかなざわめきが広がった。映しだされた映像に時間的な構成が欠如していたからである。

上映されたのは、ウォーホルの『エンパイア』[76]である。マンハッタンのエンパイア・ステート・ビルディングの尖塔部分を、八時間以上も撮りつづけた実験的作品。上映されたのはそのごく一部だったが、カタカタとわずかにブレる以外は何も「起こらない」（各階の明かりにもほぼ変化はない）映像を見せられて、何人かの観客は映写ブースを振り返ったり、きょろきょろと周りに目を向けたりした。実は、予備知識のなかった私も、こうした行動をとった一人である。故障かなとも考えてみたが、小さな空間のなかにはリールの回る音がかすかに響いている。そこで思い至った。「なるほど、これは動かない作品なんだ。」それにしても、その時間は長かった。

映像作品を観る者は、自ずと映しだされるものとそれに随伴する音の変化を追いかける（『エンパイア』には音声はないが）。この変化を、過ぎ去ったことの持続と後続する事柄の予期が織りこまれた現在においてとらえる。これが映像シークエンスに対する理解の基本形である。そして、継起する映像が「〜へ向かっての」という関連に総括されるとき、物語的な意味が成り立つ。物語が意味的な時間世界として成り立つというのは、このことをさしている。

ところが、ウォーホルが映しだすビルは動かない。そこには、映像的な変化と推移がない。だから、出来事の理解も物語的な意味も成り立ちようがない。それは、物語的な時間を欠いた独特の異界として現われる。その意味では、映像作品の時間は止まっている、いや、消失していると言うべきか。意味的な時間を掘り崩された空虚の瀰漫、そして意識の方向性を失った目眩の感覚。けれどもそれは、たんなる空虚として片付けられるものではない。

『エンパイア』を観る意識は、物語と意味的な時間の欠如に違和感を覚える。私たちは、意味の連なりとして組みあげられた時間世界を期待するのだ。しかし、リールは回っている。映像を見ている現実の時間は厳然としてあり、何の欠如もなく成り立っている。つまり私たちが求めているのは、現実の時間とは異なる仮構された時間なのだ。

よく考えてみれば、日常の「過ぎゆく」時間は、必ずしも意味の連なりとして成り立っていない。昼下がりに川面にちらつく陽光に吸いこまれる時、木々に目をやりながらカッコーの声に聴きいる時、そして湯上がりの熱が窓の微風で流されていく感覚に身をまかせる時。事物の細かな変化はあるにせよ、そのとき「〜へ向かっての」意味づけは棚上げされている。現実世界は意味的な時間によってあまねく埋め尽くされているわけではない。こうした**脱意味的な時間**を映像化することも不可能ではないが、それは物語的なものとはならない。

丹生谷貴志は、映画に垣間見える「〈物語〉の時間に属さない別の時間」を「外の時間」と呼称している。クリント・イーストウッドの作品（そしてブルース・サーティーズの映像）からつかみだされたこの議論には、ここでの論点とつうじあうものがある。主観や事物に先行するものとしての「出来事」が純粋に映像化されるとき、「言説の一方向的な時間とは別の時間」が映画に「断裂」をもちこむのである。そして、丹生谷はこの問題を、「不毛な反復からなる時間のパラレリズム」(77)とも整理している。

この「断裂」を抱えた映像は、現実の時間の内に、意味的に連ねられた時間とは対極的な事実があることを露わにする。人はその落差によって、自分が求めている**物語的時間の仮構性**を自覚させられる。自明でナチュラルなものとされていたものが、意味の関連によって人為的に組みあげられ、構築された構造であることが浮き彫りになるのである。それは、時間に関する了解を揺さぶり、異質な時間がありうることに、否応なく意識を向けさせる。だから、意味的な時間を欠いた映像は、たんなる空虚ではない。それはネガティヴにではあるけれども、隠蔽された現実の位相を浮き彫りにする何かではある。

この観点から、あらためて『矛盾螺旋』の映像構成に目を向けてみよう。思考の入口とすべきは、ある印象深いカットである。あの反復のシークエンスの前と後に出現する、不可解な暗闇のシーン。ほぼ黒に埋め尽くされた映像に「巴、死んで」という女のだるい声が響き、直後に素早い刃の一閃。実はそれは、巴が母親に殺される場面にほかならない。彼は、それを繰り返される夢だと思っていたが、真実には、荒耶宗蓮の仕掛けのなかで、毎夜反復されていた彼の現実だった。にもかかわらず、巴はいまだに生き長らえている。それは、問題の現実が一種のシミュレーションであり、一滴の血も流れない作り物の劇だったからだ。

作り物として具現される死の情景。そう、荒耶が構築した「異界」に住まい、この寸劇を繰り返し演ずる者たちはすべて、生きた人間ではなく人形なのである。ただし保存された「生身」の脳と不思議な気によってつながれてはいるけれども。

人形たちが演じる惨劇は、それぞれの家族が殺しあい、残った者も自殺するという死の舞踏である。家族が一時に死んでいく最後の夜の情景を、来る日も来る日も繰り返す劇場的世界。間違いなくそれは、死の「異界」だと言えよう。ただし、荒耶の構築した世界が死の「異界」であるのは、毎夜殺人が繰り返されるからではない。この反復的な劇のなかでは、誰も実際には死なない。それは人形劇であって、本当の死の惨劇ではない。問題の核心は、生きている人間の死が繰り返されることにではなく、まったく同じことを自動人形のように繰り返しシミュレイトさせることにある。だとすればそれは、なぜ、どのように死の「異界」なのだろうか。

巴は、荒耶とその協力者が作りだした人形にすぎない。「彼」はこの「異界」の仕掛けの歯車でしかなかったのだ。何度か反復される刃の一閃のイメージは、巴の真の存在性格を暗示するものだと言っていい。自動人形として同じ行為を永遠に反復する存在。それは、己れの行動に関する意志と目的をもたず、魂のない死せる存在となった人間の表象となる。

人間が人形にある種の「死」を見てとるのは、人形がこの魂の欠如というイメージを喚起するからである。こうした自動人形に埋め尽くされた反復の世界、それは人間性の「死」を表象させるがゆえに、「死」の異界なのだ。同時にそれは、意味的な時間を欠いた世界の表象でもあるだろう。意志と目的をもたずに同じことをひたすら反復する自動人形の世界。それは、「〜へ向かっての」意味づけを欠いているがゆえに、**脱意味的な時間世界の表象ともなる**のだ。

かくて、初めの問いに一つの答えが引きよせられる。あの異様な反復のシークエンスは、まさに同じことを繰り返す自動人形のありようを暗示していたのだ、と。無関連な断片の反復は、同じことを繰り返す自動人形の表象であり、ランドリーのドラムのように回るイメージは、意志と目的を喪失した存在の比喩にほかならない。つまり、それ自体としては意味と理解を拒むように見えたあのシークエンスは、意味を志向することのない、死せる人形のありように重ねられているのだ。意味の関連を欠いた映像の異界は、人間的な意味を喪失した存在の表象となっている。

それは、物語世界の壁を突き抜け、現実世界にもつうじる射程をもっている。注目すべきは、物語の全体的な脚色である。それは、読者の意識を巴の存在に同一化させる構えをとっている。社会を生きるありふれた者たちは、自動人形としての巴の存在に、**自身の意志と目的を棚上げしてシステムの歯車となっている自己の現実**を重ねあわせる。そう、あの死の異界は、社会のメカニズムに縛られ、ある種の自動人形として同じことを反復する私たちの現実世界にも潜んでいる。異様な反復のシークエンスは、現実世界に滲みわたる脱意味的な時間も暗示しているのだ。それは、表現様式の異界であるだけでなく、現実世界に瀰漫する異界にもつながっている。

表現様式としての異界は、現実世界の隠された異界を浮き彫りにする。意味的志向を奪われた、いや意志と目的を換骨奪胎された時間世界。**私たちの生も、たしかに非意味の空洞のごとき時間に浸食されている。**実はこうした現実は、内なる精神にも見いだされるのではないだろうか。しかも、より深い「隔たり」の向こうに。

　A・タルコフスキーの『惑星ソラリス』(78)には、この現実を予感させるシーンがある。ソラリスの「活動」の影響で錯乱に陥ったクリス・ケルヴィンが、異様な世界を漂うシークエンスである。物語は、ソラリスという惑星で調査隊を襲う恐るべき出来事を縦糸にしている。その出来事とは、ある「客」たちの出現だった。メンバーたちが眠りにつくと、心の傷として精神の奥にしまいこまれた人たちの記憶が、実在となって現われたのだ。クリスは、自分が棄てた妻ハリーの出現に狼狽し、「彼女」を小型ロケットに閉じこめて宇宙に放擲してしまう。だが、疲れて眠りにつくと、目覚めたときには再び「彼女」が出現する。「客」を無きものにしたとしても、心の内にその存在が刻まれているかぎり、同じ異様は何度でも繰り返される。秘められたトラウマが、心の傷口を引き裂いて吹きだし、しつこく眼前に迫りくる恐怖。

　それは、ソラリスの仕業だった。惑星が、彼らの心の底を探り、秘められた記憶を形にしてなぞっていたのだ。クリスは、複製された「ハリー」から逃げることをやめる。いや、彼はすでに「彼女」を愛し、ともに生きることを決断していた。けれども、事情を悟った「彼女」は、ときに塞ぎこみ、あるいは狂ったように叫び、自己意識の混乱を増幅させて、ついに液体酸素を飲んで自殺する。ところが、この不可思議な存在は、氷のように蒼白くなった肌を、しだいに紅潮させてゆく。素肌にまとったシャツが濡れそぼり、美しい両の乳房が透けてくると、全身を断続的に痙攣させる。何と「それ」は、死んでも必ず蘇生するのだ。そのたおやかな肢体が不規則に波打つ姿は、言いようもなくおぞましい。

このカットのあと、重い色をした緩慢な渦潮のイメージが展開される。暗く淀むドローンのような音を背負う映像には、すべての源であるソラリスの神秘が暗示されている。そして、錯乱しながら船内を徘徊するクリスが映しだされた後、問題のシークエンスが開始する。

少し古風な部屋。広い木枠の窓。黄土色の光に透けるわずかな葉影と鳥かご。金属的なドローンに浸されながら、カメラはパーンして別の窓を映しだす。すると突然に、カメラはベッドに横たわるクリスの上半身をアップで映しだし、つづいて下の床をとらえる。床は鏡張りだ。なぜかそこにベッドに横たわるクリスが映りこんでいる。あたかも、透明なガラスの部屋に閉じこめられているかのように。

画面は切り替わる。ふたたびベッドに横たわるクリス。頭の後ろには、彼の髪をなでる「ハリー」の姿が見える。直後に眩しい光が画面を埋め尽くし、右の方へ消えてゆく。すると、振り返りながらショールを脱ぎ下着姿になる「ハリー」が現われる。カメラが、あの怪しいドローンに乗って左にパーンしてゆくと、クリスの母が目に入る。彼女も「ハリー」と同じようにショールを手にしている。壁の方にはかつて飼っていた犬。

もっとも異様なのは、その直後の映像である。母がドアから出てゆくのをとらえたカメラは、ふたたび左にパーンしてゆく。丸い窓の方を向き背中を見せている女、さらにまた左には顔を見せず歩き去る女。いずれも、「ハリー」の出立ちをしている。そしてカメラがほぼ三六〇度転回しきったところには、同じ服をまとい、椅子に座ってこちらを凝視する「ハリー」の姿。しかもその前を、「ハリー」の出立ちの女が通り過ぎてゆく。あちらにもこちらにも「ハリー」が出現し、同じ「ハリー」が増えつづけてゆくおぞましき映像の渦。このおぞましさは、「ハリー」についての同一性認識が揺らぐことに由来するわけではない。そもそも、「ハリー」はソラリスがはじめて複製したときから「本物」の同一性をそなえてはいなかったのだから。むしろことの核心は、映像世界の時間の秩序がかき乱され、混乱に呑みこまれる点にある。

物語的な映像は、さまざまなカットを出来事の継起 sequence として構成する。クリスが目を覚まし「ハリー」がいないことに気づき、調査船の通路に出て、彼女が凍えて死んでいるのを発見する、といった具合である。同じ主体が連続的にさまざまな行為を経過的に遂行するという映像のシークエンスは、もっとも素朴に時間の意味的な連なりを成り立たせる。いや、正確に言えば、一秒間に二四コマという映像の継起そのものが、自ずと時間的な知覚を喚起するがゆえに、そこに出現する同一の存在の行為は時間的な推移としてとらえられてしまうのだ。

問題のシークエンスは、映しだされる個々の存在と出来事からすれば、この素朴な時間知覚を喚起する要素からなっている。同一に見える存在（「ハリー」）が異なる姿と行為を見せる映像になっているのだから。けれども、タルコフスキーの映像手法はこうした意味の連なりを封じこめる。ポイントとなるのは、固定カメラがほぼ三六〇度パーンするカメラワークだ。通常、カメラのパーンは、同じ場面の複数の存在を順次とらえる手法だと言っていい。ゆっくりパーンするにしても、そこに時間的な意味の連なりが見いだされることはまずない。つまりそれは、同時並存を意味する記号として機能するのである。

「ハリー」が、別々の位置で推移的にさまざまな行為をする映像が連ねられるにもかかわらず、パーンによって時間的な推移という意味の関連は殺される。この、映像内容と映像手法の齟齬、そしてそこからくる複数の読解コードの衝突。これこそが、このシークエンスを観たときの収まりの悪さ、違和感の原因にほかならない。

そこには、わざわざ時間的な知覚を誘う要素を並べながら、同時にその読解を封殺する映像文法の網をかぶせ、時間知覚を攪乱する仕掛けがある。こうして、観る者は映像を時間的に意味づける座標軸を奪われる。少なくとも、この映像を体験しているあいだは意味的な時間が融解すると言ってもいい。そこには、**時間の異界**がある。本質的に時間的である映像が、意味的な時間の枠組みを溶かしさる異様。もちろん、パーンも一つひとつの行為も時間的継起としてある以上、無時間の世界とは言えない。そうではなく、こうした**時間的要素が映像手法によって秩序を失い、意味的な時間が未然のまま漂流してしまう事態**。ここにこそ、異界のポイントがある。

この時間の異界は、ドゥルーズが「時間の直接的現前」[79]とよんだこととほぼ重なる。映像の「紋切り型」である「感覚運動的イマージュ」の「連鎖」と「脈絡」が断ち切られるとき、映画のイマージュは「感覚運動的図式がもつ人間的な限界を越え、運動が物質と等しいような非人間的な世界へと……向かうのである。」この意味を脱した「時間イマージュ」が、文字通り直接的なものかどうかには疑問が残るけれど、ドゥルーズがタルコフスキーに言及しつつ、映画は純粋な時間を知覚可能なものの内に定着させる、(80)と語ったことは銘記されるべきだろう。明らかに二人は、時間の異界に探求の視線を向けていたのである。

しかし、表現様式としての異界は、ここでも私たちの生の現実につうじている。「ハリー」が増殖するあのシークエンスは、私たち自身の精神の内に潜む異界も浮き彫りにしてはいないだろうか。調査船の一室に増殖していく「ハリー」や「母」や「犬」は、ソラリスがクリスの心の奥底にある記憶をなぞるかのように、対象的に出現させたものだった。だとすればあの異界は、クリスの精神の内奥に潜む異界を形にしたものだとも言えるだろう。

それは、私たちの精神自体が、時間的な意味づけを奪われ、漂うように現われる記憶とイメージに取り憑かれている現実を露わにしている。「ハリー」は、クリスと暮らしていたときの若い姿で出現する。あるいは、彼の「母」も、彼が幼かったときの姿で登場する。クリスは、壮年の終盤を迎える容姿だというのに。いま彼の精神を苦しめる現実は、時間的な秩序を跳び越え、その意味の関連をかき回しながら展開する。もちろん、現実の生が、こうした異界に呑みこまれることはまずない。現実の生の大枠は、時間的な秩序のなかで意味づけられているからである。けれども、精神の内世界はどうだろうか。とりわけ、記憶が絡む精神の動きと構成は。

少々搦め手だけれども、夢を例にとるとわかりやすいだろう。夢では、子どもの頃の懐かしい場面に、成人後の知人が当たり前のように登場したりする。あるいは、いま現在の自分が、何の疑いもなしに数十年も前の場面を経験する。そして、それらすべてが、無関連なフラッシュ・バックのように次々と交替することさえある。しばしばそこでは、時間的序列がかき乱される。けれども、こうした時間的秩序の換骨奪胎は、心の奥にしまいこんだ記憶が現在の生の世界に侵入するときには、誰にでも起こりうることではないだろうか。

クリスは「ハリー」が蘇生したとき、錯乱する彼女をきつく抱きしめ、「ここで一緒に暮らそう」と叫ぶ。そのとき、彼の脳裏に本物のハリーが自殺したときの記憶が渦巻いていたのは間違いない。自分はもうあの出来事を繰り返してはならない。その想いが彼の思考と行動を支配したのだ。過去に対する良心の呵責。それがいま現在の思考と行動を貫くとき、私たちは時間の秩序を跳躍する記憶の魔に吸いこまれている。それは、現在における思考の否定と行為の禁止というかたちで頭をもたげることもある。過去の罪と同じような行為に踏みだそうとするとき、良心の責めという倫理の威力は人を凍らせる。そのとき人は、たとえ一瞬ではあれ、過去の罪の時間に引き戻され、そこで凝固するのだ。

ことは良心の呵責にかぎらない。現在の自己をどんな物語で価値づけ意味づけるにしても、過去の思い出をいまの心のささえにするというのは、ごくありふれた精神の構えである。あるとき輝いていた自己の姿、心揺さぶられる体験の煌き、かけがえのない他者との宝石のような時間。

そのささえによって未来への投企へと踏みだし、少なくとも生きていることの意味を確認する精神の体制は、人生のピークを越えた者にとって大切なものだろう。いや、情緒の観点からすれば、こうした自己をささえる記憶は、十分に現在における作用をおよぼすと言える。人は、大切な記憶に類似した出来事や状況に肯定的な姿勢をしめし、逆にそれとは対極的な出来事や状況に対して、情動的に強い反発と拒絶をしめすのだ。

　こうして記憶がいま現在の心の動きや志向性に影響するとき、私たちの精神は、**記憶のイメージが時間を越えて生みだすベクトルの合成**となっている。人の精神は、いくつもの記憶が織りなす万華鏡のごとく、時間的な秩序を逸脱しながら変容してゆく。そしてその複雑な綾の内には、妄想のように経緯や次第が定かでないイメージの欠片《かけら》が、少なからず含まれている。小学校に入ったばかりの頃、毎日のように遊んだアパート住まいの同級生。ある時点から彼女の存在が途絶した理由ばかりか、その名前さえも思いだせないのに、彼女との「ままごと」の空気は、いまでも異様なほど鮮明に感じられる。私には、なぜそのイメージが保蔵され、いまも強く心を揺さぶるのかがわからない。

　記憶の万華鏡が、実体験のどの部分の欠片から構成されるか、そしてそれぞれの欠片が精神にどんな作用をおよぼすかは、当事者のあずかり知るところではない。蛍の光のように、いつどんなふうに発光するか分からない記憶の欠片が、現在の精神の奥につねにひかえているという現実。そして、そのぼんやりとした光の点滅の組み合わせが、精神を右へ左へと動かしてゆくという事実。ここでもドゥルーズの映画論は、一つの道標となる。回想的イマージュの諸断片は、「複数の層のあいだに一種の横断的な連続性あるいは交通を作りだし、局限不可能な諸関係の集合を織りあげる」。そのとき人は、「非時系列的な時間を解放する」(81)のである。記憶の世界は、**時間的秩序を超えて蠢く精神の異界**なのだ。

タルコフスキーの映像テクストは、精神に潜む記憶の異界に触れる。一事が万事ではないとはいえ、表現様式の異様を、たんに顕著化のスタイルとして片付けてはならない理由がここにはある。しばしば独特のスタイルは、テクストそのものを突き抜けて、オーディエンスが自身の存在に潜む異界を見通すことをうながすのだ。『惑星ソラリス』は、時間的意味が脱臼した異界と、いま現在の精神とが接する一つの狭間を漂流している。

ここでも、人間的な意味世界の臨界が垣間見られる。たしかにそれは、データ・スペースの闇や精神の「遺伝的コード」などに比べて、「隔たり」の深みには欠けている。ともかくも、記憶の欠片は想起され、いま現在の意識の表面に浮きでるように蠢くのであり、何らかの意味をおびて食いこんでくるからである。それは、非意味の深淵と言うほどの落差をもってはいない。けれども、この記憶の異界には、また別の「隔たり」がある。そのとき精神に蠢くのは、遠い過去の、あるいは時を確定できない闇から至りくる記憶である。それは、時間的な深い「隔たり」を越えて、いまこの時の自己に食いこんでくる。

またこの記憶の深淵は、精神の内世界を突き抜けて、遠く自己の外部へとつうじてもいる。服毒自殺したハリー、汚れた手を優しく洗う母、かつて遊んだ犬、おそらくは幼い頃の古風な部屋の風景。タルコフスキーのテクストが暗示するように、いま現在の精神を右へ左へと傾かせる記憶の欠片は、意識を他者や外界の存在へと引きつける綱なのだ。記憶の欠片は、「私」という精神の内世界から隔たった他者と外部の存在につなぎ、異なる世界へとつうじるトンネルとなる。「スクリーンそのものが脳膜であり、そこでは過去と未来、内と外が、定めうる距離もなく、あらゆる固定点からも独立に、じかに向かいあう。(82)」精神は内奥において、外部へと投げ放たれる。記憶の異界は、内外の「隔たり」を越えるという点でも、目眩の世界であるほかない。

そこには、「想うことの彼方」がさししめされている。記憶の想起という精神の蠢きが「想うことの彼方」を志向するという存在の捩じれ。そこには、内と外との界面のテンションが充満している。存在を静かに波打たせるこの蠢きのなかで、人はときに時間の跳躍を敢行する。

そのとき人は、時間的に整序された意味の関連を棚上げする。むしろ、断片的な映像シークエンスを体験するときのように、時間の秩序を超えた全体的な情感と印象の世界を、想像し変転させてゆくのだ。必ずしもそれは、精神の無時間世界に沈潜することであるとはかぎらない。記憶の異界を踏み台にした跳躍は、生の現実時間の内にもクレヴァスのように生起する。時間世界のもう一つの現実。異様なる映像シークエンスは、私たちをこの世界に誘うのだ。

終わりに

ボードレール「現代生活の画家」／三雲岳斗『アスラクライン』／安田登『異界を旅する能』

異界は一つではない。始源の混沌につうじるもの、世界の神的な連続性に触れるもの、身体と知覚の奥に秘められた真実、そしてそれらを表現するテクストの異様。いずれも、人間が自己として存立するときに暗闇へと追いやられる、存在の陰にほかならない。だから異界は、精神が自己としてあるかぎり、けっして完全にとらえきることはできない。

真の異界は、自己の陰に潜み隠れてある。「超人」に見られたように、それはどうあってもつかみえない不可知のものとして望見され、求められる。けれどもこの、自身の了解がおよびえないものに、人はなぜ魅せられるのだろうか。自己を成り立たせる意味と価値とは相容れないものを、飽くことなく求める不思議。

この最後の問いについては、あえて著者自身の心持ちから説き起こすことをお許し願いたい。あとがきを兼ねて、この書き物の動機も記しておきたいからである。

なぜ異界とその表象に魅せられ、吸いよせられるのか。著者自身の情動にそくして言えば、答えはかなりはっきりしている。それは、「いま／ここ」の生の世界をチャラにするかのような、一種の解消の予感に飢えているからだ。たしかに、解体を好む性格も関係している。けれども、むしろその心持ちは、『パリの憂愁』でC・ボードレールが吐露した感性に近い。「**どこでもいいのだ！　ただこの世の外でさえあるならば。**[1]」もちろん、彼がつづったのは、たんに遠くへ移住する願望でもなければ、生を捨ててさっさと「あの世」へ往こうとする決意でもない。彼が希求する異界も、あくまで「こちら」の生の世界の異相として予感されるものにほかならない。

ボードレールは、汚辱と悲惨にまみれた都市の生活にのめりこむことが、モダニズムの美学の条件だとした。彼は、「現代生活の画家」という書き物のなかで、娼婦や強盗も含めてあらゆる大衆と一体化し、一個の「遊歩者 **flâneur**」(2)となることを宣している。むしろ彼は、都市の現在から一歩も逃避することなく、足下の現実を泳ぎ抜くことを自らに課している。けれども、この「群衆のなかに湯浴みする」(3)美学を貫くなら、人は否応なく都市の狂乱と揺動の渦に巻きこまれ、「一時的なもの、移ろいやすいもの、偶然的なもの」に浸される。彼の言う大衆との一体化とは、「飽くことなく非我を求める」(4)ことであり、絶えることなき流動と変容に自己をゆだねることだった。彼が求めた異界の源は、限りなく漂流する都市の解体的な威力にあると言っていい。

ボードレールが求めた「この世の外」とは、あくまで「こちら」の世界の異なる様相だった。実のところその求めには、確固たる道筋も定かなゴールもない。けれどもそれは、**「こちら」の世界に潜む「別の世界」の可能性に心動かされること**ではあるだろう。筆者を異界とその表象に引きよせるのも、この可能性であり、存在と構造の解消への予感にほかならない。たしかに、可能性の来し方行く末は不確定である。しかしそれでも、いやむしろそうだからこそ、それは私を惹きつけるのだ。

その意味で、「別の世界」を「こちら」から隔絶された「あちら」として「想い」描こうとする求めは、私の関心の外にある。たとえば、現代の表象文化に溢れる多くの異界もの。たしかにそこには、現代文化で異界が求められる一つの事情を確認することができるだろう。エンターテインメントのお手軽なギミックとしての異界。その多くは「いま／ここ」とは違う世界を覗き見て楽しむものであり、エピソードに幻想性と神秘性をあたえ、生の現実からかけ離れたムードを醸しだして、心おきなく「夢想」を楽しむ仕掛けにすぎない

たとえば、二〇〇五年から出版され、メディアミックス的な成功をおさめたライトノベル『アスラクライン』(5)では、「虚空の闇」から出現する機械仕掛けの魔神「アスラマキーナ」が暗黒の力を発揮する。物語では、この時空を超えた「闇」に何度も異界という言葉があてられている。しかし、なかなかインパクトのあるこの想念は、現実の生の世界には一指も触れない。たしかに、主人公の夏目智春をはじめ、登場するキャラクターはかなり魅力的で、「アスラマキーナ」の背後にある暗黒の異界が実はパラレルワールドへの通路だという筋立ても、エンターテインメントとして十分に楽しめる。けれども、この楽しみをささえる異界のイメージは、現実の生には何らの反響をもたらすこともなく、だからこそ何も思い煩うことなく楽しめるものなのだ。

その娯楽を質が低いと言うつもりはない。ただ、筆者が問題としたい異界の魅力はこうしたものとは違うということにすぎない。現実の生から隔絶された異界ではなく、「いま／ここ」の経験世界に響きを返す異界にこそ、この書き物の関心は向けられている。「こちら」の生の内に潜む、「別の世界」の可能性を予感させる異界。これに惹きつけられる人々の意識が、果たして何に淵源するのかが問われるべき事柄なのである。実は、一義的な答えを出すのは難しい。けれども、異界とその表象が、どこで何を焦点にして「別の世界」の匂いを発するかを考えれば、一つ

のポイントをつかむことはできる。

では、その焦点とは何か。能楽師である安田登が抱いた確信は一つの導きの糸となる。現代文化を射程に入れた異界論が、能の話をもちだすのは筋違いだ、などと決めつけないでほしい。実は安田の理解は、ある点できわめて現代的な意味をもつのだから。

安田は、ワキ方の能楽師である。「夢幻能」に典型的なのだが、能はしばしば、漂泊の途上にあるワキが「あるところ」で「この世」に思いを残す霊的存在と出会うという筋立てをとる。平たく言えば、幽霊的な「異なもの」と「出会う」異界が展開されるのである。安田が異界を「出会い」の現象ととらえ、特殊な「関係性」としてとらえたのは卓見である。けれども、もっと重要なのは、「人は異界と出会う物語を求める」という論述である。そこで安田は、人が異界を求めるのは、「生者の時」とは異なる「死者の時」(「歪んだ時空」)を体感し、「新たな生を生き直す」ため(6)だと語っている。

もちろん、能は幻想劇であり「疑似体験」しかもたらさない。けれども、「死者の時」を現出させる異界を体感し、惰性的な「ケ」と「離《か》れ」を祓う「ハレ」を体験すると、「いま/ここ」の世界に響きが返される。それはなぜか。「「晴れ」を体験すると、穢れが吹っ飛ぶ。すると……自己の本質を一瞬垣間見る。」安田はそこに、「新たな自己の可能性(7)」が潜んでいることを言い当てているのである。

私たちが異界とその表象に予感する「別の可能性」とは、この「新たな自己の可能性」ではないだろうか。「日常の意識的体験による自己」は本当の自分ではなく、異界との遭遇のなかでかすかに垣間見た自分こそが「実は自己の本質に近い」(8)という予感。人々はそこに、「こちら」を生きる自己の異なる現実を嗅ぎとるのである。いまも人々が異界に惹きつけられる理由は、この点にあると思う。それは、表象文化の現実にも確認できることである。いまなお異界をテーマとする作品群には、自己なるものの「神秘」や「隠された真実」を問うものが少なくないのだ。

異界を扱う現代の表象は、自己への関心を一つの旋回軸としているように見える。本書が、自己の存立の陰に隠された異界とその表象に焦点をあてた理由はここにある。こうした視点の絞り方によって、「いま／ここ」を生きる人々が、異界に惹かれ魅せられている事情を浮き彫りにしようと考えたのである。異様なほど現代文化の素材を扱っているのも、この課題設定による。けっして新しさでウケを狙ったのではない。実際、むしろ古典の域に入ったものを掘り返してもいる。むしろ筆者は、そこに問いが残されている以上、どんなに古かろうが、改めて古典と格闘すべきだという考えに立っている。

　もちろん、自己への関心という現代文化の傾きを重視するからといって、異界をめぐる知を積みあげてきた民俗学や宗教学や人類学の伝統を軽視できるわけではない。実際、現代文化に登場する異界を精査してみると、伝統的なテーマにつうじるものに出会うことになる。だからこの書き物では、現代文化の素材と、伝統的な学問的知見とをつなぎながら、両者が一つの交響をなすように努めたつもりである。龍として表象される始源の混沌と『空の境界』の「根源」、補陀落渡海の異様と「超人」の企てに潜む深淵、空海が体験した「声」の場とバラードの『時の声』。

こうした突き合わせは、けっして学問的蓄積へのたんなるオマージュではない。伝統的な異界のイメージは、現代性に凝り固まった自己意識にかなり異なったとらえ方を迫る。それは、いま異界に惹かれる意識にとって、「別の自己」への関心を刺激する恰好の素材となるのだ。だから、**異界なるものを古の文化的伝統にすぎないものととらえ、「いま／ここ」の世界を生きる意識から切り離してしまうべきではない**。そこには、現代文化を解き明かす大切な鍵が隠されている。

たしかに、現代文化のなかで改めて浮上しつつある異界のイメージには、自己という存在の陰に隠れた、とらえがたき混沌と暗闇にフォーカスをあてるものが多い。始源の混沌を肉体の異界に絡めて描く『空の境界』。また肉体の混沌をデータ・スペースの闇のさきに見通す『ニューロマンサー』。精神の奥底に隠された破壊的な威力への恐怖をつづる『虐殺器官』や『精神寄生体』。そして、自己意識以前の混沌を彷彿とさせる『スキャナー・ダークリー』、記憶の異界を突きつける『惑星ソラリス』。

もちろん､それらは筆者が自己の内に潜む異界というテーマを立てて拾いあげた作品群である。けれどもそこに、私の恣意だけを見るなら事柄をとらえそこねることになる。むしろ、偏りは現代の表象文化そのものにある。現代の表現は、「こちら」とは理を異にする外的な世界を描くだけでなく、人間の自己そのものの内に闇の異界を「発見」することへと傾いているのだ。

しかし、こうした関心が、私たちをどこに導くかは定かではない。いや、それが自己の闇に吸いよせられることである以上、私たちは行くあてもなく彷徨するしかない。期待はずれかもしれないが、それは別の形の自己を、自由な意志で自律的に構築する生にはつうじてはいない。むしろそこには、あたかも「別の可能性」と出自を同じくする双子のように、紛うかたなき**死の臭い**が漂っている。自己の奥底に隠された異界を抉りだす現代の表象は、しばしば**自己にとっての「死」**につうじているのである。

問題は生物としての端的な死ではない。バタイユがエロティシズムに見いだしたように、分立した主体であろうとする自己の瓦解が、ここで問われる「死」にほかならない。[9] 端的な死には、**それ自体としては**文化的に問うべきものはほとんどない。それに対して、「自己としての死」は、端的な死によって世界が消失することでないだけに、人間自身が己れを問題化し、実存の軋みを引きうけることを強いる。実はこちらの方が、よほど悩ましく、緊張を孕んだ事柄なのだ。

この書き物は、こうした「死」の異界を問うてきたのだと言っていい。その議論はおおよそ二つの流れに大別できる。一つは、精神の奥に潜む混沌に秘められた虚無の威力である。『空の境界』や『精神寄生体』や『スキャナー・ダークリー』、そして『モロー博士の島』やタルコフスキーの『惑星ソラリス』が掘り起こした自己の内の闇。それは、人間が「こちら」の世界の秩序として構築する意味と価値を受けつけない異相であり、主体として「立つ」自己にとって一つの「死」の異界を意味する。中世ヨーロッパのテオパシーや「超人」の企てが直面した神的な世界も、ほぼこれとパラレルなものとしてとらえることができる。

二つ目は、主体がけっして消去しえない、肉体の空隙にほかならない。『空の境界』や『虐殺器官』、そして『ニューロマンサー』や川上未映子の作品が浮きあがらせる、身体の深淵と肉の異相。それは、精神がつかみえないにもかかわらず、自己を奥底から貫き揺り動かす。だからそれは、自己意識的で自律的であろうとする主体にとっては、「死」の異相でしかない。あらゆる存在を共振させる「声」の場や、『時の声』が描きだした「死の音」も、こうした肉体の異相を表現していると見ることができるだろう。

自己の内に潜む異界への関心は、人間が自らの内に「死」を包蔵していることの自覚へと導く。「熊野詣」が「良く死ぬ」ための「疑似の死」だったように、この異界をテーマとした表象は、「自己の内の死」を自覚するための擬似体験であるかのようだ。

もちろん人々は、自己自身が包蔵する「死」を真っ向から受けとめ、自己をまっすぐに「死」に至らしめるわけではない。おそらくは、自己の「死」を自覚させる表象の裏には、その異界にどうにかして形をあたえ、想像のなかで何とか了解しようとする願望があるのだろう。けれども、そうした表象は、しばしば自己の精神を安定化させようとするこの望みを打ち砕く。真に奥深い異界の表象は、自己の内に秘められた異相の表象不可能性こそを表現しているからだ。

現代文化に流れる異界のメロディは、最終的には私たちに穏やかな安寧をもたらすことなく、あの「レクイエム」のごとく一人ひとりの精神をかき乱しつづける。安田登は、「新たな自己の可能性」が「ずっと幸せな自分」へとつうじると語りながらも、実はそれが「もっと猥雑な自分」[10]の可能性でもあると言い添えている。自己の「死」のイメージに攪乱される私たちは、少なくとも「良く死ぬ」ための体験を積みあげているとは言えそうにない。ただし、人々が「死と向きあう存在」として厚みを増してゆくとは言えるのかもしれないが。

その先に、どんな生を待望することができるのだろうか。「死」のノイズに震えながら、異界の暗き霧を抜けたあとに、私たちは別の存在に「なる」のだろうか。いや、性急な推測はやめておこう。すべては、文化が自覚的に自己の内の異界と格闘したうえでしか始まらないことなのだから。

注

はじめに

（1）五来重『熊野詣』講談社学術文庫、一九頁
（2）同、二九頁
（3）高野澄『熊野三山』祥伝社黄金文庫、一九頁
（4）曲亭馬琴『南総里見八犬伝1』岩波書店、二二五頁
（5）同、二二三頁
（6）五来重『修験道の歴史と旅』角川書店、一七三―一七四、二〇二頁
（7）曲亭馬琴、前掲書、二一六頁
（8）同、二三九頁
（9）澤井繁男『魔術と錬金術』ちくま学芸文庫、一七八、一八二頁
（10）S・ユタン『錬金術』有田忠郎訳、白水社、九九、九一頁
（11）澤井、前掲書、二二三頁
（12）同、一〇七頁
（13）同、二二一頁
（14）ユタン、前掲書、一〇九―一一二頁
（15）A・アロマティコ『錬金術』種村季弘訳、創元社、一三三頁
（16）荒川弘『鋼の錬金術師』（ガンガンコミックス）スクウェア・エニックス、永島清二監督『劇場版　鋼の錬金術師　シャンバラを征く者』アニプレックス（二〇〇五年公開）
（17）安部公房『他人の顔』新潮社、一三、三六頁
（18）同、一六、二〇頁
（19）同、二九、八四―八五頁
（20）同、一七二頁

第一章

（1）宮城真治『古代の沖縄』新星図書、三三―三四頁
（2）仲松弥秀『神と村』梟社、一〇三頁
（3）外間守善『海を渡る神々』角川書店、三六―四〇、四八―五一頁
（4）比嘉康雄『神々の原郷　久高島　下巻』第一書房、一一七頁

（5）同、六四頁
（6）比嘉康雄『日本人の魂の原郷　沖縄久高島』集英社新書、五三頁
（7）宮城文『八重山生活誌』沖縄タイムス社、五八四―五八五頁
（8）野口武徳『漂海民の人類学』弘文堂、二五二頁
（9）比嘉『神々の原郷　久高島　下巻』、三一八頁
（10）同、三四五頁
（11）仲松、前掲書、一四一頁
（12）伊従勉「死者の島」（上田篤ほか編『空間の原型』筑摩書房、四一〇―四一二頁）
（13）M・ダグラス『汚穢と禁忌』塚本利明訳、思潮社、三一一―三一五頁
（14）谷川健一『古代海人の世界』小学館、二四六―二四七頁
（15）荒川紘『龍の起源』紀伊國屋書店、四三―四五頁
（16）袁珂『中国古代神話1』伊藤敬一・高畠穣・松井博光訳、みすず書房、五四―五六頁
（17）M. Eliade, *Das Heilige und das Profane*, Insel Verlag, Dritte Auflage, 1987, S.30（M・エリアーデ『聖と俗』風間敏夫訳、法政大学出版局、二二頁）
（18）Ebenda, S.45（訳書、四一頁）
（19）Ebenda, S.43（訳書、三八頁）
（20）Ebenda, S.52（訳書、四七頁）
（21）井筒俊彦『コスモスとアンチコスモス』岩波書店、二二一頁
（22）Eliade, a.a.O., S.36（訳書、二九頁）
（23）W. Gibson, *Count Zero*, Ace, 1987, p.1（W・ギブスン『カウント・ゼロ』黒丸尚訳、ハヤカワ文庫、一一頁）
（24）A・K・ル＝グウィン『夜の言葉』山田和子ほか訳、岩波書店、八四、八七頁
（25）同、九二―九三頁
（26）G・フロイト『精神分析入門』懸田克躬訳、中公文庫、四四八頁
（27）同、四七九頁
（28）Georges Bataille, *Œuvres complètes V*, pp.499-501.

（29）斎藤忍随『知者たちの言葉』岩波新書、Ⅲ章
（30）G. Bataille, *Œuvres complètes VII*, Gallimard, pp.295-296（G・バタイユ『宗教の理論』湯浅博雄訳、ちくま学芸文庫、三〇—三三頁）、G. Bataille, *L'érotisme*, Les Éditions de Minuit, 1957, p.21-22（G・バタイユ『エロティシズム』酒井健訳、ちくま学芸文庫、二四—二五頁）
（31）海猫沢めろん「アリスの心臓」（『ゼロ年代ＳＦ傑作選』ハヤカワ文庫、二二七頁）
（32）同
（33）同、二四一頁
（34）同、一九二、一九三頁
（35）同、二三一、二三三頁
（36）同、二四七頁
（37）奈須きのこ『空の境界　上』講談社ノベルス、二一一頁
（38）同
（39）同、二三八頁
（40）同、三四四頁
（41）奈須きのこ『空の境界　下』講談社ノベルス、二一一頁
（42）奈須『空の境界　上』三一九頁
（43）同、三三三頁
（44）奈須『空の境界　下』一九頁
（45）同、九九頁
（46）同、四四四頁
（47）同、四四五頁
（48）同、四四八頁
（49）同、四四四頁
（50）同、四四九頁
（51）Ｈ・Ｇ・ウェルズ『モロー博士の島』中村融訳、創元ＳＦ文庫
（52）Ｐ・ハイアムズ監督『２０１０年』ワーナー・ホーム・ビデオ（一九八四年公開）
（53）Ａ・Ｃ・クラーク『２０１０年宇宙の旅』伊藤典夫訳、ハヤカワ文庫、三四九頁
（54）同、三六七頁
（55）M. Serres, *Genèse*, Bernatd Grasset, 1982, pp. 18-19（Ｍ・セール『生成』及川馥訳、法政大学出版局、七頁）
（56）*Ibid.*, pp.32,20（訳書、二一、九頁）

（57）*Ibid*., p.114（訳書、一一二頁）
（58）*Ibid*., p.113（訳書、一一〇頁）
（59）*Ibid*., p.22（訳書、一一頁）

第二章

（1）パスカル『パンセ』前田陽一・由木康訳、中公文庫、四三頁
（2）根井浄『観音浄土に船出した人びと』吉川弘文館、三七頁
（3）神野富一『補陀洛信仰の研究』山喜房佛書林、三三五頁
（4）根井浄『改訂　補陀落渡海史』法蔵館、四六頁
（5）増尾伸一郎「我、現身にして補陀落山へ帰参せん」（金永晃編著『仏教の死生観と基層信仰』勉誠出版、一〇二頁）
（6）松田修『日本逃亡幻譚』朝日新聞社、一一八―一一九頁
（7）同、一一九頁
（8）神野、前掲書、三三八頁
（9）同、三三二頁
（10）瀧川政次郎監修『増補新版　熊野』原書房、九四頁
（11）神野、前掲書、三三六頁
（12）黒田一充『祭祀空間の伝統と機能』清文堂、二一〇頁
（13）根井『改訂　補陀落渡海史』一五二頁
（14）松田、前掲書、七七頁
（15）根井『改訂　補陀落渡海史』三七六―三七八、三六九頁
（16）神野、前掲書、三三二頁
（17）根井『改訂　補陀落渡海史』三八二―三八三頁
（18）松田、前掲書、一一五頁
（19）益田勝実『火山列島の思想』筑摩書房、一二一頁
（20）神野、前掲書、三三四頁
（21）五来重「増補六の二　補陀落渡海」（瀧川政次郎監修『増補新版　熊野』一〇五頁）
（22）根井『観音浄土に船出した人びと』三五頁
（23）同、二一三頁

(24) 神野、前掲書、三四一頁
(25) 増尾、前掲論文、一〇六頁
(26) 神野、前掲書、三三六—三三七頁
(27) 益田、前掲書、二〇四頁
(28) 根井『観音浄土に船出した人びと』八二—八八頁
(29) 神野、前掲書、三七六頁
(30) 同、三七七—三七八頁
(31) 同、三八五頁
(32) 同、三六八頁
(33) 根井『改訂　補陀落渡海史』二一七頁
(34) G. Bataille, *L'érotisme*, Les Éditions de Minuit, 1957, pp.248-249（G・バタイユ『エロティシズム』酒井健訳、ちくま学芸文庫、三八二頁）
(35)『イエズスの聖テレジア自叙伝』東京女子カルメル会訳、サンパウロ、三〇五、三一四、三一七頁
(36) アビラの聖女テレサ『霊魂の城』高橋テレサ訳、聖母の騎士社、二五六頁
(37) J・ルクレール、F・ヴァンダンブルーク『中世の霊性』岩田清太ほか訳、平凡社、二八七—二八九頁
(38) 同、五二六頁
(39) アビラの聖女テレサ、前掲書、一三二、一五七頁
(40) 同、二五九頁
(41) 同、二六四、二七二頁
(42) 同、二六七頁
(43) 同、二七八頁
(44) Bataille, *op. cit.*, p.264（訳書、四〇七頁）
(45) *Ibid.*, p.251（訳書、三八六頁。前後のつながりを考えて訳語を変更した。以下でも、原書を指示している引用では、用語の統一や前後のつながりをつけるために、訳語を変更した場合がある）
(46) *Ibid.*, p.275（訳書、四二四頁）
(47)『イエズスの聖テレジア自叙伝』三五五頁
(48) Bataille, *op. cit.*, p.247（訳書、三七七頁）
(49) E.S. Dreyer, *Passionate Spirituality*, Paulist Press, 2005, p.170.
(50) P. Mommaers with E. Dutton, *Hadewijch*,

Peeters, 2004, p.18.
(51) *Ibid.*, p.22.
(52) *Hadewijch The Complete Works*, Paulist Press, 1980, pp.5-6.
(53) Mommaers, *op.cit.*, p.9.
(54) ハーデウィヒは、しばしば神という言葉をキリストをさすものとして用いている(Cf., *Works*, p.41)。
(55) *Works*, pp.281-282. ちなみに、このキリストとの「融合」のエピソードは、S・リラール『愛の思想』(岸田秀訳、せりか書房)によって、四〇年ほど前に日本に紹介されている。
(56) Sf., S. Murk-Jansen, *Brides in the Desert*, Wipf and Stock Publishers, 1998, pp.20,22-23: E.W. Mcdonnell, *The Beguines and Begards in Medieval Culture*, Octagon Books, pp.81-100.
(57) Cf., C. Wolfskeel, 'Hadewijch of Antwerp,' in M.E. Waithe(ed.), *A History of Women Philosophers Vol. II*, Kluwer Academic Publishers, 1989, p.143.
(58) Cf., B. McGinn, *The Flowering of Mysticism*, The Crossroad Publishing Company, 1998, pp. 168-169.
(59) Mommaers, *op.cit.*, p.9.
(60) *Works*, p.153.
(61) Wolfskeel,*op.cit.*, p.145.
(62) Dreyer, *op.cit.*, p.109.
(63) Wolfskeel,*op.cit.*, p.145.
(64) *Works*, p.196. なお、Minne と minne の区別は、Works での Love と love の使い分けを基本としながらも、著者の文脈解釈にもとづいてなされている場合もある。
(65) Cf., Dreyer, *op.cit.*, p.109.
(66) Cf., *Works*, p.8.
(67) McGinn, *op.cit.*, p.202.
(68) プロティノス「エネアデス」(『世界の名著(続2) プロティノス ポリピュリオス プロクレス』田中美知太郎訳、中央公論社、二六〇―二六一頁)
(69) *Works*, p.352.
(70) J.G. Milhaven, *Hadewijch and Her Sisters*, State University of New York Press, 1993, pp.12,32.

（71）*Works*, p.93.
（72）Mommaers, *op.cit.*, p.117.
（73）*Works*, pp.170-171.
（74）*Ibid.*, p.86.
（75）*Ibid.*, p.279.
（76）Milhaven, *op.cit.*, p.20.
（77）Mommaers, *op.cit.*, p.89.
（78）McGinn, *op.cit.*, pp.211-219.
（79）*Works*, p.289.
（80）Cf., C.W. Bynum, 'Women mystics and Eucharistic devotion in the thirteenth century,' *Women's Study*, Vol.11, pp.181-182,187.
（81）*Works*, p.59.
（82）*Nietzsche Werke*, Sechste Abteilung Erster Band, Walter de Gruyter & Co, 1968. S.8,10（『ニーチェ全集9 ツァラトゥストラ 上』吉沢伝三郎訳、ちくま学芸文庫、二二、二六頁）
（83）Ebenda, S.98（訳書、一四二頁）
（84）Ebenda, S.353（『ニーチェ全集10 ツァラトゥストラ 下』吉沢伝三郎訳、筑摩書房、二七一頁）
（85）*Nietzsche Werke*, Siebente Abteilung Erster Band, Walter de Gruyter & Co, 1977, S.464.
（86）G. Naumann, *Zarathustra=Commentar*, Erster Theil, Verlag von H. Haessel, 1899, S.17-19.
（87）*Nietzsche Werke*, Sechste Abteilung Erster Band, S.8（『ツァラトゥストラ 上』二二頁）
（88）Ebenda, S.236（『ツァラトゥストラ 下』八九頁）
（89）*Friedrich Nietzsche Sämtliche Werke*, Band IX, Alfred Kröner Verlag, S.12（『ニーチェ全集12 権力への意志 上』原佑訳、ちくま学芸文庫、二五頁）
（90）*Nietzsche Werke*, Sechste Abteilung Erster Band, S.212（『ツァラトゥストラ 下』五三頁）
（91）Ebenda, S.32,33（『ツァラトゥストラ 上』五七、五九頁）
（92）Ebenda, S.39（『ツァラトゥストラ 上』六七頁）
（93）Ebenda, S.234（『ツァラトゥストラ 下』

八六頁）
（94）Ebenda, S.254（『ツァラトゥストラ　下』一一八頁）
（95）*Friedrich Nietzsche Sämtliche Werke*, Band IX, S.13（『権力への意志　上』二七頁）
（96）*Nietzsche Werke*, Sechste Abteilung Erster Band, S.33（『ツァラトゥストラ　上』五八頁）
（97）Ebenda, S.234,34（『ツァラトゥストラ　下』八七頁、『ツァラトゥストラ　上』六〇頁）
（98）Ebenda, S36,37（『ツァラトゥストラ　上』六二頁、六四頁）
（99）Ebenda, S.26（『ツァラトゥストラ　上』四九頁）
（100）Ebenda, S.253（『ツァラトゥストラ　下』一一七頁）
（101）Ebenda, S.52,96,34,26（『ツァラトゥストラ　上』八四、一三八、六〇、四九頁）
（102）Ebenda, S.236,212,54,56（『ツァラトゥストラ　下』八九、五三頁、『ツァラトゥストラ　上』八五、八七頁）
（103）Ebenda, S.71（『ツァラトゥストラ　上』一〇七頁）
（104）Ebenda, S.36（『ツァラトゥストラ　上』六三、六四頁）
（105）Ebenda, S.33（『ツァラトゥストラ　上』五九頁）
（106）Ebenda, S.144（『ツァラトゥストラ　上』二〇八頁）
（107）Ebenda, S.126,127（『ツァラトゥストラ　上』一八〇、一八一頁）
（108）Ebenda, S.136（『ツァラトゥストラ　上』一九四頁）
（109）Ebenda, S.95（『ツァラトゥストラ　上』一三七頁）
（110）Ebenda, S.142（『ツァラトゥストラ　上』二〇三、二〇四頁）
（111）Ebenda, S.145（『ツァラトゥストラ　上』二〇九頁）
（112）Ebenda, S.194（『ツァラトゥストラ　下』二三頁）
（113）Ebenda, S.270（『ツァラトゥストラ　下』一四五頁）

（114）『ニーチェ全集15　この人を見よ　自伝集』川原栄峰訳、ちくま学芸文庫、一四三頁

（115）*Nietzsche Werke*, Sechste Abteilung Erster Band, S.270（『ツァラトゥストラ　下』一四四頁）

（116）Ebenda, S.205（『ツァラトゥストラ　下』四一、四二頁）

（117）*Friedrich Nietzsche Sämtliche Werke*, Band IX, S.44（『権力への意志　上』七〇頁）

（118）*Nietzsche Werke*, Sechste Abteilung Erster Band, S.136（『ツァラトゥストラ　上』一九三頁）

（119）Ebenda, S.183,184（『ツァラトゥストラ　上』二六五、二六六頁）

（120）Ebenda, S.201（『ツァラトゥストラ　下』三五頁）

（121）Ebenda, S.281,89（『ツァラトゥストラ　下』一六〇頁、『ツァラトゥストラ　上』一二九頁）

（122）株丹洋一「ツァラトゥストラの死について」（『信州大学教養部紀要』23、一六〇―一六三頁）参照

（123）*Nietzsche Werke*, Siebente Abteilung Erster Band, S.464.

（124）ディオゲネス・ラエルティオス『ギリシャ哲学者列伝（下）』加来彰俊訳、岩波文庫、五一―七二頁

（125）斎藤忍随『知者たちの言葉』岩波新書、一〇三頁

（126）*Hölderlin Werke und Briefe*, Zweiter Band, Insel Verlag, 1969, S.579-580（『ヘルダーリン全集　4』手塚富雄ほか訳、河出書房新社、一一頁）

（127）Ebenda, S.574（訳書、六頁）

（128）Ebenda, S.477（訳書、二五九、二五八頁）

（129）Ebenda, S.574（訳書、六頁）

（130）Ebenda, S.580（訳書、一一頁）

（131）Ebenda, S.574（訳書、六頁）

（132）斎藤、前掲書、一〇一頁、参照

（133）*Hölderlin Werke und Briefe*, Zweiter Band, S.521（訳書、三三六頁）

(134) Ebenda, S.560（訳書、四〇四頁）

(135) Ebenda, S.522（訳書、三三八頁）

(136) Ebenda, S.568（訳書、四一九頁）

(137) 株丹、前掲論文、一六〇—一六六頁、参照

(138) *Nietzsche Werke*, Siebente Abteilung Erster Band, S.628.

(139) *Nietzsche Werke*, Sechste Abteilung Erster Band, S.272（『ツァラトゥストラ　下』一四九頁）

(140) V・ジャンケレヴィッチ『死』仲沢紀雄訳、みすず書房、二四二、二六四頁、参照

第三章

(1) 養老猛司『からだを読む』ちくま新書、一二—一五頁

(2) J-L. Nancy, *Corpus*, Éditions A.M.Métailié, 1992, p.8（J＝L・ナンシー『共同‐体《コルプス》』大西雅一郎訳、松籟社、七頁）

(3) E. Minkowski, *Vers une cosmologie*, Nouvelle edition, Aunier-Montaigne, 1967, p.101（E・ミンコフスキー『精神のコスモロジーへ』中村雄二郎・松本小四郎訳、人文書院、一〇九頁）

(4) *Ibid.*, p.104（訳書、一一二頁）

(5) *Ibid.*, p.105（訳書、一一三頁）

(6) 竹内敏晴『思想する「からだ」』晶文社、一〇八—一一〇頁

(7) D. Ihde, *Listening and Voice*, Second Edition, State University of New York Press, 2007, pp.44,45.

(8) *Ibid.*, p.76.

(9) *Ibid.*, pp.78,79.

(10) M. Buber, *Ich und Du*, Verlag Jakob Hegner, 1966, S.30（M・ブーバー『我と汝・対話』田口義弘訳、みすず書房、三二頁）

(11) *Ibid.*, S.25（訳書、二七頁）

(12) *Ibid.*, S.23（訳書、二四頁）

(13) 鎌田東二『神界のフィールドワーク』青弓社、一〇八頁（空海『三教指帰ほか』中央公論新社、六頁、参照）

(14) 鎌田、同

(15) 『空海コレクション2』ちくま学芸文庫、一三七、一三一頁

(16) 阿部泰郎「聖なる声」(『岩波講座　宗教5 言語と身体』岩波書店、八七頁)
(17)『空海コレクション2』一三七頁
(18) J. Derrida, *De la grammatologie*, Les Éditions de Minuit, 1967, pp.27-31 (J・デリダ『根源の彼方に　上』足立和浩訳、現代思潮社、三九―四四頁)
(19)『空海コレクション2』一三一、一五五頁
(20) 同、一三一頁
(21) 同、一六九、一七三頁
(22) 同、一六〇、一八〇頁
(23) 同、一七七頁
(24) 同、一九二、一九七頁
(25) 同、一七九頁
(26) 同、六七頁
(27) Minkowski, *op.cit.*, p.106 (訳書、一一四頁)
(28) *Ibid.*, p.181 (訳書、一九三頁)
(29) 坂部恵『「ふれる」ことの哲学』岩波書店、三一、五頁
(30) 同、三一、三四頁
(31) J-L. Nancy, *À l'écoute*, Éditions Galilée, 2002, p.19,21.
(32) *Ibid.*, p.20.
(33) *Ibid.*, p.22.
(34) *Ibid.*, p.25.
(35) *Ibid.*, pp.33,32,30.
(36) *Ibid.*, p.26.
(37) やまだようこ「共鳴してうたうこと・自身の声が生まれること」(菅原和孝・野村雅一編『コミュニケーションとしての身体』大修館書店、五七、五〇頁)
(38) 同、五四、五八頁
(39) 同、五八、六六頁
(40) Nancy, *Corpus*, p.26 (訳書、二二頁)
(41) H・テレンバッハ『味と雰囲気』宮本忠雄・上田宣子訳、みすず書房、五二頁
(42) Minkowski, *op.cit.*, p.116 (訳書、一二五頁)
(43) *Ibid.*, p.119 (訳書、一二八、一二七頁)
(44) 中村明一『倍音』春秋社、一三九頁
(45) M. Serres, *Genèse*, Bernard Grasset, 1982, p.191 (M・セール『生成』及川馥訳、法政大学出版局、一九四―一九五頁)

（46）Nancy, *À l'écoute*, pp.51,52,59.

（47）川田順造「聲」（日本記号学会編『聲・響き・記号』東海大学出版会、七〇頁）

（48）同、六四頁

（49）川田順造『聲』筑摩書房、三一、三四頁

（50）G・バシュラール『空と夢』宇佐美英治訳、法政大学出版局、三六〇頁

（51）G・バシュラール『水と夢』及川馥訳、法政大学出版局、二八四頁

（52）川田『聲』四四―四五頁

（53）同、三五―三六頁

（54）同、五〇、四七頁

（55）Nancy, *À l'écoute*, p.52.

（56）M. Merleau-Ponty, *Phénoménologie de la perception*, Éditions Gallimard, 1945, pp.212,213（M・メルロー＝ポンティ『知覚の現象学1』竹内芳郎・小木貞孝訳、みすず書房、二九九、三〇〇頁）

（57）*Ibid*., pp.225-226（訳書、三一七、三一六頁）

（58）*Ibid*., p.225（訳書、三一六頁）

（59）*Ibid*., pp.97,166（訳書、一四七―一四八、一三九頁）

（60）*Ibid*., pp.117,116（訳書、一七五頁）

（61）*Ibid*., pp.214,225（訳書、三〇二、三一六頁）

（62）*Ibid*., pp.61,85（訳書、九九、一三二頁）

（63）*Ibid*., p.275（M・メルロー＝ポンティ『知覚の現象学2』竹内芳郎・木田元・宮本忠雄訳、みすず書房、五三頁）

（64）*Ibid*., p.108（『知覚の現象学1』一六三頁）

（65）*Ibid*., pp.98,154（『知覚の現象学1』一四九、二三三頁）

（66）*Ibid*., p.161（『知覚の現象学1』二三三頁）

（67）*Ibid*., pp.246,245（『知覚の現象学2』一五頁）

（68）*Ibid*., p.113（『知覚の現象学1』一七〇頁）

（69）*Ibid*., p.367（『知覚の現象学2』一六八頁）

（70）*Ibid*., p.428（『知覚の現象学2』二四九頁）

（71）*Ibid*., pp .169, 103（『知覚の現象学1』二四二、一五六頁）

（72）J. Derrida, *La voix et le phénomène*, Universitaires, 1972, p.15（J・デリダ『声と現象』高橋允昭訳、理想社、三二頁）

（73）Ｅ・フッサール『論理学研究1』立松弘孝訳、みすず書房、二四頁
（74）同、四一頁
（75）Derrida, *op.cit.*, p.37（訳書、六八頁）
（76）*Ibid.*, p.36（訳書、六七頁）
（77）*Ibid.*, pp.40,37,33（訳書、七三、六七、五九頁）
（78）*Ibid.*, pp.4,19,30（訳書、一四、三九、五七頁）
（79）*Ibid.*, p.41（訳書、七五頁）
（80）*Ibid.*, p.85（訳書、一四四頁）
（81）*Ibid.*, pp.9,15（訳書、二一、三二頁）
（82）Merleau-Ponty, *op.cit.*, p.240（『知覚の現象学2』一〇頁）
（83）Derrida, *op.cit.*, p.86（訳書、一四五頁）
（84）川上未映子『先端で、さすわ さされるわ そらええわ』青土社、一四六頁
（85）同、一七、一二頁
（86）同、一一四頁
（87）同、一一、一五、一九、二三、八四、一二〇頁
（88）川上未映子『乳と卵』文芸春秋、一六頁
（89）川上『先端で、さすわ さされるわ そらええわ』一〇―一一頁
（90）川上『乳と卵』六七頁
（91）同、六六―六七頁
（92）川上『先端で、さすわ さされるわ そらええわ』一九―二〇頁
（93）同、一三七頁
（94）同、一一頁
（95）同、一七―一八、二〇頁
（96）川上『乳と卵』一〇二頁
（97）同、一〇四、八〇頁
（98）松田修『松田修著作集 第6巻』右文書院、五六三―五六五頁
（99）川上『乳と卵』一〇六頁
（100）伊藤計劃『虐殺器官』ハヤカワ文庫、三〇一頁
（101）同、二五二、二一六、二一七、二二五頁
（102）Ｊ・Ｇ・バラード『時の声』吉田誠一訳、創元ＳＦ文庫、五八頁
（103）同、五九頁
（104）同、五五、三五頁

（105）同、二七頁
（106）同、五九頁
（107）同、五六頁
（108）同、五八頁

第四章

（1）W. Gibson, *Neuromancer*, Harper Collins, 1995, p.68（W・ギブスン『ニューロマンサー』黒丸尚訳、ハヤカワ文庫、九一頁）
（2）*Ibid.*, p.67（訳書、九〇頁）
（3）V. Vinge, *True Names*, Tom Doherty Associates, 2001, p.269（V・ヴィンジ『マイクロチップの魔術師』若島正訳、新潮社、五五頁）
（4）Gibson, *op.cit.*, p.81（訳書、一〇八頁）
（5）*Ibid.*, p.68（訳書、九一頁）
（6）Vinge, *op.cit.*, p.251（訳書、二三頁）
（7）*Ibid*（同）
（8）*Ibid.*, pp.255,270,278（訳書、二八、五八、七四頁）
（9）*Ibid.*, pp.250,251（訳書、二〇、二二頁）
（10）*Ibid.*, p.252（訳書、二四—二五頁）
（11）*Ibid.*, pp.339-340（訳書、一七五頁）
（12）*Ibid.*, pp.343,347,349（一八〇、一八五、一八八頁）
（13）*Ibid.*, pp.344-345（訳書一八二頁）
（14）*Ibid.*, p.285（訳書、八六—八七頁）
（15）Gibson, *op.cit.*, p.69（訳書、九二頁）
（16）B・ラッセル『原子時代に住みて——変わりゆく世界への新しい希望』赤井米吉訳、理想社、第二〇章
（17）Gison, *op.cit.*, p.140（訳書、一九二頁）
（18）*Ibid.*, pp.146,276（訳書、二〇〇、三八〇—三八一頁）
（19）*Ibid.*, p.280（訳書、三八五頁）
（20）「ザイオン」とは、地球の軌道上に浮かぶ「フリーサイド」に住む者たち。彼らは、一種のサンプリングによって作られた音楽、「ダブ」を好む。ケイスをアシストするマエルクムは、ひっきりなしにそれを聴いている。
（21）「侵入対抗電子システム Intrusion Countermesures Electronics」（W・ギブスン『クロー

ム襲撃』浅倉久志ほか訳、ハヤカワ文庫、二八九頁）の略。
（22）Gison, *op.cit.*, p.303,304（訳書、四一八、四一九―四二〇頁）
（23）*Ibid.*, p.289（訳書、三九九頁）
（24）*Ibid.*, p.306（訳書、四二二頁）
（25）*Ibid.*, pp.284-285（訳書、三九二頁）
（26）*Ibid.*, pp.272, 204, 289（訳書、三七四、二八一、三九八頁）
（27）*Ibid.*, p.12（訳書、一六頁）
（28）*Ibid.*, p.181（訳書、二五二頁）
（29）*Ibid.*, p.310（訳書、四二八頁）
（30）C・ウィルソン『精神寄生体』小倉多加志訳、ペヨトル工房、六〇頁
（31）本書、第二章七六頁、参照。ちなみに、コリン・ウィルソンは、『夢見る力』（中村保男訳、竹内書房新社、二五三頁）で問題のパスカルの思考に言及している。
（32）ウィルソン『精神寄生体』六一頁
（33）同、九九頁
（34）同、二五〇、一〇六頁
（35）O・ハクスリー『知覚の扉』河村錠一郎訳、平凡社ライブラリー、八五、六九、七六頁
（36）同、二九、三四頁
（37）同、二六頁
（38）T・リアリー『神経政治学』山形浩主訳、トレヴィル、一六七、一七〇頁
（39）T・リアリー『チベットの死者の書』菅靖彦訳、八幡書店、一五、四五、五六、七一―七二、八一―八二、一三頁
（40）ウィルソン『精神寄生体』九七、二四九頁
（41）同、二五二―二五三頁
（42）伊藤計劃『虐殺器官』ハヤカワ文庫、二一六、二一九頁
（43）同、三一二頁
（44）同、二六九頁
（45）同、五二頁
（46）同、三六五頁
（47）R・リンクレイター監督『スキャナー・ダークリー』（二〇〇六年公開）ワーナー・ホーム・ビデオ

(48) P.K. Dick, *Scanner Darkly*, Gollancz, 2006, p.133（P・K・ディック『スキャナー・ダークリー』浅倉久志訳、ハヤカワ文庫、二八二頁）
(49) *Ibid.*, pp.143,144-145（訳書、三〇〇、三〇五頁）
(50) *Ibid.*, p.145（訳書、三〇六頁）
(51) D・リンチ監督『ロスト・ハイウェイ』（一九九七年公開）ジェネオン　エンタテインメント
(52) Dick, *op.cit.*, pp.170-171（訳書、三五七頁）
(53) *Ibid.*, p.87（訳書、一八七頁）
(54) *Ibid.*, p.186（訳書、三九三頁）
(55) *Ibid.*, p.186（訳書、三九二頁）
(56) *Ibid.*, p.187（訳書、三九六頁）
(57) J・ワグナー「彼の書いていた世界の中で」浅倉久志訳（P・K・ディックほか『悪夢としてのP・K・ディック』サンリオ、六二―七六頁）
(58) Gibson, *Neuromancer*, p.67（訳書、九〇頁）
(59) D・テイラー監督『モロー博士の島』（一九七八年公開）20世紀フォックス・ホーム・エンターテイメント・ジャパン
(60) H.G. Wells, *The Islands of Doctor Moreau*, Penguin Books, 2005, p.20（H・G・ウェルズ『モロー博士の島』中村融訳、創元SF文庫、三三頁）
(61) *Ibid.*, pp.72-73,78（訳書、一〇九、一一七頁）
(62) *Ibid.*, p.42（訳書、六三頁）
(63) *Ibid.*, p.84（訳書、一二七頁）
(64) *Ibid.*, p.38（訳書、五八頁）
(65) *Ibid.*, p.96（訳書、一四四―一四五頁）
(66) *Ibid.*, p.73（訳書、一一〇頁）
(67) *Ibid.*, p.74（訳書、一一一頁）
(68) *Ibid.*, p.95（訳書、一四三頁）
(69) *Ibid.*, p.130（訳書、一九七頁）
(70) *Ibid.*, p.131（訳書、一九九頁）
(71) *Ibid*（同）
(72) W. Gibson, *Mona Lisa Overdrive*, Bantam Books, 1989, p.24（W・ギブスン『モナリザ・オーヴァドライヴ』黒丸尚訳、ハヤカワ文庫、四七頁）
(73) 旦敬介『ライティング・マシーン』イン

スクリプト、第Ⅲ部、参照
(74) W. Burroughs, *Nova Express*, Grove Press, 1992, p.115（W・バロウズ『ノヴァ急報』山形浩生訳、ペヨトル工房、一一五―一一六頁）
(75) 平尾隆之監督『劇場版 空の境界 5 矛盾螺旋』（二〇〇八年公開）アニプレックス
(76) A・ウォーホル監督『エンパイア』（一九六四年制作）
(77) 丹生谷貴志『ドゥルーズ・映画・フーコー』青土社、三三、五八、三七頁
(78) A・タルコフスキー『惑星ソラリス』（一九七二年公開）アイ・ヴィ・シー
(79) G・ドゥルーズ『シネマ2＊時間イメージ』宇野邦一ほか訳、法政大学出版局、五一頁
(80) 同、五五、五九頁
(81) 同、一七一頁
(82) 同、一七三頁

終わりに

(1) *Baudelaire œuvres complètes*, Éditions Robert Laffont, 1980, p.209（C・ボードレール『パリの憂愁』福永武彦訳、岩波文庫、九二頁）
(2) *Ibid.*, p.795（C・ボードレール『ボードレール批評2』阿部良雄訳、ちくま学芸文庫、一六四頁）
(3) *Ibid.*, p.170（ボードレール『パリの憂愁』三一頁）
(4) *Ibid.*, pp.797, 795（『ボードレール批評2』一六九、一六四頁）
(5) 三雲岳斗『アスラクライン①〜⑭』アスキー・メディアワークス、二〇〇五〜二〇一〇年
(6) 安田登『異界を旅する能』ちくま文庫、六一頁
(7) 同、五三、六九頁
(8) 同、七〇頁
(9) 本書、第二章、参照
(10) 安田、前掲書、七〇頁

人名索引

［な行］

［は行］

［ま行］

［や行］

書名・作品名索引

著者紹介

浅見　克彦（あさみ　かつひこ）

1957年埼玉県生まれ。北海道大学経済学部卒、同大学院博士課程修了。同大学助手、富山大学助教授、北海道大学助教授を経て、現在、和光大学表現学部教授。専攻は、社会理論・社会思想史。
著書に『所有と物象化——マルクスの経済学批判における所有論の展開』（世界書院）、『愛する人を所有するということ』、『ＳＦ映画とヒューマニティ——サイボーグの腑』、『ＳＦで自己を読む——『攻殻機動隊』『スカイ・クロラ』『イノセンス』』（いずれも青弓社）、『消費・戯れ・権力』（社会評論社）、共編著に『島の想像力——神話・民俗・社会』（岩田書院）、訳書にマーシャル・マクルーハンほか『グローバル・ヴィレッジ——21世紀の生とメディアの転換』、リチャード・ダイアー『映画スターの〈リアリティ〉』（いずれも青弓社）など。

響きあう異界——始源の混沌・神の深淵・声の秘義

2012年4月25日　第1刷発行

著　者　浅見　克彦
発行者　船橋純一郎
発行所　株式会社 せりか書房
〒101-0064　東京都千代田区猿楽町1-3-11 大津ビル1F
電話03-3291-4676　振替00150-6-143601　http://www.serica.co.jp
印　刷　信毎書籍印刷株式会社
装　幀　木下弥

ISBN 978-4-7967-0311-6